Abbé L. RICAUD

Chanoine honoraire
Professeur à l'École de Théologie de Tarbes

L'ABBAYE DE SAINT-PÉ

MORT ET RÉSURRECTION

BAGNÈRES-DE-BIGORRE
IMPRIMERIE PÉRÉ
Place de Strasbourg

L'ABBAYE DE SAINT-PÉ

MORT ET RÉSURRECTION

VUE A

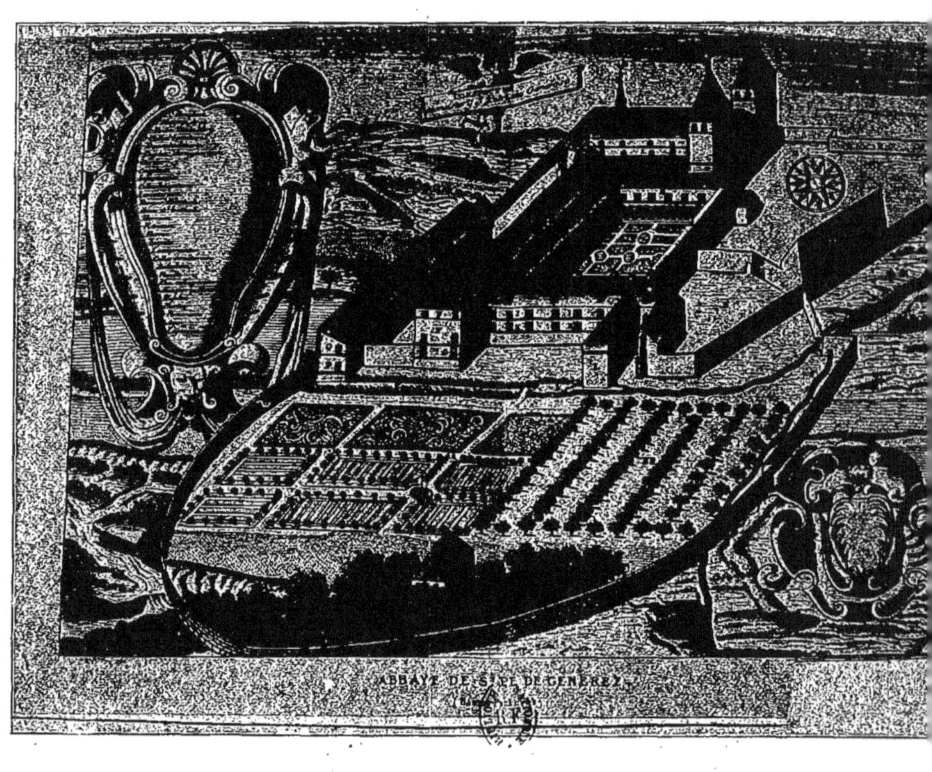

Abbé L. RICAUD

Chanoine honoraire
Professeur à l'École de Théologie de Tarbes

L'ABBAYE DE SAINT-PÉ

MORT ET RÉSURRECTION

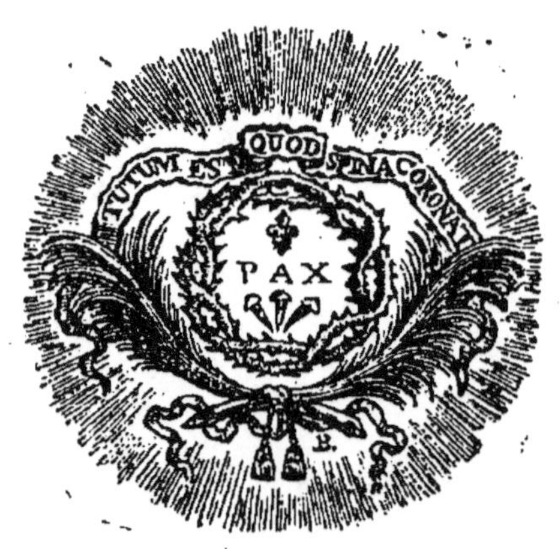

BAGNÈRES-DE-BIGORRE
IMPRIMERIE PÉRÉ
Place de Strasbourg

AVANT-PROPOS

M. l'abbé Guérard, terminant son étude sur *La Désolation de l'abbaye de Saint-Pé-de-Bigorre, à la fin du moyen âge,* (1) écrivait : « L'abbaye se releva cependant, mais juste assez pour ne pas mourir. Elle était impliquée dans une crise sans issue. Mais ces grands corps avaient une force de résistance extraordinaire : leur agonie dura des siècles ».

Ajoutons que leur mort ne fut pas amenée par leur décadence : elle fut l'œuvre d'un coup de force révolutionnaire.

Nous voudrions raconter la fin de notre abbaye de Saint-Pé ou plutôt, interrogeant les trop rares documents qui parlent d'elle et de ses religieux pendant les vingt dernières années du xviiie siècle, raconter ce que furent ses jours finissants, raconter aussi ce que firent et ce que devinrent son dernier abbé, ses derniers moines.

Nous ferons suivre cette douloureuse histoire d'une sorte d'épilogue moins sombre, où nous raconterons ce que l'on pourrait appeler le travail de résurrection de l'abbaye, devenue, en 1822, le Petit-Séminaire de Saint-Pé. Nous marquerons quel-

(1) Annuaire du Petit-Séminaire de Saint-Pé, 1905, p. 100*.

ques incidents de cette restauration qui méritent de ne pas demeurer dans l'oubli.

Plusieurs des documents dont nous ferons usage ont été publiés soit par MM. G. Balencie et L. Crabé, soit par d'autres, dans les *Annuaires du Petit-Séminaire ou du Collège ecclésiastique* de Saint-Pé. Un bon nombre sont inédits et sont tirés des archives du département des Hautes-Pyrénées, de celles de la mairie de Saint Pé, ou d'archives particulières.

Nos plans et nos gravures appellent quelques explications.

1° La photogravure que nous avons mise sur la couverture et sur la première page de notre étude représente les armes des Bénédictins de Saint-Maur : elles sont formées du mot *Pax*, posé sur les clous de la Passion, avec une fleur de lis en chef, et une couronne d'épines entourant le tout. Sur ces armes, et n'en faisant point partie, se lit cette devise: *Tutum est quod spina coronat.* Armes et devise ont été tirées du *Breviarium ad usum Congregationis s. Mauri,* édité à Paris, en 1788.

2° Le plan A qui est en tête de notre étude est la reproduction par photogravure d'une planche destinée au *Monasticon Gallicanum* de dom Michel Germain. Il est intitulé *Conspectus S. Petri de Generoso.* Cette *vue* n'a point de date ; mais il ne nous est pas difficile de lui en assigner une, car nous en connaissons l'histoire. La lettre écrite, le 26 mars 1688, par dom Jean l'Evangéliste Guillaume, prieur de Saint-Pé, à dom Michel Germain qui recueillait des documents pour son *Monasticon,* nous renseigne sur la pièce. « Le R. P. D. Arnault Borsserie, écrit le prieur, visitant le monastère, en 1676, fit venir F. Robert Clouvir, pour faire le dessin d'une nouvelle église, lequel ayant été approuvé par le T. R. P. général, on commença de mettre les fondements, le 10 novembre de ladite année 1676... Le dessein est de faire deux clochers, un sur la dernière voûte de chaque collatéral, et de démolir celuy que les anciens ont fait. On nous a envoyé de Paris le dessin et perspective de la nouvelle église et du nouveau bastiment. Je crois qu'on en aura gardé une copie (1). »

Nous pensons que la copie dont il est ici question a servi à graver la planche destinée au *Monasticon*. Il suffit en effet de jeter les yeux sur notre gravure, pour se rendre compte que c'est un plan-projet, si je puis ainsi parler, et non un plan réalisé.

Et voici, d'après ce plan, le projet formé par les Mauristes. L'église abbatiale et paroissiale, brûlée par les Protestants en 1569, puis en grande partie ruinée par les intempéries et les tremblements de terre, devait être reconstruite. On décida d'élever la nouvelle basilique sur l'emplacement de l'ancienne, au midi des bâtiments de l'abbaye. Elle est représentée au sommet du plan, où le dessinateur a placé le midi. Son abside est dirigée vers l'est ; un clocheton à un double rang d'ouvertures s'élève au dessus de l'entrée du chœur; la porte principale s'ouvrait à l'ouest et deux clochers la flanquaient au nord et au midi. Le vieux clocher devait disparaître, avec ce qui restait encore des ruines du chœur de la vieille église ; le cimetière enfin était déplacé : sur l'emplacement déblayé le plan indique une « *magna area* ».

Sur la nef septentrionale de l'église, qui devait en avoir trois, s'appuyait l'ensemble des construc-

---

(1) **ANNUAIRE** de 1881, pp. 199 et suiv.

tions principales du monastère. Autour du préau
s'élèverait à l'est un grand bâtiment qui devait
avoir un rez-de-chaussée, deux étages et un grenier : dom Guillaume appelait cela quatre étages.
C'était le futur Dortoir des Religieux.

Vers son extrémité nord, le Dortoir se raccordait
à une construction déjà existante et qui allait
changer son nom de Réfectoir en celui d'Hôtellerie
et d'Infirmerie. Moins élevée d'un étage que le
Dortoir projeté, elle se dirigeait vers l'ouest, et se
terminait par la maison abbatiale, séparée d'elle
seulement par des cloisons intérieures. Un grand
mur, parallèle au Dortoir, partait de l'extrémité de
l'Hôtellerie, se dirigeait ou devait se diriger vers le
midi, pour aller fermer, près de l'église, les bouts
d'un cloître et d'un déambulatoire. Le plan porte
en effet, autour du préau, un cloître surmonté
d'un déambulatoire. Cloître et déambulatoire sont
visibles, sur le plan, au midi et à l'est de la cour ;
rien ne paraît contre le mur d'occident, à cause
sans doute de la position du dessinateur, mais la
lettre E, placée sur le mur ou la crête du toit
indiscernable, marque que là aussi devait être
construit au moins le déambulatoire inférieur ; nous
savons enfin que l'Hôtellerie avait un cloître et une
galerie supérieure.

En dehors de ces bâtiments, le dessinateur a
tracé, à l'est, tout le long de la rue, le plan d'une
maison à un étage, destinée à servir de boulangerie,
de bûcher, d'écuries et remises, de grenier à grain
et à foin.

Au nord-ouest de l'Hôtellerie se voient deux
petites constructions : l'une qui est un lavoir;
l'autre qui n'a pas de destination connue, mais
était pour le service de l'Abbatiale. A l'extrémité
nord-ouest de la *magna area*, se remarque un bâti-

ment que l'on appela la grande grange. Outre le préau
et la *magna area*, le plan nous montre deux autres
cours ; l'*area* de la maison abbatiale, et une cour
orientale qui s'étend entre le grand corps et les
Communs de l'est. Une longue terrasse règne au
nord, entre les bâtiments et le ruisseau de la
Batmale. Le plan dessine le cours de ce ruisseau
qui vient de l'est, et celui d'un autre plus petit
qui vient du nord et rejoint la Batmale, à la
sortie de l'enclos. Celui-ci, en outre des constructions, est divisé en quatre parties : à côté de
la maison, le jardin à l'orient et le verger à
l'occident ; au-delà du jardin et du verger, une
terre labourable ; au fond de l'enclos enfin, un
petit bosquet. Le tout est entouré d'une longue
muraille.

Le plan ne fut pas complètement réalisé : certaines parties n'ont pas été exécutées ; d'autres
l'ont été autrement qu'elles ne sont dessinées.
Les deux clochers de l'église, les cloîtres et
déambulatoires du midi et de l'ouest du préau
n'ont jamais été construits ; l'étroite maison que
le plan figure à l'ouest de la maison de l'abbé
n'a sans doute jamais été bâtie ; tout au plus en
éleva-t-on la moitié méridionale que paraît porter
le plan cadastral de Saint-Pé. Si quelques constructions ne furent pas faites, la destruction des
ruines de l'antique église abbatiale nous fut
épargnée.

Assez nombreuses ont été les modifications du
plan, signalons ici les principales : le clocheton
de l'église ne fut pas élevé tel qu'il est sur
le plan ; le cloître de l'est du préau devait être
porté sur des colonnes et avoir une quinzaine
d'ouvertures ; des murs remplacent les colonnes
et les ouvertures sont réduites à six ; le toit du

grand corps, sans lucarnes sur le plan du *Monasticon* en reçut vingt-cinq; la hauteur du premier étage fut abaissée, celles du rez-du-chaussée et du second, élevées; les fenêtres septentrionales de la prison, qui devint la cuisine, au lieu d'être carrées, sont cintrées. Le bâtiment de l'est où se trouvaient les écuries, n'a eu qu'un rez-de-chaussée jusqu'en 1837 (1).

Il ne faut donc pas chercher, dans le plan de 1676, ce qu'était exactement le monastère en 1782, époque où nous commençons notre récit. Mais, en dépit des modifications que son exécution a subies, il ne laisse pas que d'être fort précieux, car il donne une idée vraiment exacte de l'ensemble et nous renseigne sur des détails introuvables ailleurs. Seul, il nous donne la physionomie de l'Hôtellerie, Infirmerie et Abbatiale qui ont disparu en 1840. En dépit de défauts choquants de perspective, il situe assez bien les diverses parties (2) et nous donne une idée du vieil enclos.

3° La lithographie C a été dressée, en prenant pour base le cadastre de la commune de Saint-Pé, qui nous fait connaître exactement la situation des lieux que nous étudions, à la fin de l'Ancien Régime. Les détails nouveaux que nous avons ajoutés au cadastre, nous ont été fournis par la lettre de dom Guillaume, par certains documents de

____

(1) ANNUAIRE de 1878 p. 93, E.

(2) Un document de 1810 nous dit que le lavoir se trouvait au bord du ruisseau. Le plan l'y place, mais de telle manière que la construction a l'air d'être sur la terrasse et de toucher à l'Hôtellerie. Or cette terrasse, large de huit à dix mètres, qui séparait du ruisseau de la Batmale le mur septentrional de l'Hôtellerie, s'élevait de trois mètres au moins au-dessus du niveau de l'eau,

la période révolutionnaire ou des premières années du xix⁰ siècle, par les *Annuaires*, enfin par l'étude attentive des lieux. Elle a la prétention de donner, par un plan par terre, des indications très précises sur les divers immeubles de l'abbaye en 1782.

On remarquera que, dans l'église abbatiale, nous avons dessiné certains points plus intéressants, en particulier le chœur fermé des moines. Nous avons rétabli la physionomie de la cour orientale, du préau et des cours de l'ouest; celle du rez-de-chaussée du couvent terminé en 1688, dont les murs de séparation avaient été déplacés ou supprimés à partir de 1822; celle de l'Hôtellerie, de l'Abbatiale et de leurs dépendances, rasées en 1840. Nous appuyant sur dom Guillaume et les documents de 1810, nous avons divisé le rez de-chaussée de l'Hôtellerie en deux salles (1) : une pour le chapitre, l'autre pour la réception des hôtes. Le cloître de ce même bâtiment a été rétabli, d'après le nombre de colonnes géminées qui ont été conservées dans la chapelle actuelle et ses alentours : nous·supposons qu'elles provenaient toutes de ce cloître. La porte qui fait communiquer le préau avec la cour de la grande grange est assez exactement à la place que lui assigne le plan A; au contraire l'emplacement de la porte qui fait communiquer la même cour avec le cimetière, ne nous est pas connu. Du baignoir nous savons

-----

(1) « L'ancien réfectoire servira d'Infirmerie et Hôtellerie et le chapitre sera au-dessoubs. » Ann. de 1881, p. 192. « Au rez-de-chaussée du vieux couvent, il y a deux salles pour les études et les repas ». — « Le rez-de-chaussée du bâtiment appelé l'Hôtellerie et l'Infirmerie donnera de quoi faire un réfectoire, une salle d'étude et quelque salle pour les classes, si on en a besoin. » (Arch. personnelles).

seulement qu'il faut le placer sur l'Arrieu (1) qui coule du nord au sud. Nous pensons aussi que le lavoir peut être situé vers l'endroit où le plan A le place. (2) Je dois un remerciement spécial, pour le tracé de ce plan, à M. l'abbé Barradis, professeur à Saint-Pé, dont le concours m'a été très précieux.

5° Je dois aussi de vifs remerciements à M. l'abbé Pujo, professeur de dessin dans la même maison, dont l'obligeance et l'habileté m'ont permis de rétablir le chœur élevé par les Bénédictins dans leur basilique et que représente la photogravure B. Un plan par terre, appartenant aux archives de Saint-Pé, nous a fourni une base essentielle. L'étude attentive des diverses parties des boiseries, conservées autour de l'abside de l'église paroissiale, nous a amenés à une conception que nous croyons vraie de ce qu'était cette enceinte. Avec un soin et une patience que je ne puis assez louer, M. l'abbé Pujo a photographié, morceau par morceau, les diverses pièces conservées du chœur, dessiné celles qui ont disparu ; réunissant enfin tous ces membres épars, il a fait comme une maquette de l'ensemble ; il en a pris la photographie et nous a présenté debout, j'allais dire vivant, le chœur mis en pièces en 1791. Cette reconstitution fait encore mieux apprécier la grâce et la beauté sévère de ces sculptures trop

---

(1) « Il y avait autrefois sur l'*Arrieu* un petit bâtiment de bains, avec une cheminée, deux baignoires. » (Arch. personnelles).

(2) M. Pierre Lassalle, dans une lettre du 18 novembre 1810, a l'air de placer le lavoir dans les dépendances de l'abbatiale. Dans un alinéa où il parle de l'ancienne maison de l'abbé, il écrit : « le lavoir est dans la maison même au bord du ruisseau. » (Ach. personnelles).

peu connues, et le chœur de Saint-Pé, s'il n'avait pas la richesse de ceux d'Auch et de Saint-Bertrand, avait cependant son mérite.

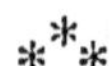

Nous voulons croire que les nombreux amis de Saint-Pé se plairont aux souvenirs que nous avons l'intention de leur rappeler dans ces pages : ils y trouveront de puissants motifs d'espérer pour l'avenir. Cette terre où les vieux moines ont travaillé, prié, souffert, contient, dirait on, une sève de renouveau et d'immortalité. Et ce n'est pas l'agonie des antiques abbayes, mais bien plutôt leur vitalité qui dure des siècles.

Le dernier abbé de Saint-Pé

En 1782, Messire Charles de Mun-Sarlabous, archidiacre-majeur de Comminges, résignait son abbaye de Saint-Pé de Geyres dont il avait pris possession, en qualité d'abbé commendataire, le 27 avril 1770 (1).

Le quatrième des calendes de juin, 29 mai 1782, le Pape Pie VI accordait, sur la nomination du roi, à Messire Jean-Baptiste-Hercule de Rey, prêtre du diocèse de Chartres (2), les provisions de ce même bénéfice. Dès que le nouveau titulaire fut en possession de ses bulles, il fit dresser, le 22 juin, par deux notaires de Chartres, une procuration donnant pouvoir à dom François-Bernard Capmartin, prieur du monastère de Saint-Pé, de le représenter et de prendre possession, en son nom, de l'abbaye et de ses dépendances.

Le prieur fit mander M. Philippe Ravielle, notaire royal et apostolique, demeurant à Peyrouse, pour procéder à l'installation selon les formes. Il invita à la cérémonie les sieurs Jacques Pommés, curé de Montaut, dont la cure était à la nomination de l'abbé; Pierre Touton, supérieur de messieurs les chapelains de Bétharram; Pierre Glise, chapelain du

(1) Cazalas, notaire à Tarbes.

(2) L'acte publié dans l'Annuaire de 1905 (pp. 10* et suiv.) porte Castres. Il y a erreur de copie. M. de Rey était du diocèse de Chartres comme le disent l'acte de M. Ravielle et plusieurs autres documents.

même lieu ; puis deux bourgeois de Saint-Pé,
M. Jean-Félix Lassalle, notaire royal et apostolique, et M. Antoine Nicolau-Bouat, docteur
en médecine. Date était prise pour le 11 juillet.

Ce jour-là, il n'y avait que quatre religieux
dans le monastère et encore l'un d'eux, un
tout jeune bénédictin de 29 ans, dom Joseph
d'Assac, était sans doute malade du mal qui
devait l'emporter six semaines après, le 2 septembre (1).

Le prieur donc, accompagné seulement de
trois religieux, dom Jean-Baptiste Castel,
dom Antoine Palis et dom Mathias-Alexandre
Montbel, se rendit à la porte principale de
l'église de Saint-Pé où l'attendaient le notaire
et les témoins. Dom Capmartin remit à l'un
des prêtres présents, « qui la reçut avec respect », la bulle de nomination dont lecture fut
donnée, ainsi que de la procuration investis-
sant le prieur.

Ravielle introduisit le mandataire dans le lieu
saint par la porte « qui se trouva libre » ; il la
lui fit toucher et lui fit prendre de l'eau
bénite. Puis, quittant la nef latérale, qui servait
d'église paroissiale, Ravielle mena, par la
grande nef, dom Capmartin jusques à l'entrée
du chœur des moines dont les boiseries ouvra-
gées fermaient l'abside et la première travée
de la nef. Ils entrèrent par la « porte en
balustre » percée au milieu de la clôture,
dans l'enceinte entourée par les sièges de
l'abbé et des moines. Le prieur s'agenouilla
un instant devant l'autel majeur sur lequel ensuite il monta. Après l'avoir baisé,
il prit en main le Livre des saints Evangiles et y lut, selon l'usage, l'évangile de

(1) *Annuaire* de Saint-Pé, 1904, 53*.

saint Jean et l'oraison des saints apôtres Pierre
et Paul auxquels l'église abbatiale était dédiée.

Il fut ensuite conduit à la sacristie où il
toucha les vases sacrés. Ramené enfin au
chœur, il prit place dans le siège affecté aux
seigneurs abbés. Les cloches sonnèrent alors
au clocher de la vieille église, tandis que les
assistants et le peuple, qui était accouru, chan-
taient le *Te Deum*.

Dans les précédentes installations, tout se
terminait là. C'était à ce moment que, le
27 avril 1770, l'abbé Charles de Mun-Sarlabous, le prédécesseur de M. de Rey, avait
repris des mains du vicaire régent de Saint-Pé,
Raymond Pérès, sa bulle de nomination et
qu'en « l'absence de toute contradiction » il fut
déclaré paisible possesseur de l'abbaye de
Générès. (1)

Mais le notaire Ravielle voulait une prise
effective de tout ce qui, à Saint-Pé, appartenait à l'abbé. Or, il y avait, dans l'enclos
bénédictin, une maison appelée l'Abbatiale et
qui était destinée au logement de l'abbé commendataire. Le notaire conduisit le prieur et
son cortège de témoins à travers le vestibule
du grand escalier, le cloître neuf et le préau,
vers une porte pratiquée dans le mur qui
closait le monastère du côté d'occident. L'ayant

(1) Cazalas, notaire de Tarbes. — A l'installation de
M. de Sarlabous assistèrent avec M. Cazalas, notaire de
Tarbes, dom Joseph Dauga, prieur, les religieux du
monastère, dom Antoine Palis, sous-prieur, dom Henri
Pouveille, dom François Verdier, dom Bernard Labaste,
dom Jean Cailhava, dom GuillaumeAusséna, et dom
Etienne Jouret, syndic, puis Félix Lassalle, notaire et
Pierre Lanère, bourgeois de Saint-Pé, Bernard Casteran,
avocat et secrétaire des Etats de la province de Bigorre,
ainsi que noble Charles de Coture, maître-particulier des
eaux et forêts de Tarbes *(Ib.).*

franchie, le groupe ne tarda pas à arriver tout à l'extrémité ouest du bâtiment du monastère qu'on appelait l'Hôtellerie et l'Infirmerie. L'Abbatiale y confrontait et en formait le prolongement. Ravielle en remit les clefs à dom Capmartin et l'y introduisit, lui conférant ainsi la possession, non seulement de la demeure abbatiale même, mais encore de ses appartenances et dépendances. La prise de possession était terminée.

**

Sans doute aucun des assistants n'était curieux de parcourir la vieille demeure bénédictine qu'ils connaissaient déjà. Aujourd'hui nous serions fort intéressés par le récit que l'un des témoins de l'intronisation de l'abbé aurait faite, après dîner, de sa visite dans le monastère.

Tâchons de suppléer au défaut de ce récit et, nous transportant à Saint-Pé, en juillet 1782, décrivons-en les bâtiments et racontons quelque chose de leur histoire.

L'Abbatiale, nous l'avons dit, paraissait continuer l'Hôtellerie. La maison, à un premier étage, pour n'être point considérable, avait cependant une certaine importance, si l'on s'en rapporte du moins au plan n° 1 de l'*Annuaire* de 1878, où l'Abbatiale est représentée sous la figure D. En rapprochant ses dimensions de celles que le plan donne à l'Hôtellerie, dont un document nous a conservé les mesures, elle paraît avoir eu de 14 à 15 mètres de long sur 11 m. 20 de large. Une construction, sorte de grange, reste peut-être du monastère primitif, s'appuyait à l'Abbatiale au midi et se dirigeait, le long de la cour du monastère, vers le cimetière de Saint-Pé. Une petite cour s'étendait, au midi, entre ces deux bâtiments : elle était fermée, à l'aspect du sud et du sud-ouest, par deux pans de mur formant angle. Une porte cochère y donnait accès par l'ouest : appuyée d'un côté sur l'un des deux pans de mur, de l'autre sur le mur oriental du jardin de l'Abbatiale, elle se dressait au bout de l'avenue qui, partant de la rue, au midi, suivait, le long des murs du cimetière « de derrière l'église », et de la grande grange, la direction du nord-est. (1) Entre la petite cour de l'Abbatiale et le cimetière, se trouvait une autre cour, enceinte au nord, à l'est et au midi, par les murs de l'Abbatiale, du monastère et du cimetière. Entièrement ouverte du côté de l'ouest, elle s'étendait en face de la grande grange. Elle était peut-être, comme la grange elle-même, jouie par indivis par l'abbé et les moines. (2) Le préau monastique s'ouvrait sur elle par une porte et permettait aux religieux le passage vers la grange. Disons encore que la muraille du cimetière avait une porte donnant sur cette cour. (3)

La grange, dont nous venons de parler, s'élevait à l'occident du petit domaine. Longue une fois et demie comme l'Abbatiale, presque aussi large, elle enfonçait son extrémité septentrionale dans le jardin abbatial qui, enclos de murs, la rattachait à la demeure de l'abbé. (4)

(1) ANNUAIRE de 1878. Plan n° I ; ANNUAIRE de 1907, pp. 86* et 99*. Voir aussi notre plan C.

(2) Barère, notaire à Tarbes, 15 décembre 1782. Etude de M° Theil.

(3) ANNUAIRE 1907, *loc. cit.* Cette porte est figurée dans notre plan C, mais nous n'en connaissons pas la position exacte.

(4) ANNUAIRE 1878. Plan n° 1. Voir aussi nos plans A et C

De tout cela il ne reste plus rien que les terrains : *etiam periere ruinæ!* L'Abbatiale disparut, en 1840, avec le vieux monastère dont nous allons parler et dont elle avait fait partie (1) jusqu'à une époque qu'il ne nous est pas possible de déterminer (2).

****

Le vieux monastère dont il vient d'être question était, avec ce qu'on appela le nouveau couvent, la construction principale de l'abbaye à la fin du xviiie siècle. Ils formaient les côtés septentrional et oriental d'un quadrilatère fermé, du côté du midi, par les murailles de l'église et celles du cimetière de

(1) Dans la description que dom Jean l'Evangéliste Guillaume nous a laissée du vieux monastère, il est question de six chambres qui étaient au second étage (le premier pour nous), d'un réfectoire, d'une cuisine, d'une cave et d'une petite chambre qui servait au réfectoire des valets (Annuaire de 1881, pp. 190 et 192). Or un document du commencement du dix-neuvième siècle nous apprend « qu'au premier de l'Hôtellerie et Infirmerie, il y avait seulement quatre grandes chambres avec des bouges ». (Arch. personnelles). Il reste donc que deux chambres du premier et, dans le rez de chaussée, la chambre des valets et un morceau de cave aient servi à constituer la demeure de l'abbé.

(2) Un moment j'avais cru trouver, dans les procès-verbaux de prise de possession des abbés, une indication relative à l'affectation de ces chambres à une Abbatiale. Un moment je pensai que le silence gardé par les actes à l'endroit de la prise de possession de la maison des abbés, signifiait que la maison n'existait pas. Mais, dans l'acte d'intronisation de M. de Mun-Sarlabous, il n'est pas question de l'Abbatiale : elle existait pourtant, car elle est mentionnée dans un acte du 4 mai 1770, où M. de Sarlabous veut faire payer aux héritiers de son prédécesseur, l'abbé de Lezons, les réparations à faire à l'Abbatiale. Elle existait donc déjà sous M. de Lezons. (Cazalas, notaire).

la ville, et, du côté de l'ouest, par le cimetière
et les dépendances de l'Abbatiale. Au centre
s'étendait le préau, cour intérieure moins large
et moins longue que l'actuelle qui occupe,
avec les trottoirs élevés des marquises cou-
vertes, toute la superficie de l'ancienne et la
déborde au nord et à l'ouest.

Le premier monastère fermait la cour à
l'occident(1), et son réfectoir, au septentrion.
Le cloître, par ses deux côtés, conduisait le
long du réfectoire et du monastère, sur lesquels il s'appuyait, à l'entrée latérale du chœur
de l'antique église abbatiale.

Quand dom Jacques La Chèse arriva, en
1665, avec ses Mauristes, « il ne paraissait, tou-
chant le monastère, aucun ouvrage que les
piliers des deux côtés du cloître, avecque les
arceaux d'un pilier à l'autre et quelques statues
des saints attachées à un pilier, sans bras et
sans teste. (2)

» Tout le long d'un côté du cloître, paraissait encore une partie du réfectoir ancien
qu'on faisait servir de grange pour y mettre
les gerbes de la dixme. Les anciens estoient
logés dans l'enceinte du monastère, mais fort
mal et esloignés les uns des autres. »

Les nouveaux arrivants « haussèrent les murailles de l'ancien réfectoir, y firent un logement à trois étages ; au plus bas on y fit un
réfectoir, une cuisine, une cave , une petite
chambre pour le réfectoir des valets; au-
dessus on y fit cinq chambres pour les religieux

(1) ANNUAIRE de 1885, p. 316.

(2) Cet état de choses durait depuis que les protestants
avaient, en 1569, « bruslé le temple, symulacres et saints,
l'aulle (maison de l'abbé), l'abbaye et habitation monastique des religieux dudit monastère. » (ANNUAIRE 1906,
p. 16*.)

et ensuite une chambre pour les malades et les étrangers et par dessus un grenier. »

Laissant ou faisant tomber le côté occidental du cloître, ils en réparèrent le côté septentrional et le surmontèrent d'une galerie couverte pour le service des chambres des moines. (1)

Quand ceux-ci, en 1689, eurent quitté ce logement, pour aller habiter le nouveau couvent dont nous parlerons tout à l'heure, « l'ancien réfectoir servit d'Infirmerie et Hostellerie et le chapitre fut mis au dessoubs. » (2)

C'est la disposition qui existait en 1782. Tout le long de l'Hôtellerie et de l'Infirmerie s'étendait une galerie longue de 132 empans (30 mètres 35) et large de 15 (3 mètres 45). Le dessous avait la même longueur et largeur. (3)

Le bâtiment lui-même qui avait, comme la galerie, 132 empans de long, était large de 34 (7 mètres 80), murs compris ou non, je ne

______

(1) « Le cloître est entre l'esglise et le bastiment et on allait de l'un à l'autre à descouvert, dit dom Jean l'Evangéliste (Annuaire de 1881, p. 190); ce qui signifie évidemment que le cloître était rétabli, du moins le long du réfectoire. — De plus, dans une pièce écrite vers 1810 et dont nous nous servirons, on lit que, pour mettre les futurs élèves du Petit-Séminaire projeté « à l'abri du mauvais temps durant les récréations, on avait la galerie et le rez-de-chaussée de cette galerie, le cloître au rez-de-chaussée et le dessus du cloître. » Archives personnelles. — Annuaire de 1878, p. 92.

(2) Annuaire de 1881, p. 192.

(3) Archives personnelles. — Nous donnons à l'empan une longueur de 0ᵐ23 environ, qui semble être la mesure de l'empan de Saint-Pé, à en juger du moins par la comparaison que nous avons faite entre les dimensions du « nouveau monastère » telles que nous les fournit le document que nous utilisons, et celles que donne l'Annuaire de 1878, p. 89.

sais. Quatre chambres seulement s'ouvraient,
en 1782, sur la galerie. Deux, ainsi que nous
le disons plus haut, avaient été distraites pour
la demeure de l'abbé. (1)

Le 7 avril 1684, le sous-prieur, dom Jacques
Arnaud, bénit la première pierre du « nouveau
dortoir », qui fut prêt, en 1689, à loger
les bénédictins. (2) Il s'accolait au vieux monastère, en son extrémité orientale. « Ce bâtiment, dit dom Guillaume, était tout à neuf et
sans pilier ; il joignait l'esglize du costé du
Nord : il avait quatre estages, joignant l'esglise
en l'escalier. »

Ce fut le nouveau couvent tel qu'il existait
en 1782, tel qu'il existe encore aujourd'hui,
étendant sa masse imposante du nord au midi.

« Tout le bas estage est voûté aussi bien
que la cave qui était au-dessous de la des-
panse et de la cuisine ». A la fin du XVIIIe
siècle, la disposition de ce rez-de-chaussée
était restée la même qu'au début. On trouvait,
en partant de l'escalier, une série d'apparte-
tements. C'était d'abord une salle appelée
quelquefois antichambre, communiquant par
une porte avec le cloître et, par une autre,
avec une seconde salle que dom Guillaume
nommait, et qui resta jusqu'à la fin, la salle
des archives. On l'appela aussi, plus tard,
salon ou salle de compagnie. Une autre porte
faisait communiquer la salle des archives
avec une suivante, le réfectoire, qui s'ouvrait,
en 1782, par une seconde porte sur la grande

(1) Archives personnelles. — La longueur totale de
ce corps aurait donc été de 45 mètres environ.

(2) ANNUAIRE de 1881, p. 192.

cour orientale une troisième porte ; à côté de celle de la cuisine, au-dessous du cloître, (1) donnait accès à l'escalier qui conduisait à la galerie et au premier étage. A la suite de cette salle, étaient la dépense et la cuisine, formant deux autres salles. L'antichambre, la salle des archives, prenaient jour sur la cour orientale : chacune par deux fenêtres ; le réfectoire, par une fenêtre et une porte ; la dépense par une fenêtre. La cuisine était éclairée par trois grandes fenêtres cintrées, deux du côté du nord, une du côté de l'est, cette dernière aujourd'hui fermée. Le rez-de-chaussée, on le voit, a subi un remaniement complet : tous les murs de séparation ont été abattus, sauf celui qui séparait la dépense de la cuisine et qui ferme, au nord, le réfectoire actuel. Le mur qui le ferme au midi est du XIX⁰ siècle.

Au-dessus du rez-de-chaussée, les bénédictins avaient construit deux dortoirs, l'un sur l'autre. Chacun était occupé par des chambres qui, à l'exception de celle du prieur, donnaient sur le levant et avaient leur entrée sur un corridor qui traversait tout le corps du nord au midi et prenait jour sur l'ouest et le nord. Au premier, l'appartement du prieur des bénédictins, aujourd'hui appartement de Monseigneur l'évêque, et celui du syndic de la maison avaient chacun trois pièces. Les autres avaient au moins une chambre, une alcove, un cabinet et un bouge. (2) Les appartements du second étaient semblables à ces

----

(1) Archives personnelles. — Cette porte est celle du réfectoire actuel. La porte de la cuisine était en réalité celle de la dépense. Elle a été fermée ; une autre, plus au nord, la remplace.

(2) Archives personnelles. — Un bouge est une petite chambre ou une garde-robe.

derniers, mais il n'y en avait point au-dessus de celui du prieur : nous dirons pourquoi tout à l'heure.

Dom Jean l'Evangéliste Guillaume dit qu'au-dessus, c'est à dire au-dessus des deux dortoirs, « il y avait une espèce de miranda, où l'on pouvait se promener. » Le Bénédictin désignait ainsi le vaste grenier qui surmonte l'édifice. Onze ouvertures assez hautes et assez larges, fermées par des fenêtres à carreaux, l'éclairaient de chacun des côtés de l'est et de l'ouest ; une vingt-troisième donnait la vue du nord. (1)

Il est à remarquer que dom Jean l'Evangéliste Guillaume ne parle pas du cloître qui court le long du mur occidental du nouveau couvent. (2) Il n'existait sans doute pas encore. Mais, en 1782, il était construit et donnait sur la cour intérieure par deux portes et quatre fenêtres. Au-dessus des voûtes du cloître, et sur sa partie méridionale, avait été bâti l'appartement du prieur, tandis que, sur l'autre moitié, avait été construite une sorte

(1) Il faut lire certainement *miranda* et non *mirands*, comme le porte l'ANNUAIRE de 1881, p. 192, et celui de 1890, p. 497. — Le grenier ne s'ouvre plus aujourd'hui sur l'ouest ; ses fenêtres ont disparu de ce côté, en 1840 et en 1880. — La planche 6 du *Monasticon Gallicanum*, édité par M. Léopold Delisle, nous présente « une mirande sur un corps de bâtiments du monastère bénédictin de Saint-Sever, cap. de Gascogne. C'est un dernier étage, plus bas que les autres, mais ayant le même nombre d'ouvertures pratiquées dans les murs. Notre mirande s'ouvrait *dans le toit* ; c'est peut-être à cause de cela que dom Guillaume l'appelle « une espèce de miranda. »

(2) *Loc. cit.* Il semble même l'écarter, quand il dit qu'il n'y a aucun pilier dans la construction : or un pilier en pierre de Lourdes soutient le cloître en son milieu. — Cf. toutefois le Plan A qui porte le cloître et le déambulatoire supérieur.

de galerie couverte (1), remplacée aujourd'hui
par la bibliothèque. L'étage supérieur n'a été
construit que depuis 1880.

L'entrée principale du monastère était à
l'est : une porte monumentale en marbre gris,
ouverte dans un mur couronné de créneaux,
donnait accès sur une avant-cour, qui précé-
dait l'entrée du vestibule du grand escalier.
Une grille. appuyée sur quatre ou six piliers
de pierre, dont deux à demi-encastrés dans les
murs du nouveau couvent et de la conciergerie,
séparaient l'avant-cour de la cour orientale ;
elle s'ouvrait, en son milieu, par un portail.

A droite de l'entrée et tout le long de
la rue s'étendaient des bâtiments comprenant
la loge du portier. les écuries, les greniers à
foin, la porte cochère, les remises, la buanderie
et la boulangerie. Ils formaient un dévelop-
pement de 204 empans de longueur, soit
47 mètres, et 26 de largeur, soit 6 mètres.

La porte cochère s'ouvrait sur la belle
cour orientale qui s'étendait entre les bâtiments de l'est. Cette cour rejoignait, à l'angle
nord-est du nouveau corps de logis, la terrasse
qui s'étendait tout le long des cuisines neuves,
de l'Hôtellerie et Infirmerie, jusqu'à l'extrémité occidentale de l'Abbatiale et les séparait du
ruisseau de la Batmale, qui traverse l'enclos
de l'est à l'ouest. « Un beau pont à deux
arches en pierre de taille » mettait en communication la terrasse avec l'enclos, entouré
de murs à chaux et à sable, assez élevés et en

----

(1) Dans le document de 1810 (Arch. personnelles),
nous lisons : « Le cloître a 11 empans 3/4 de longueur,
le cloître haut de même ». Et ailleurs : « Pour mettre
les élèves à l'abri du mauvais temps durant les récréations on a le cloître au rez-de-chaussée, le dessus du
cloître, la galerie et le rez de-chaussée de cette galerie. »

bon état, d'une contenance de huit journaux
du pays, qui équivalaient à quatre arpents de
Paris.

Le jardin du monastère était sur la partie
orientale de l'enclos. La partie occidentale, en
nature de pré, était arrosée, du nord au midi,
par le ruisseau de l'Arrieu qui, après avoir
formé un vivier, venait se jeter dans la Batmale,
à sa sortie de l'enclos. Sur ce dernier
ruisseau se voyait un petit établissement de
bains avec une cheminée et deux baignoires. (1)

Tel qu'il était, le monastère de Saint-Pé,
avec l'Abbatiale, présentait un bel ensemble,
surtout si on les rattachait à l'église de Saint-
Pé, que les bénédictins avaient fait construire
en grande partie, qui leur servait d'église
abbatiale et avec laquelle ils communiquaient
par deux portes, l'une s'ouvrant sous l'escalier
monumental et leur donnant accès dans le
chœur qu'ils s'étaient aménagé, l'autre, plus à
l'est, qui les introduisait immédiatement dans
la sacristie.

Des réparations toutefois étaient nécessaires
surtout dans le vieux monastère et dans
l'Abbatiale. Un procès-verbal de visite de 1778
porte en effet qu' « on estime les réparations à
faire dans l'intérieur de la maison, pour la
rendre logeable et plus décente qu'elle n'est,
à 16.000 livres, » laquelle somme s'accroissait,
dans le procès-verbal de l'année suivante,
jusqu'à 20.000 livres (2).

D'autre part, M. de Sarlabous paraissait avoir

(1) ANNUAIRE de 1881, *loc. cit.* — Archives personnelles. *Nous figurons les bains sur le plan, mais nous
n'en connaissons pas exactement la position.*

(2) ANNUAIRE de l'Institution secondaire libre de
Saint-Pé 1909, pp. 57* et 61*.

quelque peu négligé l'Abbatiale et, par surcroît, les églises qui étaient à sa charge. Aussi,
par acte du 15 décembre 1782, s'engagea-t-il à
payer la somme de 2.200 livres à M. de Rey
qui se chargeait de toutes les réparations (1).

(1) Étude de M⁴ Theil, notaire à Tarbes. — Minutes de
Barère.

CHAPITRE II

A la veille de la Révolution

Le nouvel abbé, en possession de son procès-verbal d'installation, fut curieux de connaître le présent que la munificence du roi lui avait fait. La présence de M. Hercule de Rey en Bigorre, est signalée à la fin de novembre 1782. Il se rendit dans son Abbatiale, qu'il trouva en assez mauvais état « et de mince valeur » ; il vit l'église et le monastère, où les religieux, toujours hospitaliers, lui firent certainement bon accueil.

M. de Rey était venu surtout pour régler les affaires de son bénéfice. Du 25 novembre au 5 décembre, il consentit des baux à ferme pour les fruits décimaux d'Asasp au diocèse d'Oloron ; de Montaut, Lestelle, Barsun et Livron au diocèse de Lescar ; de Bénac et Layrisse au diocèse de Tarbes (1). Sans doute la mense abbatiale et la mense conventuelle étaient de tous points séparées et les religieux n'acceptaient pas, comme ceux de Saint-Sever de Rustan, d'être les fermiers de l'abbé (2) ; il y avait néanmoins certaines questions mixtes qui demandaient à être réglées, comme les réparations à faire à l'église abbatiale, dont le total incombait par moitié à l'abbé, par moitié aux religieux, la jouissance et l'entre-

(1) Ravielle, notaire.

(2) ANNUAIRE de 1909, p. 57*. — Arch. des H.-P., Q. St-Sever.

tien de la grange occidentale, etc. Ces diverses
questions furent traitées, et sans doute les
accords, passés devant Ravielle, entre les
religieux et l'abbé, le 11 décembre 1782,
avaient cet objet (1).

Les affaires de Saint-Pé terminées, M. de Rey
se rendit à Tarbes, où il se rencontra avec
M. de Sarlabous avec lequel il régla la question
des réparations qui n'avaient point été faites
dans l'abbatiale et les lieux dépendants de
l'abbaye.

Et, le 31 janvier 1783, étant sans doute sur
le point de repartir pour son pays natal, l'abbé
nomma, pour son procureur général et spécial,
en vue du recouvrement des fermes et revenus
de son abbaye, M. Jean-Jacques Decamps, procureur au sénéchal de Tarbes et directeur des
économats du diocèse (2).

L'abbaye de Saint-Pé n'enrichissait pas ses
titulaires : elle n'en avait pas moins été
affermée par M. de Sarlabous à la somme
de 7.000 livres, de laquelle il fallait déduire
1.400 livres de charges, ce qui réduisait la
valeur du bénéfice à 5.600 livres (3).

Les revenus du monastère ne valaient pas
proportionnellement ceux de la mense abbatiale. Ils s'élevaient à une moyenne de 15.000

---

(1) Arch. des H.-P. C. Reg. de Contrôle de Lourdes.
—Nous n'avons pu trouver ces actes d'accord dans les minutes de Ravielle, que M. Desmales, notaire de Saint-Pé,
a très obligeamment mises à notre disposition pour les
consulter.

(2) Barère, notaire à Tarbes. Etude de M⁰ Theil.

(3) ANNUAIRE de 1909, pp. 62* et 63*.

livres par an, et provenaient de trois sources (1) :

De la mense conventuelle, qui y entrait pour
plus de la moitié et fournissait 8 à 9.000 livres ;

Des offices claustraux : ceux du prieur, du
sacristain, de l'infirmier, du cellerier, de
quelque autre peut-être, affermés 1100 à 1200
livres ;

Des deux prieurés de Castets en Béarn et
de Saint-Mau dans l'Astarac, affermés 4.300
livres.

Ces revenus étaient grevés de diverses char
ges, que les Bénédictins, dans leurs comptes,
divisent en perpétuelles, rachetables et autres :
le tout montait à plus de 3.200 livres.

Parmi les charges perpétuelles sont comptés
les impôts : décimes sur les biens ecclésiastiques et taille sur les propriétés rurales. Ils
montaient annuellement à 1.035 livres, pour
les biens seuls de la Bigorre. Les prieurés de
Castets et de Saint-Mau payaient 615 livres
d'impôts, dont les bénédictins ne se chargent
pas sur leurs comptes, parce que le revenu de
ces mêmes prieurés y est porté net.

La maison de Saint-Pé, comme sans doute
les autres maisons de Saint-Maur, payait à la
Congrégation ou au Régime une somme
annuelle de 200 livres. Les comptes portent
quelques autres sommes annuellement versées
en subventions générales : la caisse d'amor-

(1) Nous tirons ces renseignements et ceux qui vont
suivre des comptes rendus par les bénédictins en 1778,
1779 et 1780, parce que nous n'avons pas ceux des
toutes dernières années de l'abbaye. Mais nous avons la
conviction que ces derniers ne différaient pas essentiel-
lement de ceux de 1787 ou 1788 : aucun évènement
important n'était venu troubler l'ordinaire de la vie de
nos bénédictins.

tissement recevait 352 livres; le prieuré de
la Mourguié à Narbonne (1), une assistance de
200 livres ; on donnait 25 livres pour le syndic
du Parlement de Toulouse (2) ; 10 livres pour
les historiens (3) ; 50 livres pour les pauvres
parents (4).

Sur ce qui restait, après le paiement de toutes
les charges, il fallait subvenir aux dépenses
de cinq ou six religieux et de leur domesticité,
payer les gages, exercer l'hospitalité, faire
l'aumône, etc.

Avant de parler des dépenses d'entretien
de nos Bénédictins, observons tout de suite
que « les provisions en tout genre étaient
faites à l'avance. La maison recueillait la
provision de froment pour la consommation,
tout le vin et toute la paille. Elle achetait la
provision de bois, le foin et une partie de
l'avoine (5) ».

Le compte de l'année 1779 nous apprend
que « l'article de bouche » s'éleva seulement à
1877 livres ; on donna 1314 livres aux malades;
on fit 358 livres d'aumônes ; on consacra 283
livres en réparations, 793 livres pour le vestiaire, 146 pour le port des lettres et journaux.

----

(1) En 1729, « les Bénédictins de la Congrégation de
Saint-Maur se plaignaient de ce que le Parlement de
Toulouse fit difficulté d'enregistrer, à raison de clauses
insolites, les lettres patentes qu'ils avaient obtenues en
cour de Rome pour le prieuré conventuel de Notre-
Dame de la Mourguié de la ville de Narbonne, résigné en
faveur d'un religieux de cette Congrégation ». (HISTOIRE
DU LANGUEDOC, t. XIV, col. 2.143.

(2) C'était évidemment un syndic chargé des affaires
de la Congrégation près le Parlement de Toulouse.

(3) Les Mauristes qui s'occupaient d'histoire.

(4). Qui étaient ces pauvres parents? Ceux des religieux? La subvention fut portée à 150 livres, en 1780.

(5) ANNUAIRE de 1909, *loc. cit.*

La dépense d'ailleurs se réglait sur la recette; quand, pour une raison quelconque, la recette augmentait, le chapitre de la dépense s'élevait aussi, sauf à s'abaisser quand la recette diminuait.

En 1778, les reprises de l'année précédente élevèrent la recette de 5.000 livres. L'article de bouche monta à 3.130 livres; les malades eurent 1.100 livres de plus, les pauvres également; on augmenta de 600 livres la dépense du vestiaire, de 1.300 celle des réparations. L'article « port de lettres » s'accrut dans des proportions moindres, mais il s'accrut de 100 livres.

Et, comme si la prospérité avait rendu les Bénédictins processifs, l'article « procès » qui, en 1777, avait été seulement de 17 livres, s'éleva à 573 livres en 1778, pour redescendre du reste à 77 en 1779.

***

C'est qu'en cette année 1778 avaitcommencé, du moins à ce qu'il est permis de conjecturer, une affaire dont les conséquences devaient peser lourdement sur les dernières années de la vie de notre monastère. La perte des archives de Saint-Pé nous prive des documents qui nous en eussentfaitconnaître les origines et toutes les péripéties.

Les Bénédictins, en leur qualité de prieurs de Saint-Mau, possédaient une métairie dite du Husté, et la directe du parsan de Denis.

Mre Joseph-Gabriel de Seissan de Marignan, écuyer, juge-mage et lieutenant général en la sénéchaussée et siège présidial d'Auch, avait envie de la métairie du Husté et de la directe. Il ne fallait pas songer à une vente, mais on pouvait faire un échange. Justement les Bénédictins convoitaient une métairie, dite de

Saus, située à leurs portes, sur le territoire de
Saint-Pé, contiguë à certain fonds du monastère
et qui avait peut-être autrefois appartenu à
l'abbaye (1). Ils firent proposer à M. de Marignan de s'en rendre propriétaire. Un acte
d'accord fut passé entre les religieux et le
juge, le 1er novembre 1778 : les Bénédictins
promettaient de fournir, pour l'achat, la somme
de 3.000 livres et de payer le neuvième des
frais de l'acte. Les contractants s'engageaient
à contre échanger la métairie du Husté et
la directe de Denys avec la métairie de Saus.

Mais la directe en question n'était pas
paisiblement possédée par les Bénédictins et
c'était là peut-être la cause du procès qui leur
avait coûté si cher, en 1778. Elle était
revendiquée par M. le duc de Penthièvre. Cela
résulte des suites que nous connaissons de
l'affaire et aussi de la clause introduite dans
l'acte d'accord. Il était en effet stipulé qu'au
cas où l'échange projeté ne pourrait avoir
lieu, M. de Marignan aurait la faculté de
vendre la métairie de Saus, aux périls, risques
et fortune de la maison de Saint-Pé. Les
Bénédictins consentaient à ce que, sur la somme
qu'il en retirerait, M. de Marignan gardât
le prix de l'entier capital, les frais et loyaux
coûts et l'intérêt, supposé qu'il en retirât
assez pour cela. Le surplus, s'il y en avait,
devait céder au profit de l'abbaye. Que si le
montant de la vente ne suffisait pas pour
faire le remboursement, les moines s'obli-

(1) Dans le dénombrement du 4 octobre 1541, il est
dit : « losditz religiors tienen una boaria et bordas
comunament aperade Saus, tanta que sia, que confronta :
part de orient, ab terra besio et ab terra de l'espitau de
Sempè ; occident, ab lo flubi deu Gabe et ab lo riu de
Saus ; mey jorn, ab lodit flubi ; darre ab terra besio. »
(Annuaire de 1890, p. 137.)

geaient à rédimer le juge-mage en capital, intérêts et frais.

L'achat fut fait, le 1ᵉʳ décembre suivant, devant Mᵉ Bergeret, notaire royal de Pau, pour la somme de 27.000 livres (1).

M. de Marignan, en attendant l'exécution du contre échange, commença à retirer les fruits de sa métairie de Saus. Les Bénédictins acceptèrent d'être ses agents. Ainsi, le 14 août 1782, dom Bernard Capmartin, faisant pour M. de Marignan, baillait à ferme, pour six ans, sa métairie de Saint-Pé (2). Bientôt même les religieux se conduisirent comme s'ils étaient les maîtres de Saus. « Ils jouirent la métairie », en payèrent les impositions au roi et l'intérêt du prix d'acquisition à M. de Marignan. Le 7 mars 1784, les Bénédictins, faisant pour eux-mêmes et non plus pour M. de Marignan, baillent pour six ans, moyennant 1.000 francs par an, la métairie à M. Lacrampe-Pascau de Saint-Pé (3).

Ils comptaient gagner leur procès du parsan de Denys. Mais un arrêt de la Chambre des Comptes de Paris, du mois de septembre 1784, condamna les moines de Saint-Pé à délaisser la directe à M. Audirac, représentant le duc de Penthièvre.

L'échange ne pouvait plus avoir lieu. M. de Marignan, n'ayant aucune raison de garder la métairie de Saus, demanda à la vendre et chargea les Bénédictins de chercher acquéreur. Mais ne trouvant preneur qu'à une très grande perte, les religieux renoncèrent à vendre. Ils donnèrent, le 11 décembre 1785,

(1) Arch. des H.-P., B. 1166.
(2) Ravielle, notaire.
(3) *Id.*

une procuration à leur syndic, dom Blaise Forgues, pour se rendre à Auch, traiter avec M. de Marignan à forfait, aux conditions qu'il trouverait le plus convenables, et l'engager à reprendre la jouissance de la métairie pour en faire à ses plaisirs et volontés.

Un nouvel accord intervint, le 21 décembre suivant, entre dom Forgues et le juge-mage. Celui-ci s'engageait à reprendre, le 1ᵉʳ janvier 1786, pour son compte, « à ses périls, risques et fortune », la jouissance de la métairie de Saus « pour en faire à ses plaisirs et volontés » sans qu'il pût, en aucun cas, avoir recours contre les moines de Saint-Pé. Il s'engageait encore à maintenir le bail de Lacrampe-Pascau, qui le regarderait comme subrogé aux Bénédictins.

En retour, dom Forgues promettait de payer à Auch, en quatre ans, la somme de 6.000 francs, en quatre paiements égaux, avec l'intérêt au denier 20 (5 %); chacun des paiements devait avoir lieu le 1ᵉʳ janvier, et le premier serait fait le 1ᵉʳ janvier 1787.

Moyennant cet accord, celui du 1ᵉʳ novembre 1778 était cancellé. Dom Forgues s'engagea à faire approuver et ratifier les conventions, dans la quinzaine, par la maison de Saint-Pé, capitulairement assemblée.

Le 28 décembre, le chapitre se réunit en effet. Il était composé de dom Raymond Castel, prieur, dom Mathias-Alexandre Montbel, sous-prieur et secrétaire, dom Antoine Palis, sénieur, dom Jean-Baptiste Castel et dom Pierre-Blaise Forgues, syndic. Le prieur donna lecture de l'accord que la communauté décida unanimement d'approuver et de ratifier.

Deux annuités furent payées. Mais, en 1789, le troisième terme ne fut pas versé. M. de Marignan aurait peut-être attendu en temps ordinaire, mais le vote du 2 novembre de cette année par lequel l'assemblée nationale mettait les biens du clergé à la disposition de la nation, effraya le juge d'Auch. Dès le 19 novembre, il fit enregistrer son accord par le Contrôle de Tarbes. Et comme ce n'était qu'une pièce privée, il voulut y ajouter la solennité d'un jugement public.

Par exploit du 22 suivant, il fit assigner dom Forgues, syndic des *Bénédictins de Saint-Pé*, dom Doussot, prieur du monastère, et, en leurs personnes, tous les religieux composant la communauté, pour comparaître, le 26 novembre, à neuf heures du matin, devant le sénéchal de Tarbes, pour y faire l'aveu de l'accord du 28 décembre 1785.

Les religieux ne comparurent pas. C'était inutile : leur défaut équivalait à l'aveu et sortissait le même effet. M. Pierre de Mérens, conseiller du roy et lieutenant particulier en la sénéchaussée de Bigorre, prononça qu'il tenait pour fait l'aveu de l'accord. (1)

Et soit que le juge du présidial d'Auch ne se *trouvât pas encore entièrement rassuré*, soit que les religieux voulussent se débarrasser d'un pareil créancier, ils empruntèrent à M. Paul d'Angosse, grand sénéchal d'Armagnac, la somme de 3.000 livres et, le 9 février 1790, ils la versèrent entre les mains de M. de Marignan, augmentée de 200 livres représentant *sans doute les intérêts. Le juge délivra*, le même jour, une quittance sous-seing privé aux Bénédictins qui la firent enregistrer, le 3 mars, au contrôle de Tarbes. (2)

----

(1) Arch. des H.-P., B. Inf. 1166.

(2) Arch. des H.-P., C. Contrôle de Tarbes. M. de *Marignan trouva sans doute acquéreur dans la personne de l'un de ses collègues, M. Joseph Soulan-Latour-de-*

***

Ce fut la plus grosse affaire qui troubla la sérénité du monastère en ses derniers jours. Les actes que nous signalent les minutes des notaires et les registres du Contrôle de Lourdes sont ceux d'une paisible administration. Nous les énumérons ici parce qu'ils nous font connaître le détail des revenus que la Bigorre faisait aux Bénédictins.

Le 27 mai 1783, les religieux baillaient à ferme, pour la somme de 380 livres par an, les fruits décimaux (1) d'Anclades et de Sarsan ;

Le 29 février 1784, ceux de Saint-Pé, pour 2.400 livres ;

Le 22 avril, ceux d'Arcizac-es-Angles, pour 70 liv. ;

Le 9 mai, ceux de Visker et Loucrup, pour 700 livres et une douzaine de serviettes ;

Le 18 mai, ceux de Loubajac, pour 96 liv. ;

Le 4 décembre 1785, ceux d'Adé, pour 240 liv. ;

Le 12 janvier 1786, ceux de Loucy et de Lanne, pour 1.350 liv. ;

Le même jour, ceux d'Azereix, pour 1.100 liv. ;

Le 22 janvier 1786, ceux d'Orincles, Hibarette et Julos, moyennant 300 liv. pour Julos,

---

Brie, conseiller au présidial d'Auch et propriétaire à Ossen, ou dans celle de son fils Martin Latour-de-Brie. En tout cas, ce dernier était propriétaire, à la date du 4 prairial an 4, 23 mai 1796, de la métairie de Saus qu'il arrondit par un acte de ce jour. (Arch. des H.-P. Q. Saint-Pé.)

(1) Les bénédictins « baillaient » les fruits décimaux de la ville de Saint-Pé (laine, linet et agneaux) ; c'est la formule non seulement pour Saint-Pé, mais pour ailleurs.

200 liv. pour Hibarette ; 530 liv., 30 sacs d'avoine et 2 douzaines de serviettes de lin pour Orincles ;

Le 26 janvier 1786, ceux de Bourréac et Riquahort, pour 300 livres ;

Le même jour, ceux de Barlest, pour 854 liv. ;

Le 17 avril 1786, ceux de Lézignan, pour 300 liv. ;

Le 15 mai 1788, ceux de Sère et Artigues, pour 750 livres ;

Le 18 mai 1788, ceux de Sère-es-Angles (?), pour 155 livres ;

Le 29 mai 1788, ceux d'Averan et Layrisse, pour 575 livres ;

Le 6 avril 1789, ceux de Beaudéan, pour 466 livres ;

Le 26 janvier 1787, ils affermèrent, moyennant 300 livres, un fonds qu'ils possédaient à Juillan. (1)

*****

Nos moines vivaient sans soupçonner le sombre avenir qui se levait pour eux « *Edebant et vivebant*, comme dit l'Écriture, *emebant et vendebant, plantabant et ædificabant.* »

Autour d'eux, le peuple, qui ressentait leurs bienfaits, continuait à les aimer. Il *regrettait* seulement, à la veille de 1789, qu'ils ne remplissent pas les obligations de leur fondation et du concordat qui les liait envers la communauté de Saint-Pé. L'enseignement faisait l'un des objets de ce concordat. « Les religieux, écrit l'abbé Crabé, s'étaient engagés à faire faire gratuitement les premières classes de latin aux enfants de Saint-Pé ; en compensation, ils percevaient les revenus de certaines fondations pieuses et quelques autres rede-

____

(1) Ravielle, notaire. Etude de M⁰ Demasles, à Saint-Pé.

vances que leur payaient les habitants. On professait, au moins, à Saint-Pé, les classes de grammaire (1). »

Ces détails sont conformes à ce qu'écrivait à l'Assemblée nationale, le 7 décembre 1789, la municipalité de Saint-Pé. « Jusqu'à l'époque qui a privé cette maison de quatre religieux et de 4.000 livres de rente en faveur du collège de Pau, nous avons eu une école publique dont notre ville et le voisinage retiraient les plus grands avantages. » (2)

Et, de fait, les procès-verbaux de visite de 1778 et de 1780 donnent à dom Palis le titre de régent.

« Cela dura jusqu'à la Révolution », écrit encore très justement M. Crabé, car la réduction, à trois, du nombre de religieux présents dans l'abbaye eut lieu seulement dans la seconde moitié de 1788. L'événement était donc tout récent, lorsque les habitants de Saint-Pé en faisaient, en mars 1789, l'objet d'une réclamation de leur cahier de doléances. « Les dîmes et les travaux de Saint-Pé, y disaient-ils, produisent 4.000 livres de rente au collège de Pau par la maison des Bénédictins établie à Saint-Pé. Cependant cette ville ne doit rien à une province étrangère. C'est donc le cas de compenser faiblement cette partie des revenus qui échappe à la consommation dans la ville de Saint-Pé, par l'établissement de quatre bourses au collège de Pau au profit des enfants de la ville de Saint-Pé, au choix des habitants assemblés. » Puis, se ravisant plus loin, les habitants demandent que, « si l'ancien nombre des religieux porté à sept est rétabli, ils soient tenus de l'enseignement des enfants:

(1) Annuaire 1908, p. 1*.
(2) Arch. des H.-P., E. 895,

il sera d'une utilité plus générale que les
bourses au collège de Pau, qui pourraient être
*un objet de brigue et de discorde parmi les
habitants.* » (1)

Mais non seulement l'enseignement était
frappé par la réduction du nombre des religieux, « le service divin, les fondations
pieuses en souffriraient considérablement (2) ».

Sans doute, la messe de six heures qui
se disait tous les matins pour l'acquit des
fondations, d'après le consentement d'un
chapitre général, continuerait à être célébrée,
mais combien l'éclat extérieur du service
divin en serait diminué. La récitation solennelle de l'office allait devenir impossible et
cependant n'était-ce pas là une des fonctions
principales de l'observance bénédictine? Le
service paroissial lui-même ne pouvait manquer d'être profondément atteint.

Hélas ! les ruines allaient être plus grandes
que ne les prévoyaient les habitants. Non
seulement le nombre de sept religieux ne
devait pas être rétabli, mais les ordres mo-
nastiques étaient sur le point d'être supprimés.
Au commencement de décembre 1789, « une
consternation générale se répandit parmi les
habitants de Saint-Pé, à la nouvelle de la
suppression prochaine de la maison des
religieux de Saint-Maur établis chez eux
depuis plusieurs siècles ». Le corps muni-
cipal s'en émut. Il se réunit, le 7 décembre,
pour envoyer à Nosseigneurs de l'Assemblée
Nationale une adresse de supplications.

» Nous exposons nos alarmes à l'auguste
assemblée, écrivent-ils, avec une confiance res-
pectueuse.

(1) Annuaire 1908, p. 2*.
(2) *Id.*

» Un décret solennel va, dit-on, supprimer
tous les Ordres religieux. La commune de
Saint-Pé, une des plus peuplées de Bigorre
et la plus commerçante de toutes, doit son
origine et son agrandissement à l'abbaye des
Bénédictins, qu'elle renferme dans son enceinte. Depuis que les religieux y défrichèrent
le sol qui nous nourrit, ils n'ont cessé de
se rendre utiles, en formant des agriculteurs,
en excitant l'industrie, en soulageant les
pauvres, en partageant avec nos pasteurs les
fonctions du ministère.

» C'est surtout, au moment où nous sommes
menacés de perdre ces religieux, que leur
conservation nous paraît plus utile. L'hiver le
plus rigoureux nous a fait connaître toute
l'étendue de leur zèle et de leurs économies :
des milliers d'ouvriers, sans pain et sans
travail, ont trouvé l'un et l'autre, et la misère
publique, malgré les coups qu'elle a frappés,
n'a compté aucune victime parmi nous. Leur
charité industrieuse a même préparé des secours efficaces pour l'hiver prochain, dont la
seule perspective alarme déjà les pauvres et
les riches de ce pays où les productions de la
terre, toujours insuffisantes aux besoins de ses
habitants, n'ont que trop souvent à lutter
contre l'intempérie des climats.

» D'après ces puissantes considérations, nous
vous supplions de conserver à notre ville un
établissement qui la vivifie et de lui rendre les
religieux et les rentes qui sont attachés au collège de Pau. Que la juste sévérité de vos décrets
atteigne les monastères qui sont sans utilité
publique, nous applaudissons d'avance à leur
suppression, mais qu'ils respectent ceux dont
la conservation est aussi utile qu'ardemment

sollicitée par toutes les classes des citoyens (1) ».

Le monastère de Saint-Pé de Générez, condamné à mourir, ne pouvait désirer une plus
belle oraison funèbre.

(1) Arch. des H.-P., E 895.

CHAPITRE III

La fin de la communauté bénédictine

La communauté bénédictine de Saint-Pé avait reçu, le précédent chapitre nous l'apprend, une rude atteinte par la réduction du nombre de ses religieux.

S'il faut en croire le Cahier des doléances, la fondation mauriste et le concordat passé avec la ville de Saint-Pé portaient que le nombre des religieux devait être de sept.

Ce chiffre fut quelquefois dépassé, car, le 27 avril 1770, huit religieux, tous du monastère, assistaient à la prise de possession de l'abbaye par M. Charles de Mun-Sarlabous (1).

Ils ne sont plus que six en 1778 (2), cinq seulement en 1780 (3), cinq encore dans le chapitre qu'ils tinrent, le 28 décembre 1785 (4), pour régler l'affaire de Sans; ils sont de nouveau six, en 1787 (5) et 1788 (6).

(1) Voir ci-dessus, p. 17, note 1.

(2) Ce sont dom Bernard Capmartin, prieur ; dom Daniel d'Estibayre, sous-prieur ; dom Joseph Bonniol ; dom Ignace Delhom ; dom Raimond Castel ; dom François-Antoine Palis. (ANNUAIRE 1909, p. 52*.)

(3) Dom Capmartin, dom Jean Bosquet, dom Palis, dom d'Estibayre, dom Mathias-Alexandre Montbel. (*Ib.*, p. 62*.)

(4) Dom Raimond Castel, prieur, dom Montbel, sous-prieur, dom Palis, dom Jean-Baptiste Castel, dom Pierre-Blaise Forgues, syndic (Arch. des H.-P., B. Inform. 1166.)

(5) Dom R. Castel, dom Montbel, dom J.-B. Castel, dom Palis, dom Forgues, dom Jean-Baptiste Brethou (Ravielle, notaire, 26 janvier 1787.)

(6) Les mêmes. (Ravielle, 18 mai 1788.)

Mais, en 1789, le nombre des religieux qui sont *attachés* au monastère n'est plus que de cinq : ce sont dom Antoine Doussot, prieur, dom Pierre-Blaise Forgues, dom Antoine Palis, dom Jacques-Henri Besserve et dom Bruneau.

A ces cinq religieux il faut ajouter le fr. Jean Bourjaguet, commis de la maison de Saint-Pé (1).

Cependant les habitants de Saint-Pé étaient dans le vrai quand ils disaient « que le régime avait réduit à trois les religieux de l'abbaye, » car dom Bruneau et dom Besserve, professeurs au collège de Pau, n'habitaient Saint-Pé, tout au plus que pendant leurs vacations, et encore y sont-ils jamais venus ?

Quant au fr. Bourjaguet, il ne tarda pas à être envoyé à Saint-Mau, dans le Gers, *pour y* administrer le prieuré (2).

Le prieur était jeune encore ; il avait à peine 38 ans, étant né à Souillac, au diocèse de Cahors, en 1752. Sa profession s'était faite à la Daurade,

---

(1) *Arch.* des H.-P., L. C90. 21 décembre 1792. Pétition du 20 décembre 1791 incluse.

(2) Le 21 juin 1789, dom Doussot, dom Forgues et dom Palis constituèrent pour procureur spécial et général, le f. Jean Bourjaguet, commis de la maison de Saint-Pé, auquel ils donnèrent pouvoir d'affermer les fruits décimaux et autres que les RR. PP. sont en droit de prendre sur les terrains des lieux de Saint-Maur et fonds qu'ils y possèdent ainsi qu'à Puydarrieux. (Ravielle, notaire.) Ce Bourjaguet paraît être le même que Jean Boursaguet, commis à Saint-Pé en 1778 et 1779. Il était né à Lombez. Son âge est difficile à fixer. Les procès-verbaux de visite de 1778 et 1779 lui donnent l'un et l'autre 69 ans. (ANNUAIRE 1909, pp 53* et 59*.) Et nous savons seulement, d'après le chiffre de la pension qui lui fut accordée, qu'en 1790, il avait plus de 70 ans. (Arch. des H.-P., L. 690.)

le 18 décembre 1773, et il se trouvait à Saint-Pé,
depuis seulement l'année 1789 ou 1788 (1).

Dom Forgues, né à Gimont, au diocèse de
Lombez, le 28 octobre 1749, était de trois ans
plus vieux que son supérieur. Il était profès
du 22 avril 1772 et appartenait à la maison de
Saint-Pé depuis 1784 (2); il avait le titre de
syndic qu'il garda jusqu'à la fin.

Dom Palis était arrivé, en 1760, à Saint-Pé,
où il avait toujours résidé depuis lors. Né, le
25 octobre 1730, à Verdun sur-Aude, diocèse
de Saint-Papoul, il avait 60 ans à l'époque où
nous sommes. Il était sénieur ou doyen et
portait, en 1778 et 1780, le titre de régent (3).

Dom Besserve, âgé de 42 ans, était originaire de Brou, au diocèse de Chartres. Il venait
sans doute d'être attaché à Saint-Pé, avec dom
Bruneau, dont nous ne savons pas autre chose
que le nom (4).

Telle est la communauté que les lois révolutionnaires vont disperser.

Les nouvelles de Paris étaient de plus en plus
sombres. La municipalité de Saint-Pé, qui
avait, le 7 décembre 1789, pétitionné pour
garder les religieux, ne conservait plus aucun
espoir, le 3 janvier 1790. Dans une nouvelle
adresse que les membres du corps municipal

(1) Arch. de la mairie de Tarbes. Reg. matric. des
Bénéd. — Son nom paraît pour la première fois, dans un
acte de Ravielle du 21 juin 1789.

(2) *Ib.* Reg. matric. — Il paraît, pour la première fois,
avec sa qualité de syndic, dans un acte de Ravielle du
6 janvier 1785. Il est croyable qu'il était arrivé de l'année
précédente.

(3) Annuaires 1904, p. 52*, et 1909, p. 52 et suiv.

(4) Arch. Tarb. Reg. matric.

envoient à cette date, ils se déclarent « pleins d'admiration, de respect et de reconnaissance pour les augustes représentants de la Nation française ; ils adhèrent. au nom de la ville de Saint-Pé, à tous leurs décrets et promettent de les observer religieusement au péril de leurs fortunes et de leurs vies. »

Néanmoins le coup était rude. « La ville de Saint-Pé qui, à l'exception de celles de Tarbes et de Bagnères, surpassait en population toutes les villes de la province de Bigorre, était cependant la moins favorisée du côté de la richesse de ses habitants, de la fertilité et de l'étendue de son territoire dont les productions suffisaient à peine pour trois mois de l'année. »

« Par la suppression de la maison religieuse des Bénédictins, qui fut toujours sa ressource assurée dans les temps de disette et de calamité, le peuple de la ville perdait une partie de ses subsistances. »

Puisque donc il était impossible de garder ses bienfaiteurs, la municipalité réclamait de Nosseigneurs de l'Assemblée « un siège de justice et d'administration de district. » (1)

Vaine requête : Saint-Pé n'obtint pas de compensation. L'admiration, toutefois, que la municipalité ressentait pour les destructeurs des ordres religieux se conciliait avec les sympathies dont les derniers bénédictins jouissaient à Saint-Pé, parmi le peuple et parmi la bourgeoisie.

Aussi quand, le 17 janvier 1790, le corps municipal prit les dispositions nécessaires en vue de l'assemblée électorale, qui devait avoir lieu, le 25 janvier suivant, pour organiser la nouvelle municipalité établie par le décret

______

(1) Arch. de Saint-Pé. Registre des délib.

du 14 décembre 1789, ce fut dom Doussot qui
fut désigné pour expliquer aux citoyens assemblés l'objet de la convocation. Ce choix indiquait que l'orateur était agréable et de compétence reconnue.

Le 25 janvier, dès que l'assemblée eut été
réunie dans l'église de Saint-Pé, le maire,
François-Marie-Anne Lanère, annonça aux
électeurs que dom Doussot allait s'acquitter de
la commission dont on l'avait chargé. Alors
se produisit un incident auquel le procès-
verbal officiel, rédigé par le bureau de l'assemblée, ne fait même pas allusion, mais que
les vaincus du scrutin se plurent à exagérer
dans le but de faire annuler les opérations électorales. Voici comment ces derniers le racon-
tent.

« Le prieur s'avançait vers la chaire lorsque
le meunier, Labatut, et le cloutier, Bureu,
l'arrêtèrent. Le premier lui dit, d'un ton pas-
sionné, qu'il n'était pas fait pour cela, qu'il
était un membre mort, que le clergé était
anéanti, que ses membres ne pouvaient plus
être admis à aucune assemblée... M. Labarrère,
curé, reçut une pareille insulte. Une véritable
insurrection éclata de la part des parents, des
ouvriers et des partisans de Bureu et de
Labatut, beaux-frères (1) ».

Si la scène revêtit une telle violence, l'attitude du parti vainqueur à l'égard du prieur
montre qu'elle fut l'œuvre d'un petit nombre
d'individus. Empêcha-t-elle même dom Doussot
de faire son instruction ?

Le scrutin pour l'élection du maire, dont le
dépouillement fut terminé seulement, le 26
janvier, à trois heures du soir, donna une

____

(1) Arch. nation., F. i. c. iii.

grosse majorité à M. Labatut. (1) L'ancien
maire, Lanère, deux anciens conseillers, Pierre
Pomès-Cazalot et Lacrampe-Hauret, ainsi que
plusieurs autres se retirèrent de l'assemblée.
Ils rédigèrent une protestation contre les
opérations électorales. On demanda sa signature à dom Doussot, qui consentit à la donner
mais avec des restrictions que les adversaires
de Lanère et de Cazalot eurent soin de marquer :
« La signature de dom Doussot, prieur, témoin
de tout, n'atteste que certains faits de sa
connaissance ; elle n'a pas échappé à l'atten-
tion (2) ».

L'élection, est-il besoin de le dire, renversa
toute l'ancienne municipalité. Le nouveau
corps municipal fut aussi favorable aux Bénédictins que l'ancien : nous en rencontrerons
plusieurs témoignages jusqu'au jour où les
lois contre les religieux eurent déterminé leur
départ.

****

Nombreuses en effet furent les lois rendues
contre le clergé et les moines à la fin de 1789
et les premiers mois de 1790. Depuis le décret
du 28 octobre 1789 qui suspendait l'émission
des vœux religieux en France, une loi n'avait
pas attendu l'autre.

Le 18 novembre 1789, il fut décrété que
« tout titulaire de bénéfices et tous supérieurs
de maisons et établissements ecclésiastiques
seraient tenus de faire, dans deux mois pour
tout délai à compter de la publication du
décret, par devant les juges royaux ou les
officiers municipaux, une déclaration détaillée
de tous les biens mobiliers ou immobiliers

(1) Arch. de Saint-Pé, Registre des délib.
(2) Reg. des délib. de Saint-Pé.

dépendant de ces bénéfices ainsi que de leurs revenus, et de fournir, dans le même délai, un état détaillé des charges dont ces biens étaient grevés. » Enregistré, le 9 décembre, par le Parlement de Toulouse en séance de vacations (1), le décret dut parvenir à Saint-Pé dans les premiers jours de janvier. Nous n'avons pas trouvé trace de la déclaration que, sans aucun doute, le prieur fit devant les municipalités de Saint-Pé et de Juillan en Bigorre, de Castets en Béarn et de Saint-Mau en Astarac.

Mais nous avons celle de l'abbé que son procureur, M. Decamps, envoya au conseil général de Saint-Pé qui la fit consigner, avec ses observations, sur le registre des délibérations.

M. de Rey possédait des biens et revenus en Bigorre, aux diocèses de Lescar et d'Oloron.

En Bigorre :

1° Une maison abbatiale à Saint-Pé, de très peu de valeur ; une grange possédée par indivis avec les religieux destinée à renfermer les fruits et environ cinq arpents de terre labourable... « qui, à notre connaissance, observent les conseillers de Saint-Pé, en a 11 » ;

2° L'abbé est gros dîme-prenant à Bénac. Sa portion avec celle du curé, qui en a fait abandon pour se ranger à la congrue, est affermée par acte du 2 décembre 1789, retenu par Ravielle. . . . . 2120 livres ;

3° Il est dîme-prenant à Layrisse et sa portion est affermée par acte du 5 décembre 1782, retenu par le même. . . . . . . 525 liv. ;

4° Il est dîme-prenant à Saint-Pé et sa portion de dîme est affermée, avec la maison abbatiale, les cinq arpents de terre et quelques

____

(1) Arch. des H.-P., B. 2562.

menus fiefs qui en dépendent, par acte du 5 décembre 1782, retenu par le même, 1705 liv. ;

5e L'abbé de Saint-Pé, les religieux et la communauté (de ville) possèdent par indivis des patus ou fonds incultes, situés à Saint-Pé, dont on ne retire aucun revenu et dont on ne connaît pas la quantité... La communauté, ajoute le conseil, conteste à l'abbé et aux religieux tout droit sur ces communaux.

L'abbé termine en déclarant qu'il n'a point de mobilier à Saint-Pé et que les titres relatifs à son abbaye sont tous au pouvoir des religieux.

Au diocèse de Lescar.

Il est dîme-prenant à Lescar, où sa portion vaut 356 liv. ; à Livron, où elle vaut 200 liv. ; à Montaut, 2900 livres ; à Lagos, 310 livres.

En sa qualité de seigneur de la petite directe de Laber, l'abbé est en droit de percevoir 10 livres de casuel.

La maison de Boueil de Coarraze fait à l'abbé 600 livres de rente.

Au diocèse d'Oloron.

Il jouissait de la dîme d'Asasp qui lui donnait 225 livres.

Le total de son revenu était de   9911 livres
Il avait des charges s'élevant à   5434   —

De sorte que son revenu se trouvait réduit à . . . . 4477 livres

En janvier encore dut arriver à Saint-Pé la loi du 27 novembre, enregistrée le 12 décembre par le Parlement : elle plaçait sous la sauvegarde du roi et des autorités les biens ecclésiastiques, et ordonnait que, « dans tous les monastères où il existait des bibliothèques

et archives, les supérieurs seraient tenus de déposer au greffe des juges royaux ou des municipalités les plus voisines, les états et catalogues des livres et manuscrits qui s'y trouvaient. »

Toutes ces lois, toutes ces formalités n'étaient que des préambules. Les lois de destruction allaient paraître et, après elles, l'acte de décès de notre vieille abbaye.

Ce fut d'abord la loi du 19 février 1790 qui dispose, dans son article 1er : « La loi constitutionnelle du royaume ne reconnaîtra plus de vœux monastiques solennels des personnes de l'un ni de l'autre sexe ; en conséquence, les ordres et congrégations réguliers dans lesquels on fait de pareils vœux seront supprimés. »

Et dans son article 2 : « Tous les individus de l'un et de l'autre sexe, existant dans les monastères et maisons religieuses, pourront en sortir en faisant leur déclaration devant la municipalité du lieu, et il sera pourvu incessamment à leur sort par une pension convenable. Il sera indiqué des maisons, où seront tenus de se retirer les · religieux qui ne voudront pas profiter de la disposition des présentes. »

Huit jours après, le 26 février, la loi fixait les traitements des religieux qui auraient fait leur déclaration de vouloir sortir de leur maison : « Les religieux non mendiants, comme étaient nos bénédictins, auraient 900 livres jusqu'à 50 ans, 1.000 livres jusqu'à 70 ans et 1.200 livres après 70 ans.

» Les frères donnés jouiraient de 300 livres jusqu'à 50 ans, 400 livres jusqu'à 70, et 500 livres après 70.

» Ces pensions seraient payées par quartiers et d'avance. »

Enfin, le 26 mars, un dernier décret consomma la destruction. Après avoir réglé la situation des religieux qui préféraient se retirer dans les maisons qui leur seraient indiquées, leur avoir attribué un traitement conforme aux traitements décrétés pour ceux qui sortiraient de leurs maisons, et décidé que, dans les campagnes, ils jouiraient encore des enclos y attenant jusqu'à concurrence de six arpents, mesure de Paris, le décret continuait, à l'article 5 : « Les officiers municipaux se transporteront, dans la huitaine de la publication de la loi, dans toutes les maisons de religieux de leur territoire, s'y feront représenter tous les registres et comptes de régie et les arrêteront; ils dresseront, sur papier libre et sans frais, un état et description sommaire de l'argenterie, argent monnayé, des effets de la sacristie, bibliothèque, livres, manuscrits, médailles, et du mobilier le plus précieux de la maison, en présence de tous les religieux, à la charge et garde desquels ils laisseront lesdits objets.

» Ils dresseront aussi un état des religieux profès de chaque maison et de ceux qui y sont affiliés, avec leur nom, leur âge et les places qu'ils occupent. Ils recevront la déclaration de ceux qui voudront s'expliquer sur leur intention de sortir des maisons de leur ordre ou d'y rester. »

L'article 6 statuait que, « tant que les religieux resteraient dans leurs maisons, ils y vivraient comme par le passé ; les officiers de ces maisons seraient tenus de donner aux différentes natures de biens qu'ils exploiteraient, les soins nécessaires pour leur conservation et pour préparer la prochaine récolte. »

* *** *

Enregistrée le 21 avril par le Parlement de Toulouse, cette loi parvint aux municipalités dans les premiers jours de mai. Elles se mirent aussitôt en mesure de faire l'inventaire du mobilier et des consciences des condamnés.

Chez les Bénédictins de Saint-Sever, les opérations eurent lieu, le 12 mai (1) ; chez ceux de Saint-Savin, le 14 (2). Nous savons que ce fut en mai que la municipalité de Saint-Pé fit l'application de la loi à son abbaye, mais nous n'en pouvons déterminer la date précise ; ce fut sans doute vers le 14 ou 15 mai. Le procès verbal de l'inventaire est perdu. Combien nous regrettons cette disparition, non pas seulement parce que nous y aurions trouvé des détails intéressants sur la sacristie, sur le mobilier, sur la bibliothèque de nos Bénédictins, mais surtout parce que nous aimerions à entendre les réponses qu'ils firent aux agents du pouvoir civil leur demandant s'ils voulaient profiter de la loi qui prétendait leur ouvrir les portes du cloître que seuls leurs supérieurs pouvaient les autoriser à franchir.

Quand, le 12 mai, les municipaux de Saint-Sever demandèrent à dom Junca, prieur de leur abbaye, s'il voulait s'expliquer, et les autres religieux du monastère, sur leur intention de sortir des maisons de leur ordre ou d'y rester, le prieur déclara simplement « qu'il n'avait rien à répondre à cette question. » « Je veux vivre et mourir dans mon ordre, répondit le sous-cellerier Larrivière, tant que la constitution, sous la foi de laquelle je me suis engagé, ne sera point altérée. » Laquelle de ces deux réponses fit dom

(1) Arch. des H.-P. Q. St-Sever.
(2) Annales du Labeda, 4e vol., p. 201.

Doussot : la première, si digne à la fois
et si fière de son collègue de l'Arros, ou
celle du cellerier, fière aussi, mais moins
digne peut-être, parce qu'elle avait l'air de
reconnaître le droit des commissaires nationaux? La seconde, semble-t-il, car on écrira
plus tard que dom Doussot avait choisi de
rester dans une maison de son ordre. (1)

Le prieur de Saint-Pé fut en effet fidèle à sa
vocation. Nous n'en pouvons dire autant
hélas! de ses deux confrères, dom Forgues et
dom Palis, dont la conduite, à défaut de témoignages écrits, indique qu'ils avaient choisi de
sortir de leur ordre.

On ne put manquer, pendant ces jours de
crise, de recevoir à Saint-Pé des nouvelles des
confrères des maisons de Saint-Savin, de
Saint-Sever et d'ailleurs, de ceux du moins
qui avaient été autrefois attachés à Saint-Pé.
Dom Daniel d'Estibayre, naguère sous-prieur
de notre monastère, Nicolas Sudre, compatriote de dom Forgues, qui en était sorti
depuis presque trente ans, répondirent, avec
leur prieur de Saint-Savin, dom Gérard, qu'ils
voulaient vivre en leur particulier. (2)

Dom Jean-Baptiste Brethoux, qui avait quitté
Saint-Pé pour Saint-Sever, depuis deux ans à
peine, répondit qu'il ne s'était pas encore
décidé. (3)

---

(1) Arch. des H.-P., L. 690. Pétition de Lanère,
16 septembre 1790.

(2) Annuaire de 1909, p. 52* — Annales du Labéda,
p. 201. — Dom Denys d'Estibayre, frère cadet de dom
Daniel et cellerier de St-Sever, répondit « qu'il voulait
rester dans son ordre pourvu qu'il eût la liberté de le
quitter quand il le jugerait convenable. » (Arch. des H.-P.
Q., St-Sever).

(3) Arch. des H.-P., Q. St-Sever.

Dom Montbel, ancien sous-prieur de Saint-Pé, passé au monastère de La Réole, dans le diocèse de Bazas, répondit, le 17 mai, « qu'il voulait discontinuer la vie commune, pour vivre en son particulier à Saint-Pé » (1).

Nous aimerions à savoir la réponse de l'ancien prieur Raimond Castel, qui fut reclus à Toulouse en l'an II, peut-être pour avoir été fidèle à sa vocation (2).

Je veux citer encore la profession de foi d'un vieux bénédictin de Saint-Sever, parce que nous le retrouverons un jour à Saint-Pé. Dom Sanche Debretz était, en 1790, un vieillard de 82 ans. Sur le choix, dit-il, qu'on lui

(1) Arch. de Saint-Pé.

(2) Les *Reclus de Toulouse* par Bouglon, 2º fascicule, p. 142. « Raymond Castel, y est-il dit, âgé de 66 ans, de la commune de Limoux ; prêtre pauvre, religieux appartenant à la règle de Saint-Benoît, moralité pure. L'administration n'a aucune connaissance des principes politiques qu'il a manifestés depuis la Révolution, ayant mené une vie retirée. » — Le nom sans doute est différent de celui du prieur mentionné dans l'ANNUAIRE de 1901, appelé Castel tant à la page 26* qu'à la page 52*. Mais cet ANNUAIRE fait erreur, comme on peut le voir dans l'ANN. de 1909, p. 52*, et dans plusieurs actes de Ravielle, notaire, 15 et 28 décembre 1783, 29 février, 7 mars, 9 et 18 mai 1784, etc. — Il y a erreur encore dans l'ANNUAIRE de 1901, p. 26*, sur les dates : le P. Castel n'avait pas 16 ans mais 40, en 1769, et sa profession est de 1751 et non de 1769. (ANNUAIRE 1909, p. 52*.) Le document que cite M. Bouglon est d'accord avec l'ANN. de 1909, lorsqu'il donne 66 ans au bénédictin, R. Castel. Il ne s'accorde plus quand il le dit de la commune de Limoux, à moins qu'il ne veuille indiquer, non pas son lieu d'origine, mais sa résidence. Enfin, s'il est sûr que la réclusion ne prouve pas que dom Castel ait été fidèle à sa vocation, ni même qu'il n'ait pas prêté de serment (il arriva à des constitutionnels d'être reclus), il est sûr aussi que la fidélité à sa conscience mena toujours droit à la réclusion.

demande de faire pour sa résidence, entre un
lieu quelconque, « ou un monastère où il
continuerait à vivre sous le suave joug de la
dépendance régulière, il déclare que le poids
de 80 et quelques années, desquelles il en a
passé 70 dans le cloître, le met hors d'état de
se déplacer au-delà d'une journée ; l'affaiblis-
sement de sa vue, depuis un an, et une infir-
mité qu'il porte depuis 68 ans, le retien-
nent dans son monastère. » Finalement il
déclare que, « si l'Assemblée Nationale maintenait une conventualité de la Congrégation de
Saint-Maur dans les Hautes-Pyrénées, il était
disposé à y consommer son sacrifice. Hors
cette circonstance favorable il se soumettait
à l'alternative et choisissait, pour sa résidence,
la ville de Tarbes. (1) »

Aucune des trois maisons habitées par les
religieux de Saint-Maur dans les Hautes-
Pyrénées, ne devait être conservée, et le jour
allait bientôt venir où elles seraient vides. (2)

En attendant qu'on lui fixât un monastère
pour y continuer la vie régulière, dom Doussot profita de l'autorisation que la loi lui
donnait de rester dans sa chère abbaye. Nous
aimons à nous le représenter, continuant à
présider l'office divin dans un chœur désert,
assurant le service des fondations et la messe
de six heures pour les bienfaiteurs. Privé à
peu près de tout revenu, le prieur, adminis-
trateur-né du bureau de charité de la ville,

(1) Arch. des H.-P. Q. Saint-Sever.
(2) Il y avait encore des Bénédictins à Saint-Savin et à
Saint-Sever, en janvier 1791. (ANNALES DU LABÉDA, loc,
cit. — Arch. des H.-P. Q. Saint-Sever).

continuait avec ses deux confrères à assister les nombreux pauvres, « qui, écrira l'un deux, en 1791, accoutumés à être secourus autrefois, ne savaient se détourner de notre maison, d'où nous n'avions pas le courage de les repousser. (1) Cela les nécessita à faire des aumônes considérables qu'ils ne cessèrent de faire pendant l'année 1790, consumant ainsi non seulement ce qu'ils avaient pu économiser, mais encore ayant été, pour y suffire, obligés d'emprunter, ce qu'ils firent néanmoins, ajoute-t-il, avec plaisir. » (2)

On comprend après cela qu'ils fussent aimés du peuple et de tous. Nombreux furent les témoignages de sympathie qu'on leur donna.

Le 30 avril 1790, les citoyens étaient assemblés pour choisir quatre électeurs, en vue des prochaines élections administratives. Le prieur fut élu par 224 voix sur 299 votants, alors que le maire, Labatut, n'en avait que 219 ; le futur maire, Bureu, 200 ; le procureur de la commune, Faure, 166. (3)

Et ce n'était pas seulement à Saint-Pé que dom Doussot était apprécié. Venu à Tarbes, en vertu de son mandat, y prendre part, du 17 mai au 7 juin 1790, à l'élection des membres de l'administration du département, il fut désigné, avec le citoyen Hector Normande de Lourdes, par les électeurs du district d'Argelès, pour faire partie de la commission chargée d'arrêter l'adresse que l'assemblée

(1) Arch. de Saint-Pé. Pétition de dom Forgues, du 28 novembre 1790.

(2) Arch. des H.-P. L. 690. Compte-rendu de dom Forgues et dom Palis, du 20 décembre 1791.

(3) Reg. des délib. de Saint-Pé.

électorale voulait envoyer aux députés de la Nation. (1)

Le 14 juin, les électeurs du district du Gave étaient réunis à Argelès. Le citoyen Faure, procureur de la commune de Saint-Pé, se trouva, par son âge, président de l'assemblée : il choisit pour secrétaire, le prieur de l'abbaye de sa ville. Dans la constitution du bureau définitif, dom Doussot fut confirmé dans ses fonctions par 25 voix sur 44, le même nombre qui avait donné la présidence à M. Vergez d'Areit. (2)

Il y prêta le serment civique qu'il renouvela à Saint-Pé, le 14 juillet suivant. Son titre de prieur lui donnait le droit de présider la cérémonie religieuse du pacte fédératif. Il ne manqua pas de l'exercer (3) : sur un autel dressé sur la grande place de Saint-Pé, il célébra le saint sacrifice, entouré et assisté évidemment de ses deux confrères du monastère, dom Palis et dom Forgues, de dom François-Augustin Estarac qui, professeur au collège de Pau, passait ses *vacations* à Saint-Pé, du vicaire perpétuel, Labarrère, et de l'abbé Préchac, natif de Saint-Pé.

La ville était dans un état de surexcitation violente qui se traduisit, le soir, par une sorte d'émeute. Il avait été décidé qu'un *Te Deum* serait chanté, sur la place, à cinq heures de relevée. Le prieur, entouré des religieux et des prêtres qui l'avaient assisté le matin, venait de sortir de l'église pour se rendre, précédé de la croix, devant l'autel improvisé et y chanter l'hymne

(1) Arch. nationales. F. i c. iii.

(2) Ibid.

(3) Nous savons qu'il présida la cérémonie du soir ; c'est une preuve qu'il fit celle du matin, plus importante et plus solennelle que l'autre.

d'actions de grâces. Le cortège avait fait quelques pas, lorsque le bruit d'un grand tumulte, qui avait éclaté devant la maison d'Estarac, située en face de l'église, obligea le clergé à se détourner. Le prieur, fidèle à la devise bénédictine, *Pax*, ordonna aussitôt à celui qui tenait la croix de se porter de ce côté. Lui-même suivait ; mais les officiers municipaux étaient accourus et procédaient déjà à des arrestations qui calmèrent l'effervescence. Dom Doussot jugea bon de rentrer dans l'église et c'est là que le *Te Deum* fut chanté (1).

Cinq jours après ce tumultueux 14 juillet, dom Doussot était de nouveau chargé, et cette fois par le corps municipal issu des élections du 25 janvier précédent, d'expliquer à l'assemblée des citoyens actifs de Saint-Pé, réunis dans l'église, sous la protection d'une escouade de dix-huit fusiliers de la garde nationale, l'objet de la réunion qui était d'élire un nouveau maire, en remplacement de M. Labatut, élu membre du directoire du district d'Argelès et obligé de donner sa démission de magistrat municipal.

Quand le prieur eut terminé ses explications, l'assemblée le choisit pour président (2), lui donnant ainsi une nouvelle marque de sympathie.

Il est vrai que les adversaires de Bureu, le nouvel élu à la place de maire, trouvèrent dans le choix de dom Doussot, ainsi d'ailleurs que dans la présence des fusiliers, un prétexte à demander l'annulation de l'élection du 19 juillet.

Les citoyens Pomès-Cazalot et Lacrampe-

____

(1) Arch. des H.-P. B. 1166.
(2) Reg. des délibér. de Saint-Pé.

Pauly, reprenant la thèse qu'auraient sou-
tenue, le 25 janvier précédent, leurs adversaires, Labatut et Bureu, démontraient que
l'élection était nulle, parce que l'assemblée
qui y procéda « fut présidée par un religieux
bénédictin, qui ne pouvait exercer aucun
droit de citoyen actif ». Saisies de la requête,
le 10 août, les autorités administratives
ratifièrent les opérations électorales. Aucune
loi n'avait encore décrété cette incapacité (1).

Lorsque cette protestation fut envoyée,
dom Doussot avait quitté Saint-Pé. M. François Lanère, qui ambitionnait la place d'électeur, profita de l'occasion pour envoyer, le
16 septembre 1790, une pétition au District
du Gave. Il y faisait remarquer que dom
Doussot, prieur des bénédictins de Saint-Pé,
ayant seulement réuni quelques suffrages
de plus que lui, avait été nommé électeur
et en avait rempli les fonctions. Mais Lanère
s'était aperçu que cette nomination était
illégale, d'après le décret de l'Assemblée
nationale du 12 août précédent, qui portait
« que les religieux qui n'avaient pas usé
du droit de sortir du cloître, n'étaient point
actifs, tant qu'ils vivraient sous le régime
monastique ». De plus, dom Doussot étant
absent depuis près de deux mois, son maintien
priverait la commune de Saint-Pé de son
quatrième électeur. Lanère, ayant obtenu la
majorité des suffrages pour cette place,
demandait à exercer à l'avenir la fonction
d'électeur de Saint-Pé en remplacement du
prieur.

Communiquée à la municipalité, le même
jour, 16 septembre, par le District, la requête

---

(1) Arch. de Saint-Pé.

fut écartée. « C'était une absurdité de la
part du sieur Lanère de prétendre être électeur,
à l'exclusion de dom Doussot, qui fut nommé
avant l'existence de la loi dont le sieur
Lanère prétend être étayé. Dom Doussot a
été nommé; il a fait les fonctions; il a la
confiance de la commune. C'est en dire
assez et, quoiqu'il soit absent, il a fait sa
déclaration, avant son départ, de se rendre à
ses fonctions lorsqu'il serait nécessaire. »
Le 2 octobre, le District admit la thèse de
la municipalité, déclara que le décret du
12 août n'avait pas d'effet rétroactif et maintint
dom Doussot (1).

*
* *

Le départ du prieur était définitif; mais ses
deux confrères, dom Palis et dom Forgues, restaient encore dans le monastère dont ils continuaient l'administration. Eux aussi étaient au gré
de la population et, le jour du 14 juillet, malgré l'effervescence des partis, augmentée par
le vin servi à discrétion aux soldats de la garde
nationale, dom Palis n'avait pas fait difficulté
d'aller promener, l'après-midi, sur la place,
en compagnie de dom Estarac et du médecin,
Bertrand Gros (2). Et, dans les plus mauvais
jours de la Révolution, aucune dénonciation
ne fut portée contre eux.

Le P. dom Forgues, en sa qualité de syndic
de la petite communauté, avait été chargé de
l'administration des biens du monastère. La
loi du 26 mars l'avait maintenu en fonctions.
Celle du 22 avril suivant, après avoir, dans son
article premier, statué que « l'administration
des biens nationaux serait et demeurerait, dès

(1) Arch. des H.-P., L. 690.
(2) Arch. des H.-P., B. Inf. 1166.

l'année 1790, confiée aux administrations de
département et de district ou à leurs directoires », disposait, dans l'article 9, que
« tous les ecclésiastiques, corps, maisons ou
communautés de l'un ou de l'autre sexe, conti-
nueraient de régir et exploiter, durant l'année
1790, les biens et dîmes qui n'étaient pas
donnés à ferme. »

A l'égard des autres, les fermiers seraient tenus de verser leurs fermages dans
la caisse du district. Dom Forgues continua
donc, au nom des Bénédictins de Saint-Pé,
l'administration de leur enclos, de la métairie
et de la dîme du Husté, ainsi que de la vigne
de Castets, qu'ils tenaient précédemment en
régie.

Et, en attendant que les nouveaux directoires
fussent en fonction et prissent en main l'administration des biens que la loi leur confiait,
il passa des baux à ferme des fruits décimaux.
Le 5 mai 1790, il bailla, moyennant 315 livres,
les fruits du terroir et dimaire d'Escure et
Castets en Béarn (1). La formule du notaire n'a
pas varié, mais bientôt les bailleurs demandent
l'introduction d'une clause spéciale dans
l'acte. « Il fut convenu, y est-il dit, que, dans
le cas que le présent bail ne pourrait avoir
son entière exécution à cause de quelque décret de l'assemblée nationale, l'acceptant ne
pourrait avoir aucun recours sur les Rév.
Pères, ni leur demander des dommages et intérêts à cause de l'inexécution du bail. »

La clause disparaît dans un bail du 23 juin,
mais il faut remarquer que tous les baux
antérieurs ont été passés pour six années,

____

(1) Ravielle, notaire. Les 8 et 9 mai, c'est la communauté en corps qui passe les baux ; ils contiennent les
clauses dont nous parlons.

tandis que celui du 23 juin, qui donne les fruits curiaux d'Averan et Layrisse pour 525 livres, est consenti pour une année seulement.

Le dernier bail du syndic paraît avoir été celui du 8 juillet 1790, par lequel il affermait, à Arnaud Hourcade, de Loucrup, « pour la présente année seulement », les fruits décimaux de Visker et Loucrup, moyennant 735 livres. (1)

_

Le 10 juillet, un arrêté du Département ordonnait aux Districts de se mettre en activité dès le 19 juillet. La constitution du directoire du district d'Argelès fut assez pénible. On contestait la validité de l'élection de l'un des membres. Le directoire départemental se vit obligé d'intervenir. Par un arrêté du 27 juillet, il ordonna que les directeurs élus commençassent immédiatement leur administration, sans attendre la décision relative au quatrième membre.

Dès ce moment, la loi du 22 avril recevait sa complète application et les Bénédictins n'eurent plus à s'occuper que des fonds de leur régie directe. Cette administration, dans les jours troublés où l'on vivait, n'était pas une sinécure. Nombreux furent les voyages rendus nécessaires pour la bonne gestion des biens du Gers et des Basses-Pyrénées. Elle ne fut d'ailleurs guère rémunératrice.

La métairie du Husté ne donna, tous frais compensés, que la somme de 184 livres 16 sols 8 deniers.

La vigne de Castets donna encore moins,

(1) Ravielle, notaire, 8 et 9 mai, 10 et 23 juin, 8 juillet 1790.

« car, lorsque le vin récolté fut sur le point
d'être vendu, les officiers municipaux du lieu
s'en emparèrent. » (1)

Quoique, d'après la loi du 26 mars 1790, les
maisons habitées par les religieux à la campagne pussent jouir d'un enclos de six arpents
et que celui de Saint-Pé ne fût pas de cette
contenance, les religieux affermèrent un coin
de leur propriété et portèrent plus tard, en
recette, la somme de 68 livres, prix de la ferme.

Ils avaient, comme on le voit, cherché à faire
argent de tout ; néanmoins la recette totale ne
put s'élever qu'à la somme de 756 livres 7 sols
et 2 deniers.

Et, bien que cette recette ne leur en fournît
pas les moyens, et qu'ils n'eussent pas perçu
les revenus sur lesquels les congrues de leurs
bénéfices se payaient, les religieux, rigoureux
observateurs de la loi, en versèrent le montant
entre les mains des congruistes :

585 livres à M. le curé de Sère et Artigues ;

262 livres 10 sols à M. le vicaire d'Averan ;

350 livres à M. le curé d'Averan et Layrisse

160 livres à M. le vicaire de Saint-Pé ;

52 livres 8 sols et 6 deniers à M. le curé
d'Orincles ;

30 livres pour le luminaire d'Orincles ;

525 livres pour le curé de Lézignan.

Non contents de payer les congrues, alors
qu'ils ne recevaient pas les fruits sur lesquels
elles étaient soldées, les Bénédictins tinrent à
honneur de payer leurs dettes. Quand ils termi-
nèrent leur régie, « ils ne laissèrent aucune
dette mobilière, c'est-à-dire aucune de ces
dettes qu'on appelle criardes. Dès la première
annonce de leur suppression, ils les payèrent

____

(1) Arch, des H.-P., L. 690, Compte des Bénéd.,
20 déc. 1791.

5*

toutes de leurs économies. Ils n'eurent pas le temps d'éteindre celle que l'affaire malheureuse entreprise avec M. de Marignan, en 1779, leur fit contracter avec M. d'Angosse qui se trouvait, en 1790, créancier de la maison pour 3,000 livres. »

Cette dette passive était plus que compensée par les dettes actives que la maison possédait. « Suivant leur registre de Liève, il était dû considérablement à la maison de Saint-Pé pour arrérages. Ces dettes provenaient de rentes obituaires, ci-devant seigneuriales, foncières et constituées, dont les titres authentiques étaient demeurés dans les archives de la maison dans le plus grand ordre. Le revenu de ces rentes, d'après un relevé rédigé dans la plus grande exactitude et le plus grand soin par le syndic, dom Forgues, se trouvait monter à la somme annuelle de 378 livres et plus. » Les rentes avaient été plus ou moins payées, suivant que le syndic pressait les débiteurs ; « on pouvait présumer sur douze années d'arrérages qui montaient par conséquent à 4.500 livres environ. » (1) C'était plus qu'il n'en fallait pour couvrir la créance de M. d'Angosse.

Les économies des Bénédictins ne suffisant pas pour solder leurs dépenses, il fallut recourir aux emprunts. A la fin pourtant, ils réclamèrent leurs traitements aux administrations départementales.

« MM. des directoires du district et du département, convaincus, d'après un verbal de la municipalité, de la modicité du produit des régies que faisaient les cidevant religieux et intimement persuadés de leur détresse,

_____

(1) Arch. des H.-P., L. 690. Pétition du 20 décembre 1790.

finirent par leur accorder, le 26 octobre 1790, une somme de 180 livres à prendre sur la caisse du receveur du district du Gave. » (1) Mais qu'était-ce que cela comparé à la somme de 18.900 livres que leur aurait procurée, si on la leur avait laissée, la régie directe de tous leurs biens. depuis la Saint-Jean 1789 jusqu'à la fin de 1790 ? Qu'était-ce même, comparé à leurs besoins ?

Le 28 novembre 1790, dom Forgues, pressé par la nécessité, envoya une nouvelle requête au Département : « Messieurs, dit-il, les religieux de l'abbaye de Saint-Pé de Générest ont l'honneur de vous représenter qu'ils n'ont plus de ressources pour fournir à leur subsistance, la somme de 180 livres, qu'il vous a plu leur accorder, ayant été bientôt épuisée par la dépense ordinaire et par l'affluence des pauvres.

Ils recouraient « à la bienfaisance des administrateurs afin qu'il leur plût les autoriser à recevoir une certaine somme, à compte de leur traitement, sur leurs cidevant fermiers de Saint-Pé, de Barlest ou d'ailleurs. Ils les priaient d'autoriser les fermiers à verser dans leurs mains et d'ordonner que le trésorier du district du Gave reçût pour comptant, des mains des fermiers, la quittance de dom Forgues, lors du paiement des fermes (2) ».

On n'entendit pas ce nouveau cri de détresse, et l'année 1791 s'écoula sans que de ce traitement qui devait être, d'après la loi, payé d'avance, les religieux de Saint-Pé eussent touché, du moins pour 1790, le premier quartier complet.

Mais en retour dom Forgues et dom Palis

---

(1) Arch. des H.-P., L. 690, loc. cit.
(2) Arch. de Saint-Pé.

purent-ils se vanter, en terminant leur compte
de régie de 1790, que leur maison avait rapporté à la Nation une somme nette de 15.000
livres. Ils en tirèrent quelque gloire, et ils
pensèrent « avoir tout lieu d'espérer qu'ils
recevraient, de MM. les administrateurs du
département, les éloges qu'ils croyaient avoir
mérités par leur conduite pour l'extinction des
dettes criardes, pour leur zèle pour la chose
publique et leur patriotisme... Soyez, conti-
nuaient-ils, les protecteurs de la vertu comme
vous en êtes l'exemple et nous, quoique victimes malheureuses de la Révolution, nous
n'en serons pas moins les admirateurs et les
amis fidèles de la Constitution. »

Il faut savoir que ces paroles se trouvent à
la fin d'un mémoire où « les cidevant Bénédictins composant la cidevant communauté de
Saint-Pé (1) », réclamaient, le 20 décembre
1791, leur traitement de 1790. Nul sans doute
n'ignore que quelques grains d'encens, brûlés
sous le nez des puissants, les ont toujours
admirablement disposés en faveur des solli-
teurs. Néanmoins, pour des victimes malheureuses de la Révolution, on trouvera nos deux
bénédictins trop résignés, trop amis surtout de
cette Constitution qui avait brisé leurs règles
et leur constitution monastique.

Quand ils écrivaient ces regrettables paroles,
nos deux bénédictins avaient depuis longtemps quitté leur antique demeure.

La loi du 14 octobre 1790 leur avait fait
entendre qu'il faudrait l'abandonner dans
les premiers mois de 1791. L'article 7 statuait

____

(1) Arch. des H.-P., L. 690, loc. cit.

que « les paiements qui devraient être faits,
au mois de janvier suivant, aux religieux
qui n'auraient pas préféré de vivre en
commun, seraient effectués par le trésorier
du district où ils avaient résidé en dernier
lieu ». Mais l'art. 11 les obligeait « à indiquer,
dans la quittance de ce paiement de janvier,
le lieu où ils se proposaient de fixer leur
résidence. Les termes subséquents de leurs
pensions seraient payés par les receveurs
des districts où ils résideraient ». Ce n'était
pas une mise en demeure brutale ; le délai
n'était pas rigoureusement fixé, néanmoins
il était assez nettement marqué.

Nos bénédictins ne se pressèrent pas de
sortir. Il devait leur en coûter de s'arracher
à ces lieux bénis et, sans doute. la municipalité de Saint-Pé et les autorités chargées
de la conservation de l'abbaye n'étaient pas
fâchées qu'ils continuassent à la garder.
Les Pères Forgues et Palis avaient déjà pris
des mesures conservatoires. Car « voyant
les dégradations générales qui se commettaient journellement dans le jardin et enclos
de la maison, ils s'étaient résolus à l'affermer,
pour le plus grand avantage de la Nation,
qui n'en aurait rien retiré s'ils en eussent
conservé la régie jusqu'au moment où ils
furent forcés d'abandonner le couvent. »

Ils avaient donc loué verbalement, à la
fin de 1790, la plus grande partie du jardin
et de l'enclos, à onze particuliers de Saint-Pé :
Antoine Vergez, Pierrette Delmas, Barlon
dit cordonnier, Bernard Betet prirent un
journal chacun, pour 24 livres ; Laté et Pierre
Rebitté affermèrent trois quarts de journal
pour 18 livres ; Dominique Bonnet, boulanger,
demoiselle Rose Cazenave, qui avait loué
l'Abbatiale pour 72 livres, Bonnecaze dit

Castets, Coutrec prirent de petites parcelles moyennant 15, 13, 12 et 5 livres; enfin le charpentier, Antoine Lapaille, afferma le cloître et un peu de jardin pour 8 livres.

C'était multiplier sans doute les gardiens de l'enclos, mais n'était-ce pas aussi, par contre-coup, multiplier les pillards de la maison en permettant l'entrée à plus de gens ?

Nos religieux patriotes le comprirent et ils restèrent jusqu'à Pâques de l'année 1791, c'est-à-dire jusqu'aux derniers jours d'avril (1). Ils sortirent alors.

Profitant de l'autorisation de l'art. 8 de la loi de 1790, ils emportèrent, en quittant l'abbaye, le mobilier de leurs chambres et les effets à leur usage exclusif et personnel.

Ils trouvèrent en ville deux de leurs confrères : dom Montbel et dom Dominique Estarac.

Dom Montbel était arrivé de Larréole à Saint-Pé, le 29 juillet 1790, et avait pris logement dans la maison Esquerré (2).

Dom Dominique Estarac était revenu dans sa famille depuis la fin de 1790 ou le commencement de 1791. C'est chez lui que paraît s'être réfugié dom Palis, à sa sortie du monastère (3).

Que devint dom Forgues ? Certains indices nous permettent de conclure que, dès la

____

(1) Arch. de Saint-Pé, L. 690. — Pâques tombait le 24 avril.

(2) Arch. de Saint-Pé. Rôle de la capitation pour 1790.

(3) Dominique Estarac dira plus tard qu'il s'est retiré dans sa famille au commencement de la Révolution. Dans un tableau de recensement dressé à Saint-Pé, en pluviôse de l'an 4, nous trouvons le nom de dom Palis entre ceux de Dominique et d'Antoine Estarac, ce qui indique un domicile commun. (Arch. de Saint-Pé).

fin de mars 1791, il avait obtenu un emploi (1)
qui le tint ordinairement éloigné de Saint-Pé
et même du district du Gave (2). S'il nous
était permis de hasarder une hypothèse assez
vraisemblable, nous dirions que le P. Forgues
fut appelé, dès cette année, à professer au
collège de Pau (3) un cours qu'il continua
en 1792 et 1793. Il venait à Saint-Pé seulement
pour y passer le temps de ses vacations (4).

Ainsi finit, après plus de 750 ans d'existence, la vieille abbaye de Générez. Fondée
entre 1022 et 1032, elle fut vidée de ses
derniers religieux à la fin d'avril 1791. Entrés
dans le nouveau « dortoir » à Pâques de
1689, les moines de Saint-Maur en sortirent
à Pâques de 1791.

(1) Reg. des délib. de Saint-Pé, 30 mars 1791.

(2) Il toucha le premier quartier de sa pension, à
Argelès, le 10 mars 1791, mais il n'en touche pas
d'autres, alors que ses confrères de Saint-Pé et de
Saint-Savin sont portés sur le Journal de recette du
receveur du district ; le 1er avril, dom Palis toucha ses
250 francs du deuxième quartier par les mains de dom
Forgues ; le 13 juillet, il reçut son troisième, et le
19 octobre son quatrième. Dom Monthel reçut, le 13 juillet
1791, ses deux quartiers d'avril et de juillet. Dom Forgues
ne touche rien pour lui-même. (Arch. des H.-P. L. Journal de Recette du district d'Argelès).

(3) Il ne paraît pas s'être beaucoup éloigné de Saint-Pé ;
car en signant, le 20 décembre 1791, un compte-rendu d e
son administration, il écrira après son nom et celui de dom
Palis :« *les deux seuls individus* de la ci-devant maison
se trouvant actuellement dans le pays ou *aux environs.* »
Cette expression convient bien à Pau ; d'ailleurs *Forgues*
y professa en 1792 et 1793.

(4) C'est pour cela que ses confrères. dom Bruneau et
dom Besserve. le chargèrent de leur procuration et que,
le 23 août 1791, il toucha, à Argelès, la somme de 1800
livres pour leur pension de 1790, à raison de 900 *livres*
chacun. (Journal de Recette du district d'Argelès.) Il
fixa d'ailleurs, en 1793, sa résidence à Saint-Pé.

CHAPITRE IV

Ventes — Appropriations — Pillage

Qu'allaient devenir maintenant l'abbatiale, le monastère et aussi la partie de l'église de Saint-Pé appartenant à l'abbaye ? L'Assemblée nationale en ordonnait la vente comme biens nationaux.

Le 18 août 1790, deux soumissions avaient été faites : un sieur Vergez, de Saint-Pé, voulait acheter la maison abbatiale, et le sieur Joseph Latour de Brie offrait d'acquérir diverses pièces dépendant de l'abbaye. Un mois après, le 21 septembre, dans un arrêté commun à tous les Districts des Hautes-Pyrénées, le directoire départemental ordonnait que le District du Gave fît procéder à l'estimation de la maison abbatiale et fixât le prix des pièces de terre sur le vu des baux à ferme qu'il se ferait rapporter. Le même directoire demandait qu'à mesure que les estimations seraient faites, on lui en envoyât un double afin qu'il pût prescrire l'affichage ordonné par le Décret du 21 juillet précédent. (1)

De nouvelles soumissions ne tarderont pas à se produire. Déjà, le 15 août 1790, le conseil général de Saint-Pé s'était entretenu de l'utilité qu'il pourrait y avoir pour la ville d'acheter les fonds soumissionnés. Le maire, Bureu, s'était prononcé fortement pour l'acquisition non seulement de l'Abbatiale et des

(1) Arch. des H.-P., L. 127.

fonds en dépendant, mais aussi de la maison, granges, jardins et appartenances de MM. les religieux bénédictins de la ville. Il y voyait une excellente opération financière. Le procureur de la commune, Jean Faure, ne partageait pas l'enthousiasme du premier magistrat de la cité ; l'opération lui semblait comporter une grande somme d'aléa. Néanmoins, « bien qu'il s'en fallût de beaucoup qu'il y eût avantage certain pour la commune à faire ces acquisitions, le zèle et le patriotisme de ses concitoyens ne lui permettant pas de douter de leur désir de seconder de tout leur pouvoir le succès d'une opération d'où dépendait le salut de l'Etat, il déclarait consentir, au nom de la commune, à ce que la proposition du maire fût adoptée. » D'autant. observait-il, que « l'Hôtel de ville ayant croûlé par vétusté, la maison de Messieurs les bénédictins ou simplement l'Abbatiale seraient propres à servir de maison commune. » L'assemblée s'était rangée à son avis et avait décidé qu'on ferait l'acquisition du tout. Et, tout d'abord, le 12 décembre suivant, au nom de la ville, le procureur Faure faisait sa soumission pour l'achat de l'abbatiale et biens en dépendant. (1)

Et ce n'était pas certes sans besoin que les conseillers de Saint-Pé songeaient à se procurer un local pour leurs réunions : obligés de quitter, en ces jours-là, deux petites chambres louées à M. Nicolau Papet, dans sa maison de Lias, ils se virent dans la nécessité, le 19 décembre, de prier les Bénédictins « de vouloir bien leur relâcher un appartement pour y tenir leurs assises. » Les religieux y consentirent, moyennant que le loyer en fût payé à qui de droit, et la municipalité y trans-

(1) Reg. des délib. de Saint-Pé,

porta immédiatement les archives de la communauté. (1)

Dans l'intervalle, le 15 décembre, Jean Faure avait été nommé par le District du Gave expert pour procéder à l'estimation des biens nationaux de Saint-Pé. Il prêtait, le 22 décembre, à Argelès, le serment de remplir son office en conscience. Les administrateurs, se souvenant à temps que Faure était procureur de la commune de Saint-Pé et par suite obligé de poursuivre partout les intérêts de ses concitoyens, lui « inhibèrent » l'exercice de sa charge. Et le procureur jura (2).

Quelques jours après d'ailleurs, le 15 janvier 1791, les électeurs, en le nommant à la place de juge de paix du canton de Saint-Pé, qu'il accepta, l'obligèrent à renoncer à la charge de procureur. Et il put se consacrer, sans gêne aucune, aux intérêts de la Nation (3).

Son travail d'expert marcha rapidement et, le 16 février 1791, avait lieu à Argelès, la première enchère du domaine national situé à Saint-Pé, consistant en une pièce de terre, tant champ que pré, confrontant d'orient, occident et septentrion à chemin public, et du midi à chemin de servitude. Il dépendait de l'abbaye de Saint-Pé, avait une contenance de 11 journaux, était désigné sous le nom de Lartigue. L'enchère monta à la somme de 6.600 livres.

(1) Reg. des délib. de Saint-Pé. En l'an 2, le conseil tenait ses séances dans la seconde chambre du rez-de-chaussée du couvent nouveau, dite des archives. (Arch. de Saint-Pé, 21 pluviose 2). S'y établit-il dès 1790 ? Sans doute, mais il ne paraît pas y être resté longtemps. Il y sera revenu après le mois de septembre 1791.

(2) Arch. des H.-P., L. 690.

(3) Arch. de la mairie de Saint-Pé.

Le 27 février suivant, Lesquerré, trompette
de la ville de Saint-Pé, publia et afficha aux
endroits accoutumés le placard qui fixait
au 4 mars, dans la maison commune d'Argelès où le directoire tenait ses séances,
l'enchère définitive de Lartigue. Et ce jour-là
le sieur Abadie, maître en chirurgie, de
Saint-Pé, et sa mère, la veuve Abadie,
achetèrent le bien national pour la somme
de 8275 livres. Ils versèrent, le même jour,
un à-compte de 6575 livres, en quatre
billets de 1.000 francs chacun de la caisse
d'escompte et en argent (1).

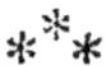

Et sans doute la municipalité de Saint-Pé
ne poussa-t-elle pas beaucoup l'enchère des
dépendances de l'Abbatiale, se réservant pour
l'Abbatiale elle-même. La première enchère en
fut fixée pour le 18 mai. Le notaire Jean Lassalle, procureur de la commune en remplacement, reçut mission, le 17 mai, d'aller le
lendemain à Argelès pour faire des offres sur
les enchères. Un mandat de 4 livres lui fut
même délivré pour l'indemniser de ses dépenses. (2)

L'enchère n'eut-elle pas lieu ou, si elle eut
lieu, les résultats en furent-ils trop désastreux?
Je l'ignore. Toujours est-il que l'adjudication

(1) Arch. des H.-P., L. 690. — L. Journal de Recette
du District du Gave. — Le 2 mars 1792, ils payèrent
en assignats un second à-compte de 685 livres; enfin
le 21 septembre 1793, Abadie acheva de se libérer
par un dernier paiement de 656 livres 2 sols 9 deniers
qu'il versa en un assignat de 500 livres, en assignats de
5 livres et coupures, montant à la somme de 156 livres : il
donna encore en numéraire 2 sols et 6 deniers. (Journal
de recettes, etc.).

(2) Arch. de Saint-Pé.

définitive ne se fit pas dans les délais ordinaires.

*****

Le conseil général de Saint-Pé ne mit pas
un si long temps pour s'approprier la partie
nationale de l'église bénédictine. Dans la
séance qu'il tint le 24 juin, quelqu'un raconta
que, « suivant l'accord fait entre la commune
et les cidevant religieux bénédictins, ceux-ci
avaient obtenu le droit de fermer le chœur
qu'ils avaient construit dans l'église, pour
empêcher que personne ne s'introduisît de là
dans leur monastère.

Les choses ne s'étaient pas passées tout à
fait ainsi. Ce fut contre la volonté des habitants que les religieux construisirent leur
chœur, en 1695. Dès le commencement des
travaux et durant que les religieux « faisaient
les clôtures de murailles », l'assemblée générale de la communauté protesta et fit des
remontrances mais inutilement : les Bénédictins achevèrent leur construction (1).

Dans l'ouverture des deux premiers arceaux
de la nef, laissant en dehors la plus grande
partie des piliers, ils élevèrent des murs dont
on voit encore les restes et contre lesquels ils
appuyèrent intérieurement les boiseries joli-
ment sculptées que l'on voit autour de l'abside
de l'église paroissiale. Le devant du chœur fut
fermé seulement par des boiseries. Une porte
à deux vantaux s'ouvrait au milieu d'elles,
surmontée sans doute du panneau placé aujourd'hui sur les sièges de l'église qui font
face à la chaire. Le côté tourné vers l'intérieur
présentait les armes de Saint-Maur : le mot
Pax posé sur les trois clous de la Passion et

(1) Annuaire de 1907, pp. 40* et suiv.

Le Chœur des Moines de l'église abbatiale et paroissiale de S^t-Pé

détruit en 1791, mais dont les boiseries sont conservées autour du sanctuaire de l'église
actuelle de Saint-Pé

surmonté d'une fleur de lis, le tout entouré d'une couronne d'épines. Comme la porte était en balustre, une moitié de la clôture anté-rieure, celle des deux côtés de la porte, était aussi ajourée ; c'était sans doute le *barrouadgé* dont on parle encore à Saint-Pé. L'entable-ment fort soigné du chœur était couronné par les motifs et les groupes qui surmontent ac-tuellement, avec sans doute la même alter-nance qu'autrefois, les boiseries appliquées, depuis 1791, contre les murailles de l'abside.

Deux rangées de stalles aux bras ornés d'un bec d'aigle s'allongeaient à droite et à gauche du chœur. Les parties pleines de la cloison antérieure étaient probablement constituées par les boiseries que l'on voit aujourd'hui à l'entrée de l'abside, de chaque côté, remar-quables par leurs trois sièges et la dorure des colonnes cannelées des chapiteaux et des pan-neaux de leurs dossiers ; les deux stalles du milieu étaient peut-être les sièges de l'abbé et du prieur (1).

Ces constructions ne permettaient pas aux fidèles de Saint-Pé de « voir et d'entendre » les offices conventuels, surtout si des rideaux fermaient encore les parties à jour de l'entrée.

Mais le jour était venu où ces boisages gênants allaient disparaître.

« Du depuis, continuait en effet l'audacieux orateur du Conseil général de Saint-Pé, les Bénédictins avaient été supprimés par décret de l'Assemblée nationale. L'accord donc devenait nul et la commune rentrait dans ses droits. L'in-térêt commun demandait qu'on ouvrît afin que le public pût voir le célébrant à la messe. » Il

(1) C'est ainsi qu'à Auch et à Saint-Bertrand les stalles principales sont à l'extrémité du chœur opposée à l'autel. Voir les plans B et C.

n'y avait plus, comme dans les dernières
années du 17e et les premières du 18e siècle,
aucun bénédictin pour protester contre les
prétentions des habitants de Saint-Pé. Aussi
le conseil général prit-il sans contradiction
une délibération pour ordonner que les
« murailles » du chœur fussent ouvertes (1).
Quatre ans après, on déclarera que l'église
appartient à la commune « qui l'avait fait
bâtir », alors qu'elle était à peu près uniquement
ment l'œuvre des moines (2).

Pour assurer leur conquête, les officiers
municipaux donnèrent l'ordre au menuisier
et charpentier Ribière « d'ouvrir le devant du
chœur et de rétablir la boiserie dans le sanctuaire.
tuaire. » Le travail était fini, le 12 juillet, et
payé par un mandat de ce jour montant à la
somme de 15 livres 12 sols. L'autel, que l'ouverture
verture du chœur allait montrer à découvert,
avait reçu des soins spéciaux. Le 29 juin, on
avait payé à Mourillon, peintre de Lourdes, la
somme de 18 livres 12 sols, pour avoir décrassé
crassé 12 chandeliers et la croix placés au
grand « hautel » de l'église paroissiale, et pour
avoir blanchi les six cierges de l'hautel (les
grandes souches évidemment). » (3)

Hélas ! la médaille avait son revers.
« M. l'abbé de Saint-Pé et les religieux bénédictins
tins fournissaient aux réparations de l'église,
aux vases sacrés et ornements nécessaires et
généralement à tout l'entretien de l'église en
qualité de gros décimateurs. Mais, depuis la
Révolution, M. l'abbé ni les religieux n'avaient
fait aucune réparation, ni rien fourni. »

Cependant, écrivait la municipalité au Dé-

(1) Cf. Annuaire 1907, pp. 40* et suiv.
(2) Archives de Saint-Pé. 23 frimaire an IV.
(3) Arch. de Saint-Pé. Compte de 1791.

partement, le 17 juillet 1790, des réparations très urgentes étaient à faire, indépendamment de celles qu'elle avait exécutées « soit au sanctuaire, soit au chœur et dans une toiture immense. » (1) La conclusion se tirait d'elle-même. On réclamait des secours au District et au Département.

***

Le nouvel aménagement de l'église fit songer à un autre beaucoup plus utile. « Le vœu de la commune était que le cimetière de devant l'église, donnant sur la rue, fût supprimé ; mais pour cela il convenait d'acquérir partie de la basse-cour et jardin du cidevant abbé de Saint-Pé, attenante au cimetière de derrière l'église qu'on pourrait ainsi agrandir. » (2)

Par quoi nous revenons à l'achat de l'Abbatiale. Les secondes enchères pour la vente de la maison de l'abbé et de ses dépendances avaient été fixées au 22 juillet. L'assemblée municipale de Saint-Pé, dans sa réunion du 10 précédent, délibéra de plus fort d'intervenir. On ferait « l'acquisition de la maison abbatiale, de la grange, basses-cours, jardin et autres dépendances. L'Abbatiale pourrait servir, répétait-on, pour hôtel-de-ville ; la grange pour les prisons ; la basse-cour et le jardin pour agrandir le cimetière.

La délibération fut envoyée au directoire du département qui s'en occupa dans sa séance du 21 juillet. L'assemblée départementale voulait bien autoriser la ville de Saint-Pé à faire l'achat, mais elle entendait connaître,

(1) Reg. des délib.
(2) Reg. des délib. de Saint-Pé. 10 juillet 1790.

d'une manière précise, les moyens dont les soumissionnaires disposaient pour payer le montant de l'adjudication. Pour donner à Saint-Pé le temps de répondre, l'adjudication fut renvoyée au 10 août. Réuni le 31 juillet, pour prendre connaissance de l'arrêté départemental, le conseil général de Saint-Pé affirma de nouveau son intention bien arrêtée « de faire l'acquisition de la maison abbatiale et de ses dépendances. Ces objets en effet étaient indispensablement nécessaires à la ville : elle ne trouverait jamais plus cette occasion, si malheureusement elle était privée de les acquérir. » Puis on fit le détail des ressources. On avait des créances pour une somme de 3.112 livres 1 sol 8 deniers ; on pouvait vendre l'emplacement de l'ancien hôtel de ville : on en retirerait 1.200 livres. Cela faisait un total de 4.312 livres. Que si cette somme n'était pas suffisante pour payer l'entier prix de l'adjudication, la commune pourrait vendre la grange abbatiale et tout le local qui lui serait inutile. »

Le Département se déclara satisfait et, par un arrêté du 8 août, accorda à la ville l'autorisation de faire l'achat.

L'arrêté arriva à Saint-Pé, le 9 août. Le temps pressait puisqu'on était à la veille de l'adjudication. Le maire, Buren, et le procureur de la commune, Pomès-Cazalot, furent délégués pour se rendre à Argelès le lendemain.

Le 10 août, ils se présentèrent devant le directoire du district et firent une offre de la somme de 4.575 livres qu'ils firent coucher sur les registres. Il n'y eut pas de surenchère. Les députés de Saint-Pé demandèrent que l'Abbatiale leur fût adjugée. Mais on la leur refusa sous prétexte qu'il y avait eu variété

dans les affiches, les unes annonçant la vente
pour le 8, les autres pour le 10 août. Les intérêts de la Nation, déclarèrent Messieurs du
district, exigaient une nouvelle enchère.

Les délégués rendirent, le 14 août, compte
de leur mission devant le conseil général de
la commune, qui, malgré la déconvenue, remercia Bureu et Pomès-Cazalot, et l'on se
résigna à patienter jusqu'au jour qu'il plairait
à l'administration de fixer. (1)

Les préliminaires de la vente du mobilier
du monastère qui s'accomplissaient en ces
jours-là, puis la vente elle-même servirent à
tromper la longueur de l'attente.

Nous avons vu qu'en mai 1790, le
corps municipal de Saint-Pé avait dressé un
inventaire des meubles et effets du couvent.
Mais, dans les Hautes-Pyrénées, l'administration départementale ne se contenta pas des
inventaires faits par les municipalités. Par
une délibération en date du 17 décembre 1790,
transmise par M. l'abbé Casteran, procureur
général syndic, suivant sa lettre d'envoi du
29 décembre, le directoire du département
avait nommé deux commissaires par district
et les avait chargés de procéder au recolement des effets des maisons religieuses
portés sur les inventaires des municipalités. (2)

L'un des deux commissaires nommés pour
le district d'Argelès fut le sieur Gabriel Bordenave, (3) notaire à Saux après l'avoir été

(1) Reg. des délibérations de Saint-Pé.

(2) Arch. des Hautes-Pyrénées. Q. Saint-Sever, inventaire du 10 janvier 1791.

(3) Arch. de Saint-Pé. Pétition des bénédictins, août
1791. — Reg. des délib., 26 septembre 1791.

7

à Saint-Pé d'où il était originaire. Nous ne savons quel collègue on lui adjoignit, ni à quelle date il se présenta à Saint-Pé. Le procès-verbal de recolement est perdu tout comme l'inventaire. (1)

Il est permis de conjecturer que l'opération eut lieu en janvier 1791, et à une date voisine du 15 janvier. Elle commença à Saint-Sever, le 10 de ce mois et se prolongea jusqu'au 15. (2) Le procès-verbal de ce dernier recolement avec quelques documents relatifs à Saint-Pé, publiés dans les *Annuaires*, vont nous permettre de nous faire une idée de ce qui se passa dans notre abbaye.

Assistés du maire, Bureu. du procureur de la commune, Jean Faure, d'un ou deux officiers municipaux et de quelques citoyens « recommandables par leur probité et leur civisme, » Bordenave et son collègue commencèrent par l'église paroissiale et abbatiale, où ils trouvèrent le curé, Labarrère, son vicaire, Bonnet, et les deux bénédictins restés dans la maison. (3)

Etant entrés dans la sacristie des religieux, Bordenave demanda au curé de Saint-Pé de vouloir lui indiquer les ornements et les objets dont il pourrait avoir besoin pour le service de la paroisse. Le curé répondit que « la paroisse de Saint-Pé était dépourvue de linges et d'ornements et que les religieux les fournissaient. » Les commissaires mirent sous scellé cinq chapes, cinq chasubles, deux aubes de toile usées, une bourse, une étole et deux

---

(1) Le lambeau d'inventaire, publié par M. Cazauran dans l'ANNUAIRE de 1893, ne serait-il pas une partie du procès-verbal de Bordenave ?

(2) Arch. des Hautes-Pyrénées. Q. Saint-Sever.

(3) Cf. Arch. des Hautes-Pyrénées. Q. Saint-Sever.

manipules. « Le restant des linges et ornements, qui se trouvaient dans la sacristie. furent laissés à la disposition du curé. » (1) On plaça encore sous scellé certains autres objets tels qu'un encensoir en argent massif, un beau calice en argent, les huilières en argent, etc.

Puis, quand fut terminé l'inventaire de la sacristie, on passa dans le rez-de-chaussée du monastère. Le mobilier de la première salle fut rapidement inventorié et les commissaires entrèrent dans la salle suivante qui était celle des archives.

A Saint-Sever les archives étaient rangées dans une grande armoire à quatre portes, distribuée à cinq étages. Le second et le troisième, en partant du bas, étaient partagés en vingt-quatre tiroirs, dans chacun desquels étaient des liasses ou paquets de papier et plusieurs cahiers.

Saint-Pé avait ses archives dans une armoire à une seule serrure et à deux portes. (2) Les tiroirs, que le commissaire appela layettes, (3) étaient au nombre de vingt, renfermant chacune

(1) ANNUAIRE 1907, pp. 87* et 88*.

(2) Cf. ANNUAIRE 1893, p. 387. C'était, y est-il dit, une grande armoire ; la serrure, ajoute-t-on, en fut enlevée. De quoi nous concluons qu'il y avait deux portes et seulement deux.

(3) Le 21 janvier 1793, le corps municipal de Saint-Pé « arrêta que l'armoire servant à renfermer les titres des cidevant Bénédictins de la commune serait transportée dans la salle du conseil pour y mettre les titres et papiers appartenant à la commune, sauf à celle-ci à les représenter lorsqu'elle en sera requise dans l'état qu'il se trouve, lequel armoire est muni de seize tiroirs, les quatre restants ayant été enlevés sans qu'on ait pu les retrouver quelque recherche qu'on en ait fait. » Reg. des délib. de Saint-Pé

jusqu'à 14 liasses. Sur ces layettes sans doute, comme sur les tiroirs de Saint-Sever, « étaient écrits en beaux caractères les noms auxquels les papiers étaient relatifs. » Les commissaires de Saint-Sever ont transcrit sur leur inventaire les titres de chacun de leurs vingt-quatre tiroirs ; peut-être ceux de Saint-Pé l'avaient-ils fait aussi sur leur procès-verbal de recolement, mais, nous l'avons dit, ce procès-verbal a disparu. Un document du mois d'août 1791 nous permet cependant de donner quelques détails sur ces précieuses archives brûlées et perdues sans doute, à jamais. La première et deuxième layettes contenaient l'acte de fondation du monastère, divers paréages avec le roi ou des seigneurs, des Dénombrements ou états des biens du temporel de MM. l'abbé et religieux de Saint-Pé, des titres constatant leurs droits honorifiques ou utiles.

La troisième contenait les documents relatifs à la cure de Saint-Pé et aux droits mutuels du monastère et du vicaire perpétuel.

Les papiers de la quatrième et de la cinquième concernaient les bois de Trescroutz et du Bédat, et la métairie de Saus.

Les sixième et septième contenaient les papiers du prieuré de Saint-Mau, dans l'Astarac.

Dans les huitième et neuvième, se trouvaient les papiers du prieuré de Bénac et de son dimaire. Quelques liasses concernaient Azereix, Juillan et Sénac.

Les documents des dixième et onzième layettes regardaient les dîmes, les fiefs et obits de Rivière-Ousse, de la baronnie des Angles et de Lavedan, ceux de Montaut, Lestelle, Coarraze, Asson en Béarn et Jacca en Espagne.

La douzième se rapportait à Beaudéan, à

Puydarrieux et au prieuré de Castets en Béarn.

Dans la treizième se trouvaient les titres concernant les places monacales et les offices claustraux.

La quatorzième et la quinzième se rapportaient aux rentes obituaires dues à l'abbaye par les habitants de Saint-Pé.

Les cinq dernières layettes contenaient des pièces relatives à l'administration temporelle et spirituelle du monastère, un rôle de fiefs, des liasses de papiers plus ou moins « essentiels », des parchemins, quatre anciens cahiers de *lière*, et trois registres dont « un vieux » et deux courants qui servaient au recouvrement des rentes et des obits. Ces deux derniers avaient été paraphés par le maire Bureu, et dom Forgues, syndic du monastère, lors, sans doute, de l'inventaire de mai 1790. (1)

Le recolement terminé, Bordenave ferma à clef les deux portes de l'armoire et procéda au scellé. Il attacha, à deux clous plantés à l'endroit de la serrure, de la ficelle qui fut assujettie avec de la cire rouge sur laquelle il mit l'empreinte d'un cachet. Sur la ficelle encore, il appliqua en croix deux bandes de papier blanc, cachetées aux quatre coins avec de la cire. (2)

Les agents du Département continuèrent leur opération par les meubles de la salle, comprenant peut-être la table de marbre et la table à râper le tabac, vendues plus tard, des chaises, des fauteuils, une pendule à répétition, etc. La chambre, en même temps

______

(1) ANNUAIRE de 1893, pp. 387 et suiv.
(2) Arch. des H.-P., Cf. Q. Saint-Sever.

qu'elle était salle des archives, servait aussi
de salon de compagnie. Il y avait, à Saint-
Pé, une bibliothèque qui comptait, à ce qu'il
semble, de six à sept cents volumes. (1) Où
était-elle? Peut-être dans la chambre des
archives et dans les grandes armoires qui
parurent, le premier jour de la vente du
mobilier. Les livres furent, comme le reste,
mis sous scellé.

Les commissaires sortirent de la salle, en
fermèrent et scellèrent extérieurement les
portes. Ils inventorièrent ensuite le réfectoire où se voyait une table de trente
couverts, un buffet à quatre portes en bois
de noyer, et plusieurs chaises. Bordenave
mit-il sous scellés cette salle, la dépense et
la cuisine, renvoyant les religieux à l'Hôtellerie ou bien leur laissa-t-il, comme on fit à
Garaison, ces lieux « libres pour le service
de la maison » ? (2) Il semble bien que la
cuisine au moins fut mise sous scellé, car
Normande trouva, le 21 septembre, qu'elle

(1) La bibliothèque fut portée à Argelès et réunie
à celle de Saint-Savin. Le nombre total des volumes ainsi
rassemblés s'élevait, en l'an 4, à 1.110. Or Saint-Savin n'y
entra que pour 525 volumes. (Arch des H.-P. L. 802 et
786, p. 89. note 2). C'est du moins le nombre de volumes inventoriés à Saint-Savin par Aubert de Terrefor,
commissaire du District, le 8 messidor de l'an 2. Il est
vrai qu'après germinal de l'an 3, le maire de Saint-
Savin constata que des rayons entiers de livres avaient
té volés par des soldats casernés dans l'ancienne
ébbaye. Ces militaires avaient troué le plafond de la
ahambre où ils étaient renfermés. Le maire en retrouva
un certain nombre entre les mains de soldats et d'autres
personnes. (Annales du Labéda, t. IV, p. 24). Il y en
put certainement de perdus. ce qui nous permet d'élever
e nombre des volumes de Saint-Pé.

(2) Arch. H.-P., Q. Monléon. Inventaire de Décembre
1791 et janvier 1792.

avait été violée (1). Les commissaires firent, en tous cas, l'appel des ustensiles consignés sur l'inventaire de la municipalité.

Bordenave et ses assesseurs passèrent ensuite en revue les diverses chambres du premier et du deuxième étage du nouveau couvent, celles de l'Hôtellerie et Infirmerie. Leurs collègues de Saint-Sever, visitant les chambres du prieur et de ses religieux, trouvèrent « qu'il n'y avait rien de superflu », et leur en laissèrent tout le mobilier. Ainsi firent certainement les commissaires de Saint-Pé. Et de même que le prieur de Saint-Sever réclama, pour dom Gand, professeur au Collège de Pau, le mobilier de la chambre qu'il occupait, de même dom Palis et dom Forgues revendiquèrent, au nom de la loi, le mobilier des chambres affectées aux absents : le prieur, dom Doussot et les deux professeurs de Pau, dom Bruneau et dom Besserve (2).

Les chambres inoccupées furent scellées après qu'on en eut inventorié le contenu,

(1) ANNUAIRE de 1893, p. 387.

(2) Les religieux de Saint-Sever demandèrent à leurs commissaires « l'usage de quelques draps et serviettes enfermés dans la lingerie ». Il parut aux agents de l'administration « que la loi qui accordait aux religieux la disposition du mobilier de leur chambre, semblait ne pas leur refuser quelques draps et serviettes pour leur usage personnel. Ils laissèrent cependant à décider cette question à la sagesse du Département. » Et sans doute le directoire des Hautes-Pyrénées décida en faveur des Bénédictins. Une décision pareille semble avoir été donnée en faveur de nos moines de Saint-Pé : c'est en effet trois douzaines et demie à peine de serviettes et une et demie de draps, dont beaucoup étaient mauvais et usés, qui furent mis en vente, le 21 septembre suivant (Arch. des Hautes-Pyrénées. Q. Saint-Sever et Saint-Pé).

qui, s'il faut en juger par la vente faite plus tard, était bien modeste, presque misérable. Les commissaires n'oublièrent ni les écuries, ni la boulangerie, ni le bâtiment des bains où ils signalèrent « une chaudière, une cuve et une bassine pour le réchauffoir (1) ».

Leur tâche terminée, les commissaires se retirèrent, laissant les objets inventoriés sous la protection des scellés et la garde des Bénédictins, à qui M. Bordenave recommanda de veiller aux intérêts de la Nation, non seulement dans l'intérieur du monastère, mais encore dans son enclos.

*_**

Et certes la double protection des petites bandes de papier officiellement cachetées et des deux bénédictins obtint quelques bons résultats, elle n'empêcha pourtant pas toutes les rapines. Le mois de février 1791 ne s'était pas écoulé que dom Palis et dom Forgues étaient venus se plaindre, à diverses reprises, auprès de la municipalité, « des dégâts et des vols de quantité de poiriers qui avaient été commis dans le jardin. »

Le 4 mars, le maire, Bureu, crut un moment tenir l'auteur ou le complice des vols. Il se rendait, vers les deux heures de l'après-midi, en compagnie de l'officier municipal, Pierre Rebitté, au quartier de Labatut, où il allait faire élaguer de jeunes tilleuls, lorsqu'en passant il aperçut, dans le jardin de l'abbaye, un jeune homme qui le parcourait et, de temps en temps, se baissait. Bureu et son compagnon accoururent et arrivèrent bientôt sur le jeune

(1) Arch. des H.-P. Q. Saint-Pé.

homme qu'ils trouvèrent les mains pleines de jasmins. Ils lui firent subir un interrogatoire sommaire, puis l'enfermèrent dans une chambre du monastère. C'était le domestique de Nicolau Papet : il déclara que c'était par l'ordre de son maître qu'il était venu dans le jardin. Les municipaux cependant ne tardèrent pas à le relâcher. Ils envoyèrent au District un « procès verbal de cette entreprise si nuisible aux intérêts de la Nation et contraire tant aux décrets qu'aux délibérés du Département. »

Les intérêts de la Nation, c'était de quoi s'inquiétaient assez peu les habitants de Saint-Pé. N'étaient-ils pas la Nation et n'avaient-ils pas le droit de se servir, chez eux, tout les premiers ?

Le 29 mars suivant, dom Forgues se présentait devant la municipalité et l'avertissait qu'on avait enlevé deux barres de fer à la barrière qui fermait le pont de la Batmale. C'est le fer surtout qui excitera les convoitises de cette population de cloutiers. Le maire, Burcu, les officiers municipaux Rebitté, Labau, Abadie-Latté et le procureur de la commune en remplacement, Lassalle, se rendirent aussitôt au couvent et ils constatèrent le délit. Ils s'en allèrent faire des recherches dans quelques maisons, ne trouvèrent rien, et dénoncèrent le fait au District. (1)

Toutefois, tant que la surveillance des moines s'exerça sur la maison, les soustractions furent assez rares pour que, eu égard à ce qu'on pouvait craindre ou à ce qui se passait ailleurs, dom Forgues et dom Palis pussent se vanter plus tard « qu'ils

____

(1) Arch. de Saint-Pé.

avaient réussi à conserver la maison et les effets qu'elle contenait, avec un heureux succès, jusqu'au moment de leur décharge ».

Mais quand, dégagés de toute responsabilité, ils se furent complètement retirés de la garde du monastère, les coups de main ne se comptèrent plus; si bien que Pomès-Cazalot, dans cette séance du 14 août dont nous avons déjà parlé, déclara à la municipalité qu'il ne voulait pas être seul chargé de la garde.

« C'est au corps municipal, dit-il, que la garde de la maison nationale cidevant des Bénédictins a été confiée, ainsi que le dépôt des meubles et effets inventoriés qu'elle renferme. Il est de son intérêt particulier de veiller avec le plus grand soin à la conservation du tout. Comme tout le corps est responsable, il ne convient pas que certains de ses membres soient seuls chargés de la garde des clefs de la maison tandis que tous les autres seraient également responsables. Il demandait que les clefs fussent déposées dans le coffre des archives de la commune et qu'on ne pût les en tirer ni s'en servir que par un arrêté du corps municipal. Il demandait au surplus que, pour plus grande sûreté du dépôt et tranquillité du corps municipal, il fût mis, en dedans et derrière la porte d'entrée de la maison, des verrous ou des arcs boutants qui en assurassent la solidité. »

La municipalité adopta l'avis quelque peu impertinent de son procureur qui ne tendait à rien moins qu'à inculper certains membres du conseil. Elle délibéra au surplus, que Rebitté et Latté iraient le lendemain visiter la maison. Le 15 août, la visite eut lieu. Les délégués examinèrent mûrement si les portes maîtresses de l'entrée et aussi celles des appartements étaient bien fermées. Ils reconnurent que, dans le premier dortoir, il y avait trois portes de chambres ouvertes, où les serrures manquaient; une autre serrure manquait encore à la porte d'un bouge. Dans le second dortoir, il y avait encore trois portes de chambre ouvertes ; deux étaient sans serrure, la troisième sans clef. La serrure manquait encore à une antichambre, et à la porte qui, près du grenier, conduit au-dessus de la voûte de l'église. Dans la cour, à côté de la remise, ils trouvèrent qu'on avait enlevé un demi-char de chaux. (1)

*****

Ni la visite municipale, ni les verrous, ni les arcs-boutants ne mirent un terme aux déprédations ainsi que nous n'allons pas tarder de le voir.

Pour soustraire les meubles de la Nation aux entreprises des voleurs, le directoire du département avait pris, le 6 août 1791, un arrêté par lequel « il chargeait celui du district du Gave de faire procéder incessamment à la vente des effets mis sous les scellés dans les maisons des cidevant religieux de Saint-Pé et de Saint-Savin, les affiches et publications d'usage préalablement faites. Le prix en provenant serait versé dans la caisse du receveur du district. » (2)

L'administration d'Argelès ne demandait pas mieux. La responsabilité de ces biens lui pesait; elle n'était pas fâchée aussi de verser quelque argent dans ses caisses vides.

(1) Arch. de Saint-Pé.
(2) Arch. des Hautes-Pyrénées. L. 130.

Mais elle n'avait pas en sa possession les inventaires dressés en janvier précédent par les commissaires départementaux, et elle ne pouvait procéder sans eux. Elle les fit donc réclamer par son procureur syndic, Lamarque.

Le Département les rechercha et ce fut seulement, à la date du 15, que Dumoret les envoya à Lamarque en les accompagnant de cette lettre : « J'ai l'honneur de vous transmettre les inventaires du mobilier de Saint-Pé et de Saint-Savin. Rien ne vous arrête à l'heure qu'il est pour l'exécution de l'arrêté du Départemnt. Veuillez ne pas perdre de vue les dispositions de la loi du 5 novembre 1790, titre 3, art. 5 et suivants (1) ».

L'administration d'Argelès et son procureur syndic ne perdirent pas de temps. Les premières affiches annonçant la vente furent expédiées et affichées, avant le 21 août (2). Le commissaire chargé de l'opération à Saint-Pé fut M. Jean-Hector Normande, négociant de Lourdes et président du District.

Il arriva dans la matinée du 21 septembre et, se mettant immédiatement à l'œuvre, il se fit accompagner par le maire au monastère où il voulait faire la vérification des scellés. De plus, comme la loi du 5 novembre prescrivait que « les registres, les papiers, les terriers, les chartes et tous les autres titres quelconques des bénéficiers, corps, maisons et communautés, seraient déposés aux archives du district de la

---

(1) ANNUAIRE de 1893, p. 386.

(2) Elles devaient être apposées un mois avant la vente, qui commença le 21 septembre, à Saint-Pé,

situation des établissements », Normande avait l'intention de préparer l'enlèvement des archives de Saint-Pé.

Il arriva donc par l'intérieur de l'église, les portes maîtresses de la maison étant fermées par des arcs-boutants. Comme il passait dans la sacristie, il fit la vérification des objets inventoriés et il trouva que manquaient à l'appel l'encensoir en argent massif, le beau calice en argent et les huilières en argent.

Cela commençait bien. En pénétrant dans la maison, il remarqua qu'une des fenêtres du premier salon, donnant sur la cour orientale, la seconde sans doute, avait été enfoncée. Le scellé apposé à la porte des archives était rompu; l'on avait pénétré dans l'intérieur, car les scellés de l'armoire des archives étaient brisés et la serrure manquait.

Les liasses des quinze premières layettes étaient restées à peu près en ordre. Mais les étiquettes ne correspondaient plus aux papiers des cinq dernières. Les auteurs du brisement des scellés avaient fourragé dans les layettes et les liasses, emporté ce qui leur avait convenu et replacé le reste dans les tiroirs, pêle-mêle.

Normande examina sommairement liasses et layettes et en fit des paquets prêts à être emportés à Argelès. (1)

La cuisine avait été violée; violée aussi la chambre de la volière (?). On voit que, depuis le 15 août, les voleurs avaient travaillé.

La matinée tout entière se passa en vérifications de scellés. Mais, dès une heure de

____

(1) ANNUAIRE de 1893, p. 387.

l'après-midi, Normande était prêt à commencer la vente du mobilier. L'huissier Cachou était venu de Lourdes, sur la réquisition du commissaire, pour faire la criée. Enfin le trompette Lesquerré parcourait la ville pour porter au public les avertissements nécessaires.

Quand la foule des enchérisseurs furent arrivés, les enchères s'ouvrirent sous la présidence de Normande et du maire Bureu.

La municipalité de Saint-Pé « parla » la première. On lui adjugea, pour 27 livres, une grande armoire à deux portes, de bois de châtaignier, avec sa serrure et sa clef. Une autre armoire, en bois de chêne, à une porte, avec sa serrure et sa clef, fut vendue, moyennant 20 livres, au curé de Saint-Pé.

Une troisième de bois de noyer et à quatre portes, avec sa garniture, en deux pièces, fut achetée pour 49 livres, par Halat, de Saint-Pé, qui paya avec un assignat de 50 livres.

Un quartier d'armoire fut adjugé, pour 15 livres, à Mantis, de Saint-Pé, qui paya en trois assignats de 5 livres.

Mme Papet obtint, pour 11 livres, sept tasses pour le café, avec une cafetière, un sucrier et un cabaret.

Divers autres objets, verres à liqueur, huilières et bouteilles en cristal, draps de lit, nappes et serviettes occupèrent la vente qui dura jusqu'à sept heures du soir. La nuit força d'interrompre les opérations.

Le 22 septembre, à sept heures du matin, Lesquerré sonna le rappel des enchérisseurs et la vente reprit. Ce furent d'abord les ustensiles de cuisine : le curé de Saint-Pé acheta, pour 7 livres 15 sols, une petite

casserole, trois couverts de casserole, des
grils de fer, un pilon de pierre, une table
à manger ; son vicaire, l'abbé Bonnet,
obtint un petit plat pour 2 sols et six assiet-
tes de faïence pour 28 sols ; la femme et
la fille de l'Histoire achetèrent des casse-
roles, des soupières et des plats cassés ;
Labatut obtint, pour 30 sols, une poêle trouée
pour les châtaignes ; il donna 110 livres
du grand buffet ; la table de trente couverts
fut adjugée, pour 9 livres, à Lacadé qui
paya 48 livres la table de marbre.

Interrompue quelque temps pour permettre le repas de midi, l'opération reprit
à deux heures de relevée. La pendule à
répétition fut vendue à la dame Papet pour
68 livres ; l'abbé Préchac acheta une dor-
meuse pour 3 livres ; l'abbé Bonnet, une
autre table à manger pour 8 livres. Une
trentaine de chaises furent cédées à 12 sols
en moyenne chacune.

La séance se termina à quatre heures du
soir. Les meubles qui restaient à vendre
furent renfermés dans les deux salles de
l'Infirmerie sur la porte desquelles les
scellés furent apposés.

Les élections qui allaient avoir lieu à
Argelès pour le renouvellement de l'administration du district (1) dont il faisait partie,
obligaient M. Normande à quitter Saint-Pé.

(1) Les élections venaient de se terminer le 15 septembre pour le Département ; elles eurent lieu, le 16, à
Tarbes pour le district de la Plaine, le 21, à Vic pour
le district de Rivière-Basse, le 25 et le 26, à Labartho
pour celui de la Neste ; celles du district du Gave, ou du
moins le tirage au sort des membres sortants eurent lieu
vers le 23. Cette date expliquerait le départ de Normande.
(Cf. *Un régime qui commence,* p. 75).

Il interrompit donc la vente pour quelques jours.

Il est probable qu'il emporta cette fois, de Saint-Pé, les archives et la bibliothèque. Le voiturier du district, Paul Dazet, chargea le tout sur sa voiture et le conduisit au chef-lieu (1).

***

M. Normande avait à peine tourné le dos que les naufrageurs de Saint-Pé accoururent. Dans la nuit du 22 au 23, on enfonça le haut d'une fenêtre et, par là, on enleva une certaine quantité de linge sale déposé dans la chambre. La municipalité de Saint-Pé avertie constata le fait, dans un procès-verbal qu'elle fit porter, le lendemain, à Tarbes, par le citoyen Barthélemy Bascou.

En ces jours était arrivée à Tarbes la nouvelle de l'acceptation que le roi avait faite, le 14 septembre, de la Constitution votée par l'Assemblée nationale. Un arrêté du directoire départemental, en date du 19 septembre, ordonna que des fêtes eussent lieu pour célébrer ce grand évènement. Un *Te Deum* serait chanté dans les églises du département, au jour qui serait fixé par M. l'évêque des Hautes-Pyrénées. Les municipalités feraient allumer un feu de joie et ordonneraient dans les villes une illumination

______

(1) Ordre donné, le 1er août 1792, à M. Normande, de payer à Paul Dazet, porteur du district, la somme de 15 livres pour le transport de livres de la bibliothèque de la maison de Saint-Pé, à Argelès. Nous pensons que livres et archives furent emportés en même temps. (Arch. des H.-P. Q. Saint-Pé).

générale. (1) Le citoyen évêque, Molinier,
fixa la fête au dimanche 25 septembre. La
municipalité de Saint-Pé la célébra comme
il convenait. Elle fit une dépense de sept
livres pour fournir de la poudre aux soldats
citoyens de la garde nationale et procurer
« du boisage », nécessaire au feu de joie qui
fut allumé le soir de cet heureux jour. (2)

Or pendant que la garde s'amusait sur la
place et que le feu de joie éc airait, de ses
teintes rouges, les hautes murailles et les
vitres de la miranda du couvent, des malfaiteurs envahissaient le jardin et, protégés
par l'ombre que rendait encore plus profonde
la lumière extérieure, ils attaquèrent une
petite fenêtre de la cuisine, du côté du
nord. (3) Ils l'enfoncèrent et s'introduisirent
par ce moyen dans l'intérieur où ils volèrent
cinq grils de fourneau. Sachant où le mobilier avait été enfermé, ils se dirigèrent vers
l'Infirmerie. Ils firent sauter les scellés des
portes, qu'ils ouvrirent au moyen de clefs
ou d'instruments à crocheter. Ils firent main
basse sur divers objets et se retirèrent sans
être inquiétés.

Le lendemain, on vint annoncer aux officiers municipaux, à l'hôtel de ville, qu'une
fenêtre de la cuisine de la maison des cidevant Bénédictins était enfoncée. Ils s'y rendirent tout de suite et constatèrent le vol des
grils. « De la cuisine « étant », ils se trans-

____

(1) Arch. des Hautes-Pyrénées, L. 107.
(2) Arch. de Saint-Pé.
(3) Ce sont les expressions du procès-verbal de la
municipalité. Or il n'y avait pas de petite fenêtre à la
cuisine du côté du nord. Voudrait-on parler de
la partie supérieure de ces fenêtres qui sont partagées
en deux?

8

portèrent aux Infirmeries pour vérifier les scellés apposés par M. Normande. Ils trouvèrent qu'on avait enlevé les scellés des portes et qu'on les avait ouvertes sans fracture ce qui faisait présumer, dirent-ils, que les voleurs avaient quelque contre-clef pour les ouvrir. Etant entrés dans les chambres ils remarquèrent qu'on avait volé certains effets, sans qu'ils pussent les détailler, n'ayant aucune connaissance de l'inventaire dressé par M. Bordenave. A l'instant ils ordonnèrent au commandant de la garde nationale de leur envoyer quatre soldats pour faire garder jour et nuit la maison des Bénédictins et empêcher le vol du mobilier, jusqu'à ce que M. Normande fût revenu pour continuer la vente. »

Ils dressèrent procès-verbal du tout et l'envoyèrent aussitôt porter à M. Normande par un commissionnaire (1).

La nuit suivante les officiers municipaux et la garde nationale firent des patrouilles dans le couvent éclairé de nombreuses chandelles de suif. (2)

M. Normande comprit qu'il fallait se hâter et, dès le lendemain 27 septembre, il était à

(1) Arch. de Saint-Pé.

(2) Le 27 décembre 1791, on paya 3 livres 5 sols pour cinq livres de chandelles de suif fournies pour l'hôtel de ville, de même que pour la patrouille et la garde que les officiers municipaux furent tenus de faire pendant la nuit dans la maison des cidevant Bénédictins ». (Arch. de Saint-Pé). Ce fut évidemment à l'occasion du vol de la nuit du 25 au 26 septembre que ces patrouilles furent faites. On ne voit pas après à quoi cette garde eût servi.

Saint-Pé. Lesquerré prit sa trompette et annonça la reprise de la vente pour 8 heures du matin. Deux « lits jaunes avec leur accoutrement » furent vendus dans la matinée au prix de 30 et de 27 livres ; deux autres, dont l'un est qualifié de mauvais, furent adjugés pour 16 et 12 livres ; le curé acheta, pour 3 livres 12 sols, une paire de chenêts de fer et le vicaire, un fauteuil, pour 18 sols. Deux autres fauteuils mauvais furent vendus l'un 5, l'autre 2 sols.

Interrompue à midi, la vente fut reprise à 2 heures. Labatut acheta, pour 7 livres, un secrétaire à deux tiroirs et à deux portes ; Mounic, un prie-Dieu, pour six livres 10 sols ; la femme de l'Histoire, un grand fauteuil, en mode de prie-Dieu, pour 32 sols ; Pomès, la table à râper le tabac, pour 5 livres ; Jacob, un grand « cabinet » de bois de châtaignier, avec sa serrure, pour 27 livres 10 sols ; Mantis, la chaudière des bains, pour 14 livres et 15 sols, et un devant de feu en « fonde », pour 6 livres ; Lacrampe-Pauly obtint, pour 14 sols, un portrait de saint Antoine de Padoue. A 7 heures du soir, la vente était terminée ; elle avait produit un peu plus de 1.600 livres et occasionné une dépense de 40 livres environ. (1)

(1) Arch. des H.-P. série Q. Saint-Pé. — « Le 30 novembre 1792, le citoyen Normande versa dans la caisse du receveur du district d'Argelès, la somme de 1615 livres 9 sols pour le produit du mobilier trouvé dans le monastère de Saint-Pé. — Le 29 janvier suivant, le même Normande versait la somme de 2089 livres pour le produit de la vente du mobilier de Saint-Savin. De cette somme fut soustraite celle de 41 livres 6 sols, montant de la dépense faite pour la vente du mobilier de Saint-Pé ». (Arch. des H.-P., L. Journal des recettes du District d'Argelès).

Il n'y avait pas là de quoi remplir les caisses du district, d'autant que le paiement s'effectuait souvent en assignats (1) et que la monnaie nationale, en septembre 1791, perdait déjà 18 pour cent de sa valeur.

* *** *

L'adjudication définitive de l'Abbatiale, qui allait suivre de près la vente des meubles du monastère, ne devait pas donner ce qu'on avait eu l'air d'espérer.

On se souvient que le défaut d'enchérisseurs avait été, en août 1791, la cause du refus d'adjudication. Le District avait paru s'imaginer que cette absence d'acheteurs était due à la variété des dates fixées pour l'opération. Or, cette fois, la date était unique : 19 octobre 1791. La municipalité de Saint-Pé envoya, pour la représenter, le maire, Henri Bureu, qui se trouva, à jour et heure fixes, dans la salle du directoire d'Argelès.

Le vice-président de l'administration, Cazenave-Sallebert, était présent avec deux de ses collègues, Anthian Prat et l'ancien maire de Saint-Pé, Labatut. Lamarque, le

(1) Nous avons vu en quelle monnaie payèrent Haa et Mantis. Il est probable que bon nombre de petits acheteurs donnèrent du numéraire. Normande transmit-il ses recettes telles qu'il les avaient reçues ? Il est permis d'en douter. Nous ne savons pas comment il exécuta son versement du 30 novembre 1792. Mais le receveur du District détailla celui que le même commissaire fit, le 29 janvier 1793, et qui, déduction faite de la dépense de Saint-Pé, prélevée sur ce versement, s'éleva à 2.048 livres 8 sols. Or Normande donna 2.045 livres en assignats et 3 livres 8 sols, en billets de secours. (Journal de recettes loc. cit.)

procureur syndic, les assistait. Bureau déclara qu'il maintenait son offre de 4.575 livres.

Les directeurs eurent beau attendre et allumer des feux : personne ne vint « sur-dire » et force fut au District d'adjuger l'abbatiale à la municipalité de Saint-Pé, pour la somme qu'elle en offrait. (1) Elle ne lui appartenait pas encore.

(1) Reg. des délibérations de Saint-Pé, 19 octobre 1791.

Serments et Pensions

Que devenaient, pendant tous ces événements, les Bénédictins chassés de leur abbaye? Nous avons vu, dans un chapitre précédent, que dom Besserve et dom Bruneau, attachés en droit seulement à la maison de Saint-Pé, avaient leur résidence effective à Pau ; que dom Doussot avait quitté son monastère depuis la fin du mois d'août 1790 et que les deux derniers habitants de l'antique abbaye, dom Palis et dom Forgues, en étaient sortis à Pâques de 1791. Nous ne parlons pas du F. Bourjaguet qui, resté à Saint-Mau jusqu'en 1791, était probablement rentré chez lui, à Lombez.

Avant de vider définitivement le couvent, dom Forgues s'était présenté, le 30 mars, devant le corps municipal de Saint-Pé, pour y prêter le serment de la Constitution civile du clergé décrété par l'Assemblée Constituante.

Celle-ci en effet, non contente d'abattre la vieille Constitution du royaume et de lui en substituer une autre à son goût, avait eu encore la présomption schismatique de porter la main sur la Constitution de l'Eglise en France. Et, par une série de lois qui s'étaient échelonnées dans le dernier semestre de 1790, elle avait prétendu tout modifier et transformer : diocèses, conseils épiscopaux, séminaires, nomination des évêques et des curés.

La dernière loi, celle du 27 novembre 1790, que le roi sanctionna le 26 décembre suivant, prescrivait à tous les ecclésiastiques, fonctionnaires publics, de jurer fidélité à la Constitution civile.

Le curé de Saint-Pé, Labarrère, et son vicaire, Bonnette, se présentèrent, le 6 février 1791, devant la municipalité pour lui annoncer que, le lendemain, ils se conformeraient à la loi du serment. Et ils jurèrent en effet, le 7 février.

Dom Forgues et dom Palis n'étant pas, du moins au début de 1791, fonctionnaires publics, ne se trouvaient pas obligés au serment: aussi ne se présentèrent-ils point, dans le délai imparti, qui était de huit jours depuis la publication de la loi, pour prononcer le serment schismatique.

Si le P. Forgues comparut, le 30 mars suivant, devant la municipalité, c'est que sa situation était changée. Il était devenu « employé ecclésiastique, » car c'est à ce titre qu'il prêta serment. Quel était son emploi ? Autant qu'il est permis de le conjecturer, dom Forgues était appelé, dès ce moment, au Collège de Pau pour y commencer le cours de Littérature et de Langue française qu'il y professa dans les années 1792 et 1793.

Allait-il, au milieu d'une année, prendre la place d'un professeur démissionnaire peut-être pour refus de serment ? celle par exemple de l'un de ses confrères de la maison de Saint-Pé, dom Besserve ou dom Bruneau qui, à la fin de cette année 1791, ne sont plus à Pau (1) ? Je l'ignore.

(1) Un compte rendu par dom Forgues et dom Palis et qui porte la date du 20 décembre 1791 (Arch. des

***

Avant son départ, dom Forgues perçut le premier quart de sa pension. On se rappelle que la loi du 14 octobre 1790 accordait aux rel'gieux un traitement payable par trimestre et d'avance. Le premier quartier de 1791 aurait donc dû être versé à nos Bénédictins dès les premiers jours de janvier... Or ce fut seulement, le 4 mars 1791, que le directoire du département des Hautes-Pyrénées autorisa le versement du trimestre de nos religieux. Le 10 mars, le receveur du district d'Argelès porta sur son journal, qu'il avait payé

225 livres à dom Forgues ;
125 — au f. Bourjaguet ;
225 — à dom Doussot, prieur ;
225 — à dom Bruneau ;
250 — à dom Palis.

Dom Besserve avait été payé le 22 février précédent.

Il est à remarquer que ce premier quartier de 1791 fut versé aux religieux

---

H.-P.L. 690, dans une pièce du 21 décembre 1792), se termine par ces mots ajoutés à la signature de nos deux Bénédictins : « *les deux seuls individus de la ci-devant mai*˙ *son de Saint-Pé qui se trouvent actuellement dans le pays ou aux environs.* » Il y a, semble-t-il, deux indi cations dans cette incidente : 1° que dom Besserve et dom Bruneau n'étaient plus à Pau, à la fin de 1791 ; 2° que l'un des deux signataires était dans le pays, c.-à-d. à Saint-Pé, et l'autre aux environs, par exemple, à Pau. Or nous savons que dom Palis s'était fixé à Saint-Pé. Nous savons aussi que dom Forgues n'a pas eu, en 1791, sa résidence à Saint-Pé, car ses quartiers de pension ne lui ont pas été payés par le receveur du district du Gave. (Cf. Arch. des H.-P. C. Journal de

de Saint-Pé avant qu'ils eussent encore
touché leur traitement. Dom Palis percevra
même ses 1.000 livres de 1791, avant d'avoir
vu régler sa pension de 1790. Seuls, les
deux professeurs de Pau reçurent satisfaction d'assez bonne heure. Ayant obtenu
du Département des Hautes-Pyrénées, à la
date du 18 août 1791, un arrêté qui les
autorisait à recevoir 900 livres de pension
chacun pour l'année 1790, ils chargèrent de
leur procuration dom Forgues qui, le 23 août,
retira des mains de M. d'Espagnet, receveur
du district d'Argelès, la somme de 1.800 livres
pour ses deux confrères.

On ne sait pas au juste à quel mobile obéirent les administrateurs quand ils permirent
d'anticiper ces deux paiements. Ils considé-
rèrent sans doute que les deux professeurs
de Pau, n'ayant eu aucune part dans la régie
effective des biens de Saint-Pé et n'ayant
rien touché des revenus de l'abbaye, ne
pouvaient être mis au rang des régisseurs
auxquels l'Assemblée nationale avait voulu
qu'on demandât des comptes avant de les
payer.

Et de fait quand, au mois de janvier 1791,
les Bénédictins réclamèrent leur traitement
de l'année 1790, on leur répondit qu'il ne
pourrait leur être rien donné jusqu'après
l'apurement de leurs comptes de régie. Et c'est
en vain qu'ils déclarèrent et prouvèrent que,

recette 1791). — Signalons encore que, dans ce journal
de recette, dom Besserve est payé de son premier quart
de pension, à la date du 22 février 1791, tandis que la
pension de son collègue de Pau, dom Bruneau, ne fut
payée, avec celle des autres Bénédictins de Saint-Pé,
que le 10 mars. A quelle cause attribuer cette différence?

« fidèles observateurs de la loi », ils avaient
présenté ces comptes, ou fait les actes équiva-
lents dans le temps prescrit par la loi.

Nous avons déjà dit que les officiers municipaux de Castets en Béarn, où les Bénédictins avaient conservé la régie de leur vigne,
s'étaient emparés du vin après la récolte.
Evidemment il n'y avait là aucun compte de
recette à produire. Quant au compte de
dépenses, les Bénédictins y renoncèrent ; ils
se bornèrent à demander aux administrateurs
des Basses-Pyrénées, dans le ressort desquels
était situé Castets, de les décharger de tcute
reddition de comptes. Ce Département, saisi
de la requête, y fit droit et, semble-t-il, assez
promptement.

Il n'en fut pas de même pour le compte
de régie des biens situés dans le ressort du
district de Mirande, au département du
Gers. « Ils furent présentés au temps voulu ;
mais malgré les voyages, et les sollicitations,
les Religieux ne purent obtenir non seulement
qu'on les apurât, mais qu'on s'en occupât :
ce fut seulement grâce à la bienveillance et
au zèle de M. le procureur général (du Gers
ou des Hautes-Pyrénées ?) qu'ils obtinrent
le renvoi de ce malheureux compte devant
qui de droit, et encore ne reçurent-ils l'arrêté
que vers la fin du mois d'août 1791 (1) ».

[*]

Les Religieux n'étaient pas seuls à souffrir
de l'inertie et du mauvais vouloir des administrations : l'abbé de Rey n'était pas mieux

____

(1) Arch. des H.-P. L. 690.

traité. Son procureur, Jean-Jacques Decamps, secrétaire général alors du département des Hautes-Pyrénées, s'en plaignait amèrement à M. Lamarque, procureur syndic du district d'Argelès. « Je suis forcé malgré moi, écrivait-il, le 3 juin 1791, de dénoncer légalement l'administration de votre directoire sur le retard inexcusable de la fixation du traitement de l'abbé de Saint-Pé. Je n'avais pas lieu de croire que votre directoire chercherait à compromettre ma délicatesse par un retard impardonnable, qui portera le plus grand préjudice à votre District. L'abbé de Rey croit que je suis détenteur de ce fonds et il est d'autant plus autorisé à le penser, qu'il n'a pas perçu le premier sol de 1790. Adieu, mon cher ami, si quelqu'un de vous m'avait demandé un plaisir, je me serais mis en quatre pour le lui rendre et, quand je demande justice, quand je réclame l'exécution de la loi, on est sourd à ma pétition. Il est pourtant instant que je sache à quoi m'en tenir. Je ne serais pas dans ces embarras si vous étiez secondé dans votre zèle et dans votre activité, mais tout roule sur vous et sur M. Trésarieux (1) ».

Il faut toutefois avouer que les malheureux administrateurs du district pouvaient alléguer des circonstances atténuantes. On n'est guère encouragé à délivrer des mandats sur une caisse vide. Or les règlements de pension étaient des mandats et la caisse du district d'Argelès était lamentablement vide. Le 29 janvier 1791, les administrateurs exposaient leur détresse au directoire dépar-

____

(1) Arch. des H.-P. L. 129. La pièce est dans une autre du 27 mai.

temental. Au 1er janvier 1791, époque à partir de laquelle devait se faire le paiement des pensions et des traitements du clergé tant séculier que régulier, ils n'avaient en caisse que la somme de 3847 livres et les sommes à verser ne s'élevaient pas à moins de 90.975 livres. La confiscation des biens ecclésiastiques commençait à porter ses fruits de misère.

Nos Bénédictins en goûtèrent autant que personne l'amère saveur. Enfin, après de longs mois de patience, dom Palis et dom Forgues, qui avaient fini par réunir toutes leurs pièces, purent rédiger, le 20 décembre 1791, leur compte général de 1790.

Ils le divisèrent en quatre parties : Les recettes qui s'élevaient, certaines charges déduites, à 936 livres ;

Les dépenses ou charges qui montèrent à 767 livres ;

Les dettes actives évaluées à 4685 livres environ ;

Les dettes passives qui étaient seulement de 3000 livres.

Ils réclamaient, comme conclusion, une somme de 3131 livres qui leur était due, déduction faite des 1800 livres payées à dom Bruneau et dom Besserve.

Les compte-rendants, « aussi exacts dans leurs comptes que fidèles économes des biens de la Nation et des pauvres, croyaient avoir tout lieu d'espérer, de la part de MM. les administrateurs, les ordres les plus prompts pour leur faire payer leur traitement de 1790 et les avances qu'ils avaient faites. Ils n'éprouveraient, pensaient-ils, pas la moindre difficulté et le plus petit retard sur un objet si pressant et si juste. Les Pères, en terminant, laissaient à la générosité de l'administration départementale, pour ne pas dire à sa justice, ce qu'elle jugerait devoir leur accorder pour les secours immenses et pressants qu'ils avaient fournis aux pauvres de Saint-Pé et d'ailleurs, en 1790, sans avoir touché de revenu. Ils laissaient à sa générosité l'indemnité qu'elle jugerait pouvoir accorder aux deux signataires du compte-rendu, pour avoir gardé la maison et leurs meubles pendant quatre mois, sans l'habiter, du mois d'avril où ils la quittèrent jusqu'au mois d'août suivant. Ils laissèrent à sa générosité ce qu'elle jugerait à propos de leur accorder pour les voyages, et frais inutiles que le compte de régie leur avait occasionnés, soit vers le département du Gers, soit vers celui des Basses-Pyrénées, et encore ce qu'elle croirait pouvoir leur accorder pour l'entretien de la maison, de l'église, taille des arbres du jardin et de l'enclos, et autres dépenses comme celles de la dresse du compte (1) ».

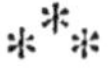

Les Bénédictins se trompaient lourdement quand ils invoquaient la générosité des administrations. Elles n'ont jamais connu cette vertu, pas plus celles de la Révolution que les nôtres. Heureux eussent-ils été si elles avaient connu celle de justice.

Le compte, présenté à la fin de décembre

(1) Arch, des H.-P. L. 690.

1791, dormit dans les bureaux du Département ou dans ceux du District du Gave, peut-être dans les deux, jusqu'à la fin de décembre 1792. Vers cette date, le nouveau directoire d'Argelès, élu à la fin de novembre précédent, trouva dans l'héritage de ses prédécesseurs, le compte des Bénédictins de Saint-Pé. Il daigna s'en occuper. Un arrêté pour avis fut pris le 21 décembre 1792. Les nouveaux directeurs trouvèrent que tout était exact et qu'il était dû 3131 livres aux Bénédictins.

Il est vrai que, dans l'intervalle, était échu le terme du premier tiers de la contribution patriotique qui devait être payé sur la masse générale. Comme il s'élevait à 400 livres, le directoire arrêta le compte définitif à la somme de 2731 livres 11 sols 6 deniers. Il réserva toutefois un article de dépense : sauf à examiner, dit-il, si la somme de 236 livres, formant le montant des réparations de la chapelle de Saint-Mau, devait être passée en compte. Le montant n'en était prouvé ni par la municipalité du lieu, ni par l'ouvrier qui l'avait faite ; de plus les Bénédictins n'avaient pas été autorisés à faire la dépense (1).

Le District transmit le compte au Département avec son avis, et il put sembler au P. Forgues et au P. Palis qu'ils étaient au bout de leurs peines et qu'ils allaient être payés de leur arriéré. Ils se trompaient encore.

Le compte fit un nouveau somme de six mois dans les bureaux du Département. Enfin, le 29 juin 1793, les membres de l'administration l'examinèrent.

Ils déclarèrent d'abord que la recette des

____

(1) Arch. des H.-P. L. 690.

Bénédictins devait être portée à la somme de
1172 livres, au lieu de celle de 936 livres :
les religieux ayant mal à propos diminué les
revenus du prieuré de Saint-Mau, d'une
somme de 236 livres, pour les réparations
d'une chapelle qu'ils avaient démolie.

Ils rejetèrent du compte de dépense, relatif
aux frais de régie du prieuré de Saint-Mau,
l'article de 400 livres qui y était porté pour
la dépense et l'entretien du régisseur pendant
14 mois, puisque le F. Bourjaguet, ce régisseur,
recevait, pour l'année 1790, un traitement
comme frère donné, au moyen de quoi la
recette devait être augmentée de ces 400 livres
et portée à 1572 livres.

Tout le reste fut reconnu exact et justifié.
On conclut qu'une somme de 2094 livres
devait leur être payée par le receveur
du district d'Argelès pour leur traitement
de 1790.

Des générosités réclamées par les compte-
rendants du 20 décembre 1791, il ne fut question ni dans l'avis du District d'Argelès, ni
dans l'arrêté définitif du Département.

Mais ce que les administrateurs n'oublièrent
pas, ce fut de rappeler le paiement de la contribution patriotique. Deux nouveaux termes
en effet étaient échus. Si le premier terme
était payable sur la masse des revenus, les
deux autres devaient être imputés sur le traitement individuel. Il fallait donc déduire à
chacun des sieurs Forgues, Palis, Doussot et
leur frère donné, ce qu'il leur restait à payer
de la contribution patriotique, à moins qu'ils
ne justifiassent y avoir satisfait. (1)

Et sans doute ce fut alors fini ! Avouez qu'il

____

(1) Arch. des H.-P. L. 136.

était temps et que nos malheureux Bénédictins, si secourables aux pauvres qui se
présentaient jadis à leur porte, eussent pu
bien des fois, dans l'intervalle, mourir de faim
s'ils avaient dû vivre des pensions que des
administrations insouciantes, pour ne rien
dire de plus, ne leur payaient, moins encore,
ne leur fixaient qu'à regret.

CHAPITRE VI

L'abbatiale, le monastère, l'église
De 1792 à 1794

Depuis que le monastère avait été presque complètement vidé de son mobilier, il recevait moins souvent la visite des voleurs. Il n'était cependant pas à couvert de leurs incursions. Quant à l'enclos, il avait été mis à peu près à l'abri des dévastations par l'initiative des Bénédictins qui l'avaient loué par parcelles à divers particuliers.

Ceux-ci avaient l'air de se bien trouver de la location et ne demandaient pas mieux, à l'expiration de leur bail, que de le continuer. A la fête de la Toussaint de l'année 1791, ils se présentèrent devant le trésorier du district du Gave pour payer le prix de leur ferme. M. d'Espagnet leur répondit qu'il n'avait pas encore l'ordre de recevoir les paiements. D'autres que nos particuliers, en présence d'une pareille réponse, auraient éprouvé quelque surprise et se seraient demandé ce que pouvait bien cacher l'attitude de ce créancier qui refusait le paiement de ce qu'on lui devait. Nos gens ne paraissent pas s'en être beaucoup émus : ils se retirèrent tout bonnement et pensèrent n'avoir qu'à attendre un avertissement soit pour payer, soit pour renouveler leur bail, si c'était nécessaire. Personne ne disant mot et les fermes se renouvelant vers la Saint-Martin, non seulement ils se crurent autorisés à continuer les leurs, mais même obligés à les conserver.

Dans cette persuasion, ils firent exécuter les travaux de culture, se procurèrent des semences et du fumier, à gros frais, racontèrent-ils plus tard ; ils ensemencèrent enfin, agissant toujours sur la bonne foi de l'accord passé avec les religieux.

Or, dès le premier dimanche du mois de mars 1792, commencèrent, à la porte de l'église de Saint Pé, des publications qui furent renouvelées les dimanches suivants. On y annonçait que, le 3 avril, le directoire du district d'Argelès mettrait en ferme, pour le temps à courir de ce jour au premier décembre 1792, la maison des cidevant Bénédictins de Saint-Pé, les basses-cours, l'écurie, le jardin et le verger en dépendant. Deux affiches apposées aux lieux accoutumés, à quinze jours d'intervalle, confirmèrent les publications.

On peut deviner la surprise des fermiers quand ils apprirent que, quoique ayant fait ensemencer leurs terres, ils pouvaient en être dépossédés. Toutefois ils ne crurent pas qu'il fût utile de protester auprès de l'Administration, qui d'ailleurs s'apprêtait à les dédommager de leurs dépenses. Les gens de Saint-Pé ne furent jamais pris de court. Et voici ce qu'ils imaginèrent, ce que du moins certains imaginèrent.

L'adjudication avait été fixée au trois avril, à dix heures du matin. Avant cette heure, un petit conciliabule se tint, à Argelès même, auquel assistèrent Jean Mantis, forgeron de Saint-Pé, qui n'était pas encore fermier, mais désirait le devenir, au moins pour une part, les sieurs Pierre Rebitté, Antoine Vergez, Jean Abadie-Latté et Bernard Bettet. « D'une voix unanime, ils convinrent de faire la ferme de la maison et de l'enclos des Bénédictins. Mais afin de ne pas pousser l'enchère les uns contre les autres, on décida que Mantis ferait seul les offres et sous la condition que, si l'enchère lui était adjugée, il céderait à ses amis, au prix qu'ils payaient déjà, le jardin et fonds attenant y compris le cloître, moyennant que l'acquisition lui resterait pour la somme de 210 livres. Que si l'enchère s'élevait à une somme plus forte, chacun paierait en proportion du surplus ».

Et après que chacun eut signé l'accord, on alla aux enchères. L'heure de dix était plus qu'échue quand se présentèrent Normande, président, Cazenave-Sallebert, vice-président, et les autres membres du directoire d'Argelès, avec le procureur syndic, Lamarque.

Avant de commencer, on imposa la condition à celui ou ceux qui deviendraient les adjudicataires du jardin et verger, de payer, en sus du prix de ferme, le s frais de labour, semences et autres qui pouvaient avoir été faits par les fermiers de l'année précédente.

Antoine Vergez, l'un des contractants du matin, poussa l'enchère jusqu'à 230 livres, puis il se retira devant Mantis qui trouva successivement contre lui, Lacrampe-Pascau, Pierre Cantet de Saint-Pé, et enfin Jean-Baptiste Sassère d'Argelès, qui l'obligèrent à monter jusqu'à 400 livres.

L'affaire semblait terminée et les contractants du matin s'étaient rapprochés de Mantis auquel ils demandaient l'exécution des conventions. Le forgeron parut ne pas vouloir les tenir. Alors Abadie-Latté, à qui avait été confiée la minute du contrat d'accord, se présente devant le Directoire, qui se préparait à lever la séance, et se déclara formellement opposant à l'adjudication faite à Mantis, pour inexécution de la promesse que ce dernier lui avait faite. Que si lui, Latté, et d'autres particuliers

présents, n'avaient point couvert la dernière
offre de Mantis, c'était, malgré qu'ils en eussent
regret, que cela fût à leur désavantage et que
la Nation en subît un préjudice, dans l'espoir
de partager avec Mantis qui maintenant s'y
refusait. Il déposait sur le bureau le traité
souscrit par tous.

Le président le parapha immédiatement *ne
varietur* et Abadie-Latté signa avec M. Normande.

Mantis, appelé, ne se troubla pas. Il n'avait
pas entendu, en signant les dispositions du
traité, signer quoi que ce fût qui tendît à une
autre fin qu'à celle de céder au sieur Abadie-
Latté, la même contenance de jardin qu'il
tenait l'année précédente. Il ne croyait pas en
cela porter atteinte aux intérêts de la Nation.
L'Administration était bien trop éclairée pour
ne pas distinguer ce traité d'avec ceux dont
parlait l'*Instruction* de l'Assemblée nationale
aux corps administratifs et qui avaient pour
objet l'aliénation des domaines nationaux. Il
concluait en demandant que le bail lui fût définitivement adjugé et qu'acte lui en fût donné.

Mais le Directoire, visant l'*Instruction*, s'y
refusa et décida d'en référer au Département
pour qu'il voulût bien déclarer s'il y avait
lieu à la réouverture des enchères.

Le Département se prononça par un arrêté
du 14 avril. Il avait existé, dit-il, entre
l'adjudicataire et les autres surdisants, une
collusion bien manifeste, réprouvée par les
lois et qui méritait même d'être dénoncée aux
tribunaux pour la faire punir.

La collusion était préjudiciable aux intérêts
de la Nation ; aussi importait-il de faire rouvrir
promptement les enchères en résiliant une
adjudication, ouvrage de la fraude qui s'opposa
toujours à tous les contrats.

Il arrêta donc que, à la diligence du procureur général syndic, poursuite du procureur syndic du district d'Argelès, l'adjudicataire, Mantis, et les autres qui avaient colludé avec lui, seraient poursuivis devant les tribunaux.

L'adjudication consentie à Mantis était résolue et cancellée; les enchères enfin devaient être recommencées dans le plus bref délai et l'adjudication consommée d'après les formes prescrites par la loi.

L'affaire tournait mal ou par la faute de l'avidité de Mantis, ou par celle de la maladresse de Latté. Il était à craindre que la maison et l'enclos des Bénédictins n'échappassent aux cidevant fermiers, si l'adjudication ordonnée par le Département avait lieu. Il était peut-être encore possible de prévenir cette éventualité. Les fermiers, dont quatre sont nommés : Antoine Vergez et Latté, les complices de Mantis, le charpentier Antoine Lapaille, qui avait son établi sous le cloître, et la demoiselle Rose Cazenave, la locataire de l'abbatiale, qui tenait à son demi-journal de jardin, signèrent une pétition au directoire du département, où, après avoir fait l'exposé des travaux qu'ils avaient accomplis en toute bonne foi, ils se plaignaient d'être dépossédés des terres qu'ils avaient fait ensemencer. Sans doute, disaient-ils, MM. les administrateurs mal informés avaient cru devoir ouvrir les enchères et témoigner leur zèle pour faire valoir les biens nationaux ; mais ils ignoraient certainement que ces terres étaient cultivées et ensemencées. Les suppliants offraient de payer le prix convenu avec les moines, à la fête de Tous les Saints, suivant l'usage. Il vous plaira, terminaient-ils, nous maintenir dans nos fermes et empêcher l'adjudication, qui est sur le point de se faire pour la seconde fois.

Nous ignorons quelle fut la suite de cette affaire et si Mantis, à la veille d'être chargé de poursuivre, en qualité de procureur de la commune, puis en celle d'agent national, les intérêts de la ville et l'observation de la Loi contre les paresseux et les égoïstes, comme on dira bientôt, sortit indemne de cette aventure où il avait donné, à son profit, un fort accroc à ladite Loi. (1)

***

L'occasion allait s'offrir à lui bientôt d'étaler, avec ses collègues du corps municipal, ses sentiments patriotiques. Le 14 juillet approchait, jour anniversaire de la Fédération et de la naissance de la Liberté.

Dans une séance du conseil général de Saint-Pé qui fut tenue le 8 juillet 1792, le maire, Henri Bureu, représenta « que, pour seconder les vues et le patriotisme de ses concitoyens, il fallait établir les signes essentiels tendant à la propagation de la liberté. » Ce qui voulait dire, en style esclave, comme on dira plus tard pour les dates vulgaires du calendrier grégorien, qu'il fallait planter un arbre de la liberté. Or, continuait Bureu, il n'y avait pas d'arbre plus propre pour cela que les peupliers d'Italie. Justement il s'en trouvait « d'excroissants dans l'enclos et jardin des cidevant Bénédictins, le long du ruisseau qui y dérive, « la Batmale. » Il faudrait, conclut le maire, prier MM. les administrateurs du directoire du département des Hautes – Pyrénées, de permettre à la municipalité de prendre un de ces peupliers». Tous furent d'un avis unanime et l'on chargea le procureur de la commune, Bordes, de faire

_____

(1) Arch. de Saint-Pé.

la démarche auprès du directoire départemental. L'Administration donna l'autorisation par un arrêté en date du 12 juillet. Aussitôt douze hommes furent dépêchés dans l'enclos bénédictin, qui « arrachèrent, transportèrent et plantèrent le peuplier d'Italie sur la place publique ». La dépense monta à huit livres seulement. Trois autres livres furent payées au tailleur Bernard Trey, pour avoir fait un bonnet qui fut mis au sommet de l'arbre, au dessus de cette inscription : *Sentinelle de la Liberté* ». Et le lendemain, samedi 14 juillet, le peuple dansa la Carmagnole et cria : Vive la Liberté! autour de l'arbre sacré. (1)

Amère dérision ! C'est chez les Bénédictins dont on avait confisqué les biens, fermé l'asile et violé la liberté qu'on était allé chercher l'emblème de la liberté !

Ce n'était pas seulement, à l'occasion du peuplier de la Liberté, que le Département s'était montré condescendant pour la municipalité de Saint-Pé : il l'avait été, même contre la loi, au sujet de l'abbatiale.

Le Décret du 9 juillet 1790 ordonnait le versement, dans la quinzaine de l'adjudication, du trente pour cent du prix de l'acquisition.

L'abbatiale de Saint Pé avait été achetée, le 19 octobre 1791 ; la quinzaine était expirée le 3 novembre suivant et aucun à-compte ne fut payé Le procureur général syndic mit-il, dans le mois, ainsi que la loi le lui prescrivait, la municipalité en demeure de payer? Probablement non. Contrairement à la loi qui ordonnait

---

(1) Annuaire de 1910, p. 26*. — Archives de Saint-Pé, Comptes 14 et 15 juillet 1792.

une adjudication nouvelle, après deux mois si l'adjudicataire n'avait pas satisfait à ses obligations, le procureur général n'avait rien fait.

Le 15 juin 1792, le maire Bureu se souvint enfin « qu'il s'était obligé devant le District à faire anticiper les paiements autant qu'il lui serait possible ». Or il se trouvait que le sieur Lassun, ancien collecteur de Saint-Pé, était, par la clôture de son compte du 19 avril 1790, reliquataire à l'égard de la communauté de la somme de 1273 livres, sols et deniers. Le conseil général de Saint-Pé, sur la demande du maire, ordonna que cette somme fût versée en paiement et à-compte de la maison abbatiale. (1)

Mais comme cette somme ne suffisait pas pour l'entier paiement, il fallait chercher de l'argent ailleurs. Au bout d'un nouveau mois, le 11 juillet, on ébaucha un plan pour s'en procurer. Il avait été décidé que le curé de Saint-Pé viendrait « occuper l'abbatiale, à l'exception de la grande grange et s'y loger au premier jour. Le maire proposa donc de vendre le presbytère, désormais inutile, et aussi la grande grange avec une partie de la basse-cour propre à faire un jardin pour l'acqué-reur ». Le produit de ces ventes, et sans doute aussi la somme due par Lassun, « seraient employés à l'acquittement de l'abbatiale. On éviterait ainsi le cours des intérêts. »

La proposition fut agréée et l'on délibéra de demander l'autorisation de vendre les immeu-bles indiqués par Bureu. Mais on allait se heurter à de sérieuses difficultés : d'abord il était fort peu probable que l'autorisation

(1) Reg. des délib. de Saint-Pé.

fût accordée de vendre une partie de l'achat avant qu'on eût versé le premier à-compte.

De plus, avant de mettre en vente le presbytère, il fallait loger le curé à l'abbatiale. Or ce n'était pas chose aisée : la maison de l'Abbé était occupée, depuis 1789 au moins, par demoiselle Rose Cazenave. Celle-ci, originaire de Saligos, était venue se fixer à Saint-Pé à la suite du mariage de sa sœur, Jeanne, avec M. Joseph de Larmand. Elle tenait à loyer l'abbaye, la petite cour et le jardin, pour la somme de 72 livres. Elle avait appelé auprès d'elle Marie-Thérèse-Thomasse Laporte, sa nièce, fille d'une autre sœur, Marthe, mariée à M. Pierre Laporte, de Bagnères.

La municipalité fit signifier aux habitantes de l'abbatiale qu'elles eussent à « vuider » la maison, dont on avait besoin pour le curé. Rose Cazenave, dont le loyer partait, à ce qu'il semble, des premiers jours d'avril. refusa de quitter son logement. Son conseil était sans doute un cidevant avocat du roi au Sénéchal de Tarbes, qui avait occupé, de 1790 à 1791, la place de juge au tribunal du district du Gave. Jacques-Thérèse Navères, de Vidouze. Il se fixa bientôt à Saint-Pé, s'il ne l'avait déjà fait.

A toutes les sommations d'avoir à « dégrepir de la maison », la vieille demoiselle (elle avait dépassé la soixantaine) opposait un refus obstiné.

Le 21 janvier 1793, un dernier délai de trois jours fut intimé par la municipalité. (1) Les citoyennes Cazenave et Laporte ne bougèrent pas plus qu'avant. Et, comme la commune n'avait encore rien payé pour l'achat de

____

(1) Reg. des délib. de Saint-Pé. — Arch. personnelles,

leur demeure, elle ne pouvait pousser les choses trop loin : elle n'était pas encore propriétaire.

On finit d'ailleurs par s'arranger : la municipalité renonça à l'abbatiale pour son curé ; elle consentit même, le 5 avril 1793, à renouveler le bail en faveur de Rose Cazenave pour le même prix et somme. (1)

Le besoin de vendre ne se faisait plus autant sentir ; on allait avoir en mains la somme nécessaire pour le paiement du premier à-compte. Un mois après, en effet, le 4 mai, Jean Mantis, devenu depuis quelque temps procureur de la commune de Saint-Pé, se rendait à Argelès pour y verser entre les mains du receveur du district, l'arriéré du prix d'achat de l'abbatiale. Le capital immédiatement exigible (30 pour 100, et le premier douzième) s'élevait à la somme de 1960 livres 8 sols et 3 deniers. Mantis remit au receveur 1960 livres en assignats, 8 sols et 3 deniers en monnaie de cours. (2)

Il s'en fallait que le prix fût entièrement soldé, et la maison de l'Abbé passera encore par d'autres vicissitudes. Du moins la ville de Saint-Pé avait-elle, le 4 mai 1793, commencé à mettre réellement la main sur elle.

Et le monastère attendait toujours d'être mis en vente. Le directoire du département rappelant, le 14 janvier 1793, aux directoires des districts « l'exécution des lois relatives à l'aliénation des domaines déclarés nationaux,

(1) Reg. des délib. de Saint-Pé, 3 messidor III.
(2) Arch. des H.-P. C. Journal de recette du District d'Argelès, — Les assignats, à cette date, perdaient 48 % de leur valeur nominale,

leur témoignait sa juste surprise pour la négligence ou les retards affectés, qu'ils paraissaient apporter, depuis quelque temps, dans la célérité qui leur était recommandée pour hâter ces sortes de ventes jusqu'à leur entier complément... Une plus grande *morosité*, insistait-il, serait tout à la fois coupable et nuisible aux intérêts de la République, dont les besoins devenaient tous les jours plus pressants Il concluait en ordonnant aux directoires de district, en retard pour l'estimation des domaines nationaux, d'y faire procéder sans délai et de hâter la vente des immeubles par tous les moyens que la Loi indiquait. »

Quelques jours après, le directoire du district d'Argelès vint ajouter aux raisons du Département. Il lui écrivit, le 9 février 1793, une lettre pour lui signaler « les dégradations qui se commettaient journellement dans les maisons nationales de Saint-Savin et de Saint-Pé. Il fallait se hâter de vendre ce immeubles qui dépérissaient et dont l'entretien serait onéreux pour la République. »

Le directoire départemental se hâta de répondre, le 14 février, une lettre quelque peu nerveuse, qui fut envoyée directement aux municipalités de Saint-Savin et de Saint-Pé. Il leur rappelait (les administrateurs ne faisaient pas autre chose depuis quelque temps) « que la Loi mettait sous leur surveillance et responsabilité personnelle les domaines nationaux, situés dans leurs arrondissements respectifs, et que, conséquemment, les dégradations qui avaient été causées dans les maisons des cidevant Bénédictins de Saint-Savin et de Saint-Pé seraient à leur charge, si elles avaient négligé aucun des moyens que la loi leur mettait en mains pour empêcher les dévastations.

« Il serait de suite, poursuivait-il, apposé des affiches pour annoncer la vente de ces maisons et les enchères seraient ouvertes sur le prix de l'estimation qui aurait été faite. »

Il faisait toutefois une réserve, et c'est que, « à défaut d'enchérisseurs à ces prix, il serait sursis à la vente, et procès-verbal transmis au Département pour être pris telle détermination qui serait avantageuse aux intérêts de la Nation.

Le monastère de Saint-Pé avait été estimé en 1790, à la somme de 24.000 livres. Il n'y eut sans doute pas, en 1793, d'enchérisseur sur ce prix, car le couvent de Saint-Pé, comme d'ailleurs celui de Saint-Savin, ne fut vendu qu'en l'an IV. Et cependant l'intérêt de la Nation eût exigé la vente immédiate, car les dévastations continuaient.

****

Au début du mois de mai 1793, une terreur panique (1) s'était répandue dans tout le pays, à la nouvelle que les Espagnols avaient franchi les Pyrénées et s'étaient emparés de la ville de Luz. Le conseil du département, s'improvisant chef d'armée, avait, le 4 mai, mobilisé toutes les gardes nationales à qui il prescrivit un ordre de marche par échelons. (2)

Celles de l'arrondissement d'Argelès devaient marcher les premières à l'ennemi. Le poste de celle de Saint-Pé était fixé à Lourdes ; elle y porta 700 hommes. Mais, dès le soir même, l'invasion fut démentie et le Département s'empressa de contremander la marche de son armée. (3)

(1) Reg. des délib. de Saint-Pé, 15 août 1793.
(2) Arch. des H.-P. L. 104 bis et 125 bis,
(3) *It.*

La garde nationale de Saint-Pé rentra dans ses foyers. Comme il arrive toujours après un effort violent, les soldats-citoyens, sortis d'une alerte aussi vive, tombèrent dans l'inertie et négligèrent les patrouilles. Pour comble, la gendarmerie avait été retirée de Saint-Pé, de sorte que la ville se trouvait abandonnée aux malfaiteurs. Ils en profitèrent.

Dans la nuit du 6 au 7 mai, peut-être aussi dans les précédentes, les voleurs s'introduisirent dans le monastère. Le 7 au matin, la municipalité fut prévenue que des vols avaient été commis. Le maire, Bureu, les municipaux, Rebitté et Prissou, accompagnés du secrétaire Pujo, du valet de ville, Lesquerré, de Jean Roques Poutrangles et d'Antoine Vergez, témoins requis et appelés, se rendirent dans la maison des cidevant Bénédictins. Et, tout à côté de la grande porte, à main droite en entrant, dans la conciergerie, ils trouvèrent qu'on avait enlevé les barres de fer de la fenêtre et les portes d'une armoire, enchâssée dans les murs de la chambre et quelques autres objets. Ils vérifièrent le reste de la maison et trouvèrent que bien des choses manquaient. En montant les escaliers, ils remarquèrent que les boules de bois qui étaient sur les piquets avaient disparu ; disparues aussi des croisées de fenêtres. Ils allèrent tout droit chez le juge de paix pour lui demander l'autorisation de faire des recherches. Le magistrat les autorisa ; ils parcoururent la ville et, comme toujours, ne trouvèrent rien.

Rentrés à la mairie, ils dressèrent procès-verbal du tout. (1) Et, le lendemain, 8 mai, se souvenant de la lettre départementale du 14 février, ils consignèrent sur le livre des

(1) Arch. de Saint-Pé.

délibérations que, la commune se trouvant privée de gendarmerie, il ne leur était pas possible de prévenir les vols. Ils réclamaient le rétablissement de la brigade.

***

Mais ce n'étaient pas seulement les voleurs de nuit que le monastère avait à redouter, les vandales légaux n'étaient pas moins à craindre.

La Convention, par sa loi du 17 juillet 1793 supprimant tous les droits féodaux, avait ordonné « à tous les détenteurs de titres constitutifs ou recognitifs de droits supprimés, de les déposer, dans les trois mois, au greffe des municipalités qui les brûleraient ». Le même décret spécifiait que « les titres des domaines nationaux déposés au secrétariat des districts étaient compris dans les dispositions de la loi et devaient être brûlés ». Le 1er août, la Convention, poussant plus avant sa pointe contre la féodalité, décrétait que, « dans huitaine à compter de la publication du Décret, toutes les maisons, édifices, parcs, jardins, enclos qui porteraient des armoiries seraient confisqués au profit de la Nation».

Ce dernier Décret parvint et fut enregistré, le 14 août, au directoire du département des Hautes-Pyrénées. L'extrait qui le signifiait portait, selon l'usage, la signature du président de la Convention et celles de deux secrétaires. L'un de ces derniers, Pierre-Arnaud Dartigoeyte, était un jeune député des Landes qui ne tarda pas à être envoyé en mission dans les départements du Sud-Ouest.

Le 13 septembre, en effet, Dartigoeyte expédiait de Mirande un arrêté pour presser l'exécution des lois du 17 juillet et du 1er août,

« afin d'abolir et d'éteindre à jamais les traces
et les signes de l'odieuse féodalité ».

« Les conseils généraux du Gers, des Hautes-
Pyrénées et des Landes nommeraient sur le
champ un commissaire par canton » pour
veiller à l'entière exécution de la loi.

« Ces commissaires étaient autorisés à faire
déposer aux greffes des municipalités et à
faire livrer aux flammes tous les titres constitutifs ou recognitifs des droits féodaux supprimés ; les jugements ou arrêts qui portaient
reconnaissance de ces droits, terriers, lièves,
etc.

» Ils étaient encore chargés de faire disparaître les croix de saint Louis ou de tout autre
ordre militaire, tous les signes généralement
quelconques de royauté, féodalité et noblesse,
portraits de rois et de reines, sceptres, fleurs
de lys, armoiries, cordons bleus ou autres,
etc., etc., etc., et, en outre, de constater les
maisons qui, à l'extérieur, présenteraient des
armoiries et qui, par le fait, étaient déclarées
nationales. »

Le Département et les Districts n'eurent
garde de ne pas obéir. Le premier transmit
l'arrêté du Représentant. Et par un autre du
15 septembre, qui en ordonnait l'exécution,
il délégua pour son commissaire dans le
canton de Saint-Pé, le citoyen Pierre Vergez
d'Areit. Le district du Gave, par un arrêté du
19 septembre, commit dans le même canton
le médecin Noël Lacadé de Saint-Pé, administrateur du district du Gave.

Le 21 septembre, les deux délégués arrivaient
à Saint-Pé. Dans une visite qu'ils firent à
travers la ville, l'enclos et sans doute les
salles intérieures du monastère ; ils remarquèrent les créneaux de l'entrée. C'étaient
sans conteste des signes de féodalité : les

murailles et les tours seigneuriales se terminaient par un semblable appareil. L'œil
vigilant des commissaires découvrit, semble-t-il, certains autres de ces signes « qui
rappelaient au peuple sa servitude et son
avilissement ». (1) Un écusson élevait peut-être
au-dessus d'une porte la devise bénédictine
« *Pax* » surmontée d'une fleur de lis séditieuse.
Peut-être les coupables étaient-ils aussi parmi
les chapiteaux du cloître du Nord.

Toujours est-il que nos commissaires se
présentèrent dans la maison commune où ils
trouvèrent seulement deux officiers municipaux, Houra et Prissou, et le procureur de la
commune, Mantis. Ils firent part de leur décou-
verte et demandèrent une action immédiate.

Les municipaux mandèrent en hâte le
citoyen Jean Labassère, maçon de la ville, et
lui ordonnèrent « de démolir les créneaux et
de faire disparaître tous signes de nobilité, de
féodalité et armoiries qui étaient à l'extérieur
de la maison des Bénédictins, appartenant
alors à la Nation.

Tout de suite encore ils firent publier par
Lesquerré, dans les lieux accoutumés, que les
matériaux des créneaux démolis allaient être
vendus au plus offrant et dernier enchérisseur.
Les acheteurs n'avaient qu'à se présenter
devant la municipalité pour y faire des offres.

Deux acheteurs seulement parlèrent : Ver-
gero qui offrait trois livres; Chaubet qui
surdit jusqu'à cinq. La municipalité et les
commissaires, trouvant la recette maigre,
firent faire de nouvelles publications, mais
personne ne se mit plus en avant et les matériaux furent adjugés à Chaubet. (2)

(1) Arrêté de Dartigoeyte. L. 148.
(2) Arch. de Saint Pé.

En même temps que s'accomplissait ce bel
exploit, le directoire du district d'Argelès préparait d'autres déprédations. Un arrêté du
Comité du Salut Public de la Convention nationale, en date du 26 août 1793, avait ordonné
que tous les fers provenant des édifices nationaux et autres fers inutiles au service des
citoyens fussent en état de réquisition. Le
Département s'était hâté, le 14 septembre, de
prescrire aux Districts de nommer des commissaires pour aller dans chaque commune
faire le recensement de ces matières. Huit
jours après, le 21 septembre, le District d'Argelès chargeait le citoyen Lacadé de recenser
le fer qui se trouverait dans la maison
nationale de Saint-Pé, ci-devant des Bénédictins. (1)

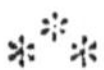

Abattre les dentelures d'une muraille, mar-
teler des écussons ou des fleurs de lys, sous prétexte de féodalité, c'était un vandalisme assez
enfantin. Malheureusement, pour se conformer à la loi du 17 juillet, les autorités
commirent un acte bien plus déplorable : le
brûlement, suivant leur jargon, des titres
rappelant la féodalité.

Les deux commissaires n'avaient pas
manqué, lors de leur expédition du 21 septembre, de promulguer la loi et d'en presser
l'exécution. Lacadé avait même pris jour avec
ses compatriotes du corps municipal : c'était
le 2 nivôse (22 novembre 1793), qu'on devait
livrer aux flammes les actes que les particu-

____

(1) Arch, des H.-P. L. 690. — Le citoyen Duffourc,
curé de Saint-Savin, fut chargé de la maison de Saint-
Savin (*ib.*).

liers et les notaires avaient apportés au greffe
de la municipalité. Mais le 2 nivôse, Lacadé
était absent : on décida d'attendre son retour
et une nouvelle réquisition de lui.

Le commissaire se présenta, le 7 nivôse au
matin (25 novembre) : l'on arrêta que l'opération aurait lieu, le soir même, à quatre
heures. A l'heure dite, Lacadé et le conseil
général de la commune se rendirent sur la
place publique et au pied de l'arbre de la
liberté, devant lequel était dressé un bûcher
qu'on alluma incontinent. Le peuple était
accouru au spectacle. En sa présence, Lacadé
fit jeter dans les flammes les papiers et les
parchemins apportés.

On réserva néanmoins trente registres de
minutes notariales, dont six avaient été
déposées par le citoyen Lacadé (le comm.ssaire
sans doute ou son frère), et vingt-quatre par
le citoyen Lassalle. C'est que, à la suite des
titres féodaux consignés dans les registres
et au dos même de ces titres, « se trouvaient écrits d'autres actes constatant les
propriétés des particuliers ». On décida de
consulter la Convention nationale pour savoir
d'elle ce qu'il fallait faire : arracher des
registres les actes féodaux et les livrer aux
flammes ou les biffer seulement. La réponse
fut qu'il fallait couper et brûler seulement
les feuilles des titres féodaux au dos desquelles
n'étaient pas écrits les actes des particuliers.

On avait encore consulté l'assemblée au
sujet de certains titres appartenant à la
commune de Saint-Pé et que l'on n'avait
pu déchiffrer, à cause de leur vétusté. On
voulait savoir quelle était la conduite à tenir.
N'était-il pas à craindre en effet que, parmi
ces vieux grimoires, se trouvassent des ins-

truments de féodalité ? Nous ignorons si ces actes furent aussi condamnés au brûlement. (1)

Dans les flammes du 7 nivôse, périrent évidemment des actes intéressant l'abbaye bénédictine : l'Abbé en effet et les moines exerçaient des droits seigneuriaux à Saint-Pé et ailleurs. (2) Mais les grandes pertes, ce fut l'auto-da-fé du district du Gave qui les causa. (3)

On se souvient que les archives du monastère avaient été transportées à Argelès, en 1791, par les soins de M. Normande.

Les quatorze liasses des deux premières layettes périrent tout entières. Elles contenaient, entre autres documents, l'acte de fondation du monastère, des paréages avec le roi et divers seigneurs, des dénombrements, des reconnaissances, des transactions, des concordats, etc..
La plupart des autres liasses eurent sans doute le même sort : la nature des pièces qu'elles contenaient les condamnait au brûlement. Un petit nombre de papiers échappèrent au désastre. (4)

**

En même temps que la folie de la destruction, sévissait celle de la profanation.

(1) Annuaire de 1905, p. 2* et suiv.
(2) Cf. Les Annuaires de 1888 et 1890.
(3) Nous n'en connaissons pas d'ailleurs la date.
(4) M. G. Balencie découvrit, en 1892, dans le grenier de la mairie d'Argelès, une quarantaine de pièces, papiers ou parchemins se rapportant à Saint-Pé et qui avaient fait évidemment partie des archives de l'abbaye. Elles ont été versées depuis aux Archives départementales, où elles constituent seules, si l'on excepte le parchemin H. 94, le fonds de l'abbaye de Saint-Pé. (Arch. des H.-P. Inventaire des séries G. et H., en particulier p. 229.) Si quelques autres pièces échappèrent, très rares, aux incendiaires de 1793, elles vinrent échouer aux Archives des Hautes-Pyrénées et périrent toutes dans l'incendie du 3 décembre 1808.

Le 14 frimaire de l'an II (4 décembre 1793), Mantis, le procureur de la commune de Saint-Pé, déposa sur le bureau du conseil général trois différents arrêtés. Le premier avait été pris, le 19e jour du 1er mois de l'an II, 10 octobre 1793, par l'ex-oratorien Fouché, représentant du peuple à Nevers.

Le Représentant défendait d'abord à tous les cultes de s'exercer en dehors des édifices qui leur étaient consacrés ; puis il ordonnait l'anéantissement de toutes les enseignes religieuses qui se trouvaient sur les routes, sur les places et généralement dans tous les lieux publics. Il commandait d'élever dans tous les cimetières, à la place de toutes les croix abattues, une statue représentant le sommeil. Sur la porte du champ de la mort, on mettrait cette inscription : « *La mort est un sommeil éternel.* »

Le deuxième arrêté, daté d'Auch, le 16 brumaire (6 novembre), était l'œuvre de Dartigoeyte et de Cavaignac. Il rendait celui de Fouché commun aux départements du Gers, des Landes, des Basses et Hautes-Pyrénées. Ordre était donné « de faire reclure jusqu'à la paix, comme gens suspects, les ministres du culte, ou les simples citoyens qui s'opposeraient à l'exécution des vues philosophiques de l'arrêté de Fouché ! »

Enfin le troisième arrêté avait pour auteur le Département des Hautes-Pyrénées, que présidait l'évêque constitutionnel, Molinier : il ordonnait l'exécution des deux précédents. (1)

Le conseil de Saint-Pé s'empressa de déférer aux ordres donnés et prescrivit à la municipalité « de faire retirer sans délai toutes en-

____

(1) Arh. des Hautes-Pyrénées, L. 148.

seignes religieuses qui se trouveraient dans les places publiques, chemins et autres lieux, frontispices et façades des maisons particulières et nationales. Elle devait encore faire élever la statue du sommeil et la placer au centre du cimetière. (1) »

Nous ne savons si jamais la statue du sommeil vint se poser sur la place occupée jadis par le chœur de la vieille basilique, en face des ruines qui restent encore debout aujourd'hui ; ni si l'audacieuse profession du néant fut gravée sur la porte qui donnait entrée dans le champ de la mort. Mais ne serait-ce pas à ces jours qu'il faudrait faire remonter la mutilation des bas-reliefs de la grande porte de l'église ? Car n'étaient-ce pas des enseignes religieuses « qui se trouvaient sur le frontispice d'une maison nationale ? (2) »

(1) ANNUAIRE de 1910, p. 28.

(2) « Deux bas-reliefs occupent l'aire du tympan. Ni l'un ni l'autre ne sont intacts. Le premier est à la partie supérieure. Il paraît avoir été fait pour cette porte. C'est le Christ entouré des symboles des Evangélistes. Il est assis dans une auréole à quatre lobes, dont les bords sont rubanés. Le lobe supérieur et une partie des lobes médianes sont encore visibles. La tête du Christ, dont on voit la place vide, portait le nimbe crucifière. A sa droite est l'homme et à sa gauche, l'aigle, l'un et l'autre nimbés. Le plâtre et le badigeon ont essayé, sans y réussir, de rétablir leurs membres mutilés. La partie inférieure de ce bas-relief a disparu. *(Les ruines de l'abbatiale de Sain'-Pé de-Générès*, par M. le chanoine Fourcade. ANNUAIRE de Saint-Pé, 1897, p. 484.) — C'étaient peut-être les moines qui avaient fait disparaître cette partie du bas-relief afin de placer au-dessous celui qui ornait le tympan de la grande porte de l'Est, retrouvé au milieu des décombres. » Il représente « le Christ bénissant, entouré des symboles des quatre Evangélistes. Malgré les ravages du marteau, il est facile de le reconnaître. Une auréole quadrilobée l'environne. Il est assis ; sa main droite se lève pour bénir

A cela se bornèrent sans doute alors les profanations et les dégradations ; mais bientôt, grâce à la Loi sur le gouvernement révolutionnaire qui avait conféré le pouvoir à la lie du peuple maîtresse des sociétés populaires, la haine des Représentants contre le catholicisme put se donner libre carrière.

Le 27 pluviôse an II (15 février 1794), la communauté de Saint-Pé descendit ses cloches et les porta à la fonderie de canons que l'on établissait à Tarbes. (1)

Le 18 ventôse (8 mars), Noël Lacadé, administrateur et commissaire du district, se rendit, en compagnie du maire, des officiers municipaux, de l'agent national provisoire. Mantis, et du sacristain Moulat, dans la sacristie des ci-devant Bénédictins. Nous avons vu plus haut qu'en 1791, les commissaires des inventaires avaient mis sous scellé un certain nombre d'ornements : chapes, chasubles, étoles, etc.. Lacadé leva le scellé, empaqueta les ornements et les expédia à Argelès. (2)

et de sa main gauche, il tient le livre des Evangiles. L'ange ou l'homme, l'aigle, le lion, le taureau sont ailés et traités selon la tradition iconographique. Deux anges à genoux tiennent l'auréole, tand s que deux autres anges viennent après eux et semblent leur prêter appui.» (*Ib.*. pp. 505 et 506). Faut-il rendre les protestants de 1569, plutôt que les révolutionnaires de 1793, responsables des mutilations subies par les bas-reliefs ? Ces derniers, nous le verrons plus loin dans le texte, ont mutilé et fait disparaître divers ornements de l'intérieur. La question est de savoir si les bas-reliefs étaient en bon état en 1793. Il paraît bien qu'il faut répondre par l'affirmative ou du moins qu'ils n'avaient pas subi des mutilations aussi profondes que celles que nous y voyons aujourd'hui. Les Bénédictins, qui faisaient une église neuve, n'auraient pas, me semble-t-il, placé de tels débris sur la grande porte de l'édifice.

(1) Reg. des délib. de Saint-Pé.
(2) ANNUAIRE de 1907, pp, 87* et 88*.

Deux jours auparavant, le 16 ventôse, l'administration du district avait pris un arrêté pour enjoindre à la municipalité de Saint-Pé « de lui faire remettre tous les vases d'or et d'argent superflus au libre exercice du culte, auquel, ajoutaient hypocritement les administrateurs, il n'entend porter aucune atteinte. » La municipalité de Saint-Pé « délibéra unanimement, le 16 germinal, 26 mars, d'envoyer un calice sur deux, une petite croix en argent et une petite boîte aussi en argent servant pour les saintes huiles. (1) »

Moins de quinze jours après qu'ils avaient déclaré qu'ils n'entendaient en rien porter aucune atteinte au culte, les administrateurs du district d'Argelès envoyèrent une adresse aux habitants des communes de leur arrondissement. Elle était datée du 2 germinal (22 mars). « Frères et amis, disaient-ils, vous vous êtes purifiés pour entrer dans le temple de la Raison ; encore un pas, vous allez enfin entrer dans son sanctuaire. Courage, nos chers amis, que l'amour de votre liberté originelle vous fasse perdre le goût de vos vieilles habitudes ; que le sacerdoce cesse de présider à votre instruction ; que vos églises ne soient plus consacrées qu'à l'enseignement républicain. »

Ils terminaient par ces paroles dont, en ces jours de suspicion et de terreur, les municipalités ne devaient que trop comprendre le sens. « L'Administration ne manquera pas de distinguer les municipalités qui auront écouté cette instruction. (1) »

Celle de Saint-Pé comprit et, le 16 germinal, 5 avril, six jours après les saturnales de l'enterrement du culte à Tarbes, elle décida que

(1) Annuaire de 1907, p. 88ᵡ.

l'église serait fermée le jour même. Le citoyen curé Labarrère cessa tout aussitôt ses fonctions curiales.

L'adresse du District demandait que les municipalités et les agents nationaux lui « fissent part, décade par décade, du progrès de l'esprit public dans leurs communes. » A Saint-Pé il fit des progrès énormes.

Le compte-rendu de la troisième décade de germinal ne put manquer d'être agréable aux directeurs d'Argelès. Le conseil général de Saint-Pé, dans sa séance publique et révolutionnaire du 27 germinal, 16 avril, à laquelle assistèrent, en l'absence remarquable du maire Bureu, et de l'agent national Mantis, neuf membres sur dix-huit, s'occupa à faire détruire les autels, tableaux et confessionnaux qui se trouvaient dans l'église paroissiale. » Seul l'autel de N.-D. du Mont-Carmel fut épargné, nous ne savons pourquoi.

Le lendemain, 28 germinal, tandis que les conseillers, au nombre cette fois de six, allaient s'occuper, sans la présence du maire et de Mantis, de continuer l'inventaire commencé la veille, des ornements restés dans la sacristie, ils aperçurent, « dans le centre de l'église certains boisages et fleurs de lys qui y existaient. Ils les firent démolir. (1) »

Est-ce à ces jours qu'il faut faire remonter encore le martelage de la jolie porte du clo-

____

(1) Reg. des délibérations de Saint-Pé. — « Deux sièges sont adossés, comme banc du juge de paix, au pilier qui fait face à la chaire. Les deux sièges supportent un couronnement de bois, sur lequel se détachent en relief la devise de la Congrégation de Saint-Maur, *Pax*, la couronne d'épines qui l'entoure, la fleur de lys — mutilée par les révolutionnaires — qui les surmonte en chef et les trois clous de la Passion en pointe. » Note de M. G. Balencie. Annuaire de 1907, p. 43*.

cher et la disparition des lions qui en ornaient le tympan ? (1)

Après la maison de l'Abbé, après le monastère, l'église abbatiale elle-même était désaffectée. Elle avait cessé d'être le temple de Dieu, pour devenir celui de la Raison.

Le conseil général de Saint-Pé délibéra, le 10 prairial, 29 mai, que les arrêtés du Département et du District y seraient lus, chaque décade.

Les anciens ornements et ustensiles du culte étaient désormais inutiles. On décida d'envoyer le tout à Argelès. L'inventaire en fut dressé le 9 prairial, 28 mai. Quand il fut terminé, on empila sur une voiture six chapes, deux dais, deux écharpes pour porter le Saint Sacrement, deux bannières appartenant aux cidevant confrères du Saint Sacrement, trois chasubles avec les dalmatiques assorties, seize autres chasubles, sept aubes et six nappes usées. Là dessus, on jeta la croix en laiton du grand autel, avec le tabernacle qui fut démonté, pesant en tout trois quintaux vingt-une livres ; puis les six gros chandeliers du même autel, aussi en laiton et du poids de six quintaux.

On joignit à ces dépouilles de l'autel des ci-devant religieux, les chandeliers, les croix des autres autels, et de menus objets. Et le

(1) Souvenir de Bigorre, t. VII, p. 161. — « Une charmante petite porte introduit au clocher... Son tympan est d'une pièce et en marbre. Un bas-relief ornait son aire ; il a été martelé avec une rage si patiente qu'il n'en reste pas de traces. C'étaient des lions. Nous ne le saurions pas, si la main qui s'est appliquée à les faire disparaître n'avait pas été aussi ignorante que barbare ; car elle aurait eu soin d'effacer le mot LEONES gravé horizontalement au bas de la sculpture. » *Les Ruines de l'abbatiale.* Annuaire de 1897, p. 507.

maire fut chargé d'accompagner au chef-lieu
ces lamentables dépouilles (1)

La désolation régnait dans la pauvre église ;
un autel cependant restait encore debout, celui
de N.-D. du Mont-Carmel Une idée baroque
passa par la tête des conseillers. Ils délibérèrent
« de le démolir, et des matériaux d'iceluy en
faire une table pour être placée à la maison
commune, dans la salle du Conseil ! » (2)
C'était le 28 messidor, 16 juillet.

Le jour n'était pas loin où, dans la nef
méridionale de la déplorable église. on instal-
lerait des forges pour y fabriquer des fers et
des clous de cheval. (3)

Et maintenant faut-il, après tout cela, parler
des déprédations qui continuaient à se com-
mettre dans les maisons nationales, « de cette
porte de l'antichambre de la salle des séances
du conseil général qui donnait dans le cloître,
enfoncée le 21 pluviôse, 9 février, et de ces
deux madriers appartenant à la municipalité,
qu'on y déroba ; (4) des barres de fer enlevées le 3 thermidor, 21 juillet, et le
1er vendémiaire an 3, 22 septembre 1794, des
fenêtres du temple de l'Être suprême et de

(1) ANNUAIRE de 1907, pp. 89* et 90*.
(2) *Ib.*, p. 90*.
(3) ANNUAIRE de 1910, p. 90*.
(4) Arch. de Saint-Pé. Le conseil général tenait donc
ses séances dans une des salles du monastère et c'était
celle des Archives, à en juger par le procès-verbal du
vol du 21 pluviôse an 2. Nous avons vu déjà que la
municipalité avait obtenu des religieux, à la fin de 1790,
l'autorisation de tenir les séances du conseil dans le
couvent. Le 19 brumaire an 3, 9 novembre 1794,
Lacrampe de Lias tint au même lieu une assemblée pour
l'épuration du conseil général de Saint-Pé. (Reg. des
délib., 20 brumaire an 2. — Arch. de Saint-Pé, même
date).

celles de la maison des ci-devant Bénédictins ; (1) du vol encore accompli le 19 vendémiaire an 3, 10 octobre, dans le *Baignoir* sis dans le jardin du ci-devant monastère et consistant en une quantité d'ardoises, qu'on avait arrachées et sorties de la toiture. » (2)

A quoi bon en effet? Que sont ces pillages insignifiants de naufrageurs nocturnes, auprès des vols légaux et des destructions aussi sauvages qu'irréparables, commises au grand jour par les autorités constituées ! ! !

(1) Reg. des délib.
(2) Arch. de Saint Pé. Procès-verbaux.

CHAPITRE VII

Sous la première défense républicaine

Qu'est-il advenu de nos bénédictins au sein de cette tempête où tout paraît sombrer, le culte, la religion, la raison, le bon sens ?

Nous avons vu que dom Palis avait fixé sa résidence à Saint-Pé. Il y vécut d'une vie tranquille, tâchant de ne donner aucune prise à la malveillance. La municipalité d'ailleurs et la population répugnaient aux mesures de persécution. Et sans doute les bienfaits passés, dont tout le monde se souvenait, protégèrent notre bénédictin et par surcroît les religieux et les prêtres qui se réfugièrent à Saint-Pé. Il est vrai que dom Palis et ses compagnons « étaient en règle avec la loi ! » Ils avaient acheté, du sacrifice de leur conscience, la tranquillité matérielle qu'on leur laissait.

Autour d'eux, la persécution se faisait de jour en jour plus violente pour les insermentés coupables d'avoir cru que, dans un temps de liberté, ils avaient le droit d'user de la liberté, qu'on disait leur reconnaître, d'être fidèles à leur foi et à leurs premiers serments.

Le Département des Hautes-Pyrénées, faisant écho aux fureurs de la Législative, avait porté, le 8 août 1792, un arrêté « qui mettait, dès l'instant et tant que dureraient les dangers de la patrie, les prêtres insermentés sous la surveillance particulière des magistrats ».

Les conseils généraux des communes devaient fournir, dans huitaine, à ceux des districts « un état des ecclésiastiques insermentés qui étaient sur leur territoire ; ils énonceraient dans cet état, le nom, l'âge et le lieu de leur naissance ; ils y déclareraient si leur présence était nuisible à la tranquillité publique ; s'ils avaient donné aucun motif de plainte depuis leur retraite ».

« Les citoyens étaient invités à dénoncer ceux qui semaient la discorde. (1)

Ce fut le 26 août seulement que le conseil général de Saint-Pé s'occupa de l'arrêté du Département. « La ville, dit-il, ne renferme pas de prêtres insermentés. Il n'y a d'autres prêtres qu'un curé et un vicaire constitutionnels, trois ci-devant religieux bénédictins et un ci-devant barnabite. Un de ces bénédictins est natif de Saint-Pé, ainsi que le barnabite ; les uns et les autres n'altèrent en rien la tranquillité publique. (2)

Le registre, plus loin, nous fournit les noms des trois bénédictins : dom Palis, dom Montbel et dom Dominique Estarac, ce dernier de Saint-Pé, et celui du barnabite, aussi originaire de Saint-Pé, Faustin-Jovite Lassalle. (3)

Les assurances de bonne conduite délivrées

----

(1) Arch. des H.-P., L. 103.

(2) Reg. des délib. de Saint-Pé.

(3) F.-J. Lassalle, frère des doctrinaires Pierre et Procope Lassalle, et du notaire Félix Lassalle. Son frère Pierre écrira de lui dans le *Livre de raison* de la famille (Arch. de l'Evêché de Tarbes, aujourd'hui arch. des H.-P.) : « qu'il était entré en 1760, au noviciat des I P. Barnabites établis à Lescar, et qu'il persévéra dans cette Congrégation régulière, où il avait enseigné les belles-lettres, jusqu'à la suppression générale des corps religieux » Etait-ce au collège même de Lescar que Faustin-Jovite Lassalle professait, quand il fut obligé de se retirer à Saint-Pé ? nous l'ignorons.

par la municipalité de Saint-Pé ne devaient pas longtemps suffire. Le 14 août précédent, l'Assemblée législative avait décrété que « tout Français, recevant traitement ou pension de l'Etat, en serait privé, s'il ne prêtait dans la huitaine, devant sa municipalité, le serment *d'être fidèle à la Nation et de maintenir la Liberté et l'Egalité, ou de mourir en les défendant* ».

Ce nouveau serment suscita de vives discussions parmi le clergé fidèle. « Presque tous les évêques qui étaient encore en France, leurs collègues réfugiés à Constance, l'archevêque de Paris et Mgr de la Luzerne, évêque de Langres, le célèbre abbé Emery, les deux tiers des docteurs de la Sorbonne, des sulpiciens, des oratoriens et la majorité du clergé de nombreux diocèses tinrent le serment du 14 août pour licite. Quelques autres évêques le condamnèrent et, dans beaucoup de diocèses, on refusa de le prêter. Plusieurs évêques s'abstinrent de traiter cette question ; l'abbé Maury fit des efforts infructueux pour faire condamner ce serment par la cour de Rome. (1)

Dom Palis et ses compagnons de Saint-Pé ne firent, semble-t-il, aucune difficulté de jurer. Le 22 septembre 1792, Jean Faure, juge de paix de la ville, et son greffier, Zéphirin Labatut, venaient de prêter le serment, lorsque se présentèrent le curé, Labarrère et son vicaire, Silvestre Capdevielle-Domec. L'instituteur, Blaise Lassime, passa à son tour et fut suivi de dom Palis, dom Montbel, dom Dominique Estarac, et de Faustin-Jovite Lassalle, qui tous jurèrent de maintenir la Liberté et l'Egalité.

____

(1) Ludovic Sciout. *La Constitution civile du clergé*, t. 3, p. 224.

Dom Forgues, nous l'avons fait entendre, était à cette époque, professeur de Littérature et de Grammaire française, au collège de Pau. Bien qu'il passât à Saint-Pé, avec son collègue, dom François-Augustin Estarac, le temps de ses vacances, il ne paraît pas s'y être trouvé dans les mois d'août et de septembre 1792. Sa présence du moins n'y est pas signalée. Et ce fut à Pau, où il était fonctionnaire de l'instruction publique, qu'il prêta le serment de la Liberté et de l'Egalité. (1)

Le 21 septembre 1792, l'Assemblée Législative cédait la place à la Convention. Les lois de défense républicaine, comme on dirait aujourd'hui, sont l'occupation presque quotidienne de la nouvelle assemblée. Les corps départementaux y font écho, les décrets et les arrêtés contre les prêtres, contre les suspects se multiplient. Le Conseil général de Saint-Pé paraît d'ailleurs ne pas s'en émouvoir outre mesure. Il n'y a pas de suspects dans la commune, répond-il invariablement.

Ces sortes de réponses ne furent pas isolées, car, le 23 août 1793, le Département, présidé par l'évêque Molinier, se plaignait de ce que « les mesures prises jusqu'alors avaient été insuffisantes pour obtenir, des conseils généraux des communes, des listes exactes des personnes notoirement suspectes d'aristocratie et d'incivisme. (2) »

(1) Le 15 thermidor, on écrira sur le registre des délibérations de Saint-Pé qu'il avait prêté tous les serments exigés par les lois. (Reg. des délib. St-Pé, à la date).

(2) Reg. des délib. de Saint-Pé, 28 juillet, 6 septembre, 11 octobre 1793. — Arrêtés du Département 7 et 18 mai, 21 juin 1793. — Arch. des H.-P., L. 104 bis et 125 bis.

Dans un arrêté pris ce même jour, il prescrivit de nouvelles mesures et spécifia ce qu'il fallait entendre par personnes suspectes. Il y mettait notamment « les prêtres autres que les évêques, curés et vicaires, et autres que ceux qui étaient employés dans les troupes de la République. (1) »

A ce coup, le conseil général de Saint-Pé aurait des noms à inscrire sur la fatale liste. Il s'occupa de l'arrêté départemental, dans sa séance du 6 septembre 1793 ; mais de nouveau il déclara qu'il n'y avait pas de suspects à Saint-Pé. On y comptait cependant plusieurs prêtres, originaires de la commune ou y habitant, mais on fournissait sur eux les meilleurs renseignements. Voici les certificats de nos bénédictins.

Dom François-Antoine Palis, ci-devant bénédictin, résidait à Saint-Pé depuis plus de trente ans. La municipalité et le comité de surveillance garantissaient son civisme, son patriotisme, son attachement à la République dont il avait donné des preuves non équivoques, dans toutes les circonstances : il avait enfin prêté les serments prescrits par la loi.

De Pierre-Blaise Forgues, alors professeur au collège national de Pau, on disait qu'il n'était à Saint-Pé qu'en passant. Il avait prêté les serments et se rendait utile à la paroisse pendant son séjour à Saint-Pé ; il avait enfin donné des preuves de son civisme et de son attachement à la République, une et indivisible.

Dom Montbel et dom Dominique Estarac, qui nous intéressent moins directement, recevaient de semblables éloges. Tous deux avaient

____

(1) Arch. des H.-P., L. 104 bis.

prêté les serments ; tous deux se rendaient utiles à la paroisse, Montbel disant la première messe, Estarac la deuxième pour la commodité des habitants. Tous deux étaient patriotes et républicains ; toutefois le certificat délivré à Estarac était plus explicite : « son patriotisme vrai et sincère, disait-on, et son attachement à la République, une et indivisible, étaient reconnus par tous les citoyens et garantis par le conseil général. »

Le jeune frère de Dominique Estarac, Augustin-François, bénédictin comme son aîné, avait un républicanisme meilleur teint encore. Quoique absent de Saint-Pé où il ne venait que pendant le temps des vacations, et bien qu'il n'eût pas besoin du suffrage de Saint-Pé, on le lui donna cependant. « Il était républicain ardent, par principe et par caractère, avant que la Convention nationale eût déclaré que la France adoptait le gouvernement républicain. Président et vice-président de la société populaire de Pau pendant plusieurs mois, il appartenait au conseil général de cette commune, et avait été choisi comme électeur de Pau par les dernières assemblées primaires. »

Ces éloges, pour si complets qu'ils fussent, ne purent enlever aux deux professeurs du collège de Pau la tare qu'ils portaient aux yeux des jacobins : ils étaient prêtres, donc suspects.

La loi du 7 brumaire an II, 28 octobre 1793, établit, en son article 12, « qu'aucun ci-devant noble, aucun ecclésiastique et ministre d'un culte quelconque ne pouvait être élu instituteur national. » Comme le Décret réglementait les premières écoles, appelées aujourd'hui écoles primaires, dom Forgues et dom Estarac purent se demander s'ils étaient atteints par la disposition de l'article 12. Ils écrivirent à Paris pour demander des explications. Dans les premiers jours de frimaire, ils en reçurent une lettre qui « leur mandait que les ministres de tous les cultes étaient exclus « non seulement des premières écoles, mais « de l'instruction publique. »

Leurs chaires du collège de Pau leur étant ainsi enlevées, ils se présentèrent le 20 frimaire (10 décembre) devant la municipalité de Saint-Pé et lui déclarèrent « qu'ils établissaient leur domicile dans la commune pour y exercer leurs droits de citoyens et y être inscrits sur le registre de la garde nationale ! » (1)

Le 1ᵉʳ frimaire précédent, 21 novembre, le Conseil du département des Hautes-Pyrénées réorganisait le collège de Tarbes d'où la Révolution chassait les Doctrinaires qui l'avaient dirigé pendant plus de cent vingt ans. L'assemblée avait pour président un doctrinaire, ci-devant recteur du collège, l'évêque constitutionnel Molinier ; presque tous les administrateurs étaient sans doute d'anciens élèves de l'école. Pour saluer le départ des derniers Pères de la Doctrine chrétienne et remercier la Congrégation de ses longs services, ils « se déclarèrent douloureusement affectés de voir l'abandon où l'éducation de la jeunesse se trouvait depuis si longtemps, » et en attribuèrent la cause « au peu de confiance que les élèves avaient en des maîtres dont la plupart, infectés des principes les plus inciviques, se trouvaient alors sous la main vengeresse des lois. (2) »

---

(1) Reg. des délib. de Saint-Pé.
(2) Arch. des H.-P., L. 105 bis. Quatre professeurs, Pambrun, Sarabeyrouse, Sériès et Larroche, avaient été inscrits sur la liste des suspects, publiée le 2 octobre 1793.

Nous voulons croire que le département des Basses-Pyrénées épargna cette muflerie, comme on dirait aujourd'hui, aux professeurs congédiés de son collège.

Ce renvoi néanmoins était une mauvaise note politique ; aussi dom Forgues et dom Augustin Estarac déposèrent-ils, le même jour, une demande de certificats de civisme. Ils n'étaient pas les seuls à réclamer le nouveau billet de confession. Le curé Labarrère, les bénédictins Palis, Montbel et Dominique Estarac, les barnabites Simon Cassus et Dominique Bastian, retirés à Saint-Pé, présentèrent la même pétition. (1)

Mantis, le procureur de la commune, dont la légende, fabriquée ou grossie par des ennemis politiques, a fait une sorte de croque-mitaine local, transmit les demandes au conseil général et déclara qu'il ne s'opposait pas à la délivrance des certificats. Dom Forgues, dom Palis et les autres obtinrent donc satisfaction. Le 30 frimaire suivant, 20 novembre, le conseil déclara unanimement que leur conduite était exempte de tout reproche et qu'il était convaincu de leur civisme et de leur patriotisme. (2)

Ainsi couverts par la protection du conseil général et par celle de Mantis qui, en nivôse, transforma son titre de procureur de la commune en celui d'agent national, nos bénédictins continuèrent à vivre en toute tranquillité au milieu de la petite ville. Ils virent

par Dartigoeyte. Ils étaient coupables de fédéralisme. — Le supérieur Pierre Lassalle avait été désarmé comme suspect, en mai 1793 ; mais Dartigoeyte l'avait épargné.

(1) Reg. des délib. de Saint-Pé.

(2) Reg. des délib. de Saint-Pé et archives de Saint-Pé. Registre des certificats de civisme.

autour d'eux, sous les coups des Représentants et des administrations, s'effondrer le culte constitutionnel dont la ruine parut complète, le 14 germinal, 5 avril 1794, alors que la municipalité de Saint-Pé désaffecta l'église et que le curé, Labarrère, déclara cesser toutes fonctions curiales. (1)

Il ne paraît pas toutefois que la municipalité de Saint-Pé ait exigé, des religieux ou des prêtres réfugiés chez elle, les actes d'apostasie que certaines autres imposèrent aux cidevant ministres du culte. Du moins ne trouve-t-on aucune trace de déclarations semblables à celle que, le 9 floréal, 28 avril, dom Sanche Debrets, ce bénédictin presque nonagénaire déjà rencontré à Saint-Sever, fit, spontanément ou contraint, devant la municipalité de Lourdes à laquelle il déclara « qu'il serait très aise de remettre ses lettres de prêtrise, sur le bureau, mais qu'il ne les avait pas. » (2)

Nos bénédictins demeurèrent en excellentes relations avec les habitants, se mêlant parfois aux actes solennels de leur vie. C'est ainsi, par exemple, que le 23 floréal de l'an II, 12 mai 1794, dom Blaise Forgues signe comme témoin d'un mariage sur les registres de l'Etat civil. Nous avons déjà parlé du citoyen Jacques-Thérèse Navères, de Vidouze, qui avait été l'avocat du cidevant tyran près le Sénéchal de Tarbes et juge au tribunal du district du Gave. Navères avait demandé la main de demoiselle Thérèse-Thomasse Laporte, qui demeurait, nous l'avons vu, avec sa tante, Rose Cazenave, dans la cidevant

----

(1) Reg. des délib. de Saint-Pé.
(2) Reg. des délib. de Lourdes. — Eug. Duviau. *Les épisodes historiques de la Révolution française à Lourdes*, p. 165.

abbatiale de Saint-Pé. La demande fut agréée et la cérémonie civile du mariage eut lieu le 23 floréal. (1) Dom Forgues fut invité en qualité sans doute d'ami. Peut-être habitait-il déjà l'abbatiale où nous le retrouverons en l'an IV.

Les époux voulurent-ils aussi, en appelant le cidevant bénédictin, se donner l'illusion d'un mariage religieux, en ces jours où toute cérémonie du culte, même constitutionnel, était interdite, sous peine de suspicion ?

Que si le cidevant avocat du roi réclama, à son mariage, la présence de dom Forgues, ce n'était pas qu'on manquât alors de prêtres à Saint-Pé. La persécution des Représentants et la fermeture des églises chassant les curés de leurs paroisses, les faisait refluer vers leurs lieux d'origine.

Dès le 30 septembre 1793, Pierre **Labatut**, curé de Beaumarchès, était rentré dans sa famille ; Jean Estarac quittait sa cure de Leren dans les Basses-Pyrénées, le 26 ventôse, 16 mars ; Guillaume Bureu se retirait de Cotdoussan et Ourdis, le 12 germinal, 1ᵉʳ avril ; son neveu, Pierre Bureu, abandonnait son vicariat de Campan, le 17 germinal, 6 avril, en même temps que Jean-Pierre Ragelle, sa cure de Beaucens ; d'autres, comme Bernard Nicolau, curé de Saint-Justin, au district de Mont-de-Marsan ; Guillaume Roques, curé de Saint-Mau, au district de Mirande, dans le Gers, arrivèrent à la fin de prairial, si bien que, au milieu de thermidor, de l'an 2, vingt prêtres se trouvèrent réunis à Saint-Pé : parmi les-

----

(1) Demoiselle Laporte fit entrer son **époux** dans la parenté des Tauzia de Mondegourat, des **Larmand** de Saint-Pé, des d'Uzer de Bagnères, des **d'Espourrin** de **Miramont**, des **Vidart** de Tartas.

quels on comptait cinq bénédictins : les deux Estarac, Palis, Forgues et Monthel, trois barnabites : Jovite Lassalle, Bastian et Cassus ; un doctrinaire, Pierre Lassalle et un bernardin, Maurice Ragelle. (1)

Nous trouvons tous les noms réunis dans une délibération de la municipalité de Saint-Pé en date du 16 thermidor.

La Commission des secours publics de la Convention nationale avait envoyé, le 24 messidor, 12 juillet, aux directoires départementaux, une demande de renseignements. « Elle désirait connaître les prêtres qui réclamaient un traitement pour l'exercice de leurs fonctions ; ceux qui demandaient l'indemnité accordée aux abdicataires et enfin ceux qui jouissaient de pensions sur la République. Elle demandait en conséquence qu'on lui fît parvenir dans le plus bref délai un état nominatif de ces individus en distinguant bien précisément les pensionnaires, les abdicataires et surtout ceux qui étaient encore en fonctions. Ces états devaient être accompagnés de notes sur la moralité et la conduite de chacun. »

La Commission transmettait en même temps un modèle de déclaration que nous n'avons pas. Mais il nous est possible de nous en faire une idée en nous rappelant les lois portées sur la matière et en examinant les détails des réponses faites. La loi du 20 février 1790, en accordant une pension aux religieux, les déclarait inhabiles à succéder, sauf dans le cas où ils n'étaient en concurrence qu'avec le fisc. La loi du 20 vendémiaire (11 octobre 1793), « les admit à partager toutes les successions à échoir, à partir de ce jour, mais à la

____

(1) Reg. des délib. de Saint-Pé, aux dates.

charge que leur traitement diminuerait en proportion du revenu qu'ils prendraient dans ces successions. » Les décrets des 6 brumaire, 27 octobre 1793, et 17 nivôse an 2, 6 janvier 1794, confirmèrent la loi du 20 vendémiaire. Enfin celui du 5 nivôse, 25 décembre 1793, avait annulé les pensions accordées, pour suppression de bénéfices, à des titulaires âgés de moins de 24 ans.

Il importait donc à la Commission des secours de connaître l'âge des prêtres et leur situation de fortune. Aussi ces deux points firent-ils l'objet du questionnaire en même temps que ceux relatifs à la conduite civique.

Le 4 thermidor, le Département des Hautes-Pyrénées s'empressait de transmettre la lettre de la Commission aux divers Districts pour qu'ils s'occupassent de dresser *les listes réclamées*. Cinq jours après, le 9 thermidor, le District d'Argelès l'envoyait aux municipalités de son ressort. Celle de Saint-Pé les communiqua, le 14 thermidor, aux vingt prêtres qui se trouvaient dans la commune. Elle les convoquait pour le 16, 3 août.

Les cidevant *curés de Cotdoussan et de Saint-Justin*, Bureu et Nicolau, passèrent des premiers.

Dom Antoine Palis vint immédiatement après. « Il déclara qu'il avait 64 ans, qu'il n'avait recueilli aucune succession et qu'il n'avait pour vivre d'autres ressources que la *pension que la Nation lui accordait* ». La moralité et la conduite du déclarant étaient bonnes, au point de vue du moins révolutionnaire, car « il avait prêté tous les serments exigés par la loi et obtenu du conseil général de Saint-Pé, le 30 frimaire précédent, un certificat de civisme, visé par le Conseil du *district et le Comité de surveillance d'Argelès*.

Les barnabites Bastian et Cassus lui succédèrent; puis ce fut le tour de dom Montbel dont la déclaration fut la même que celle de dom Palis. Il faut signaler seulement qu'il disait s'être retiré à Saint-Pé « pour être à portée des eaux, à cause de ses infirmités habituelles ».

Faustin-Jovite Lassalle, un autre Barnabite, qui vint après, fut remplacé par les trois frères Estarac Jean, le curé de Leren, et les bénédictins Dominique et François-Augustin. Ce dernier, âgé de 35 ans, professeur de physique et de mathématiques au collège national de Pau, s'était retiré dans le sein de sa famille depuis treize mois; il avait prêté tous les serments et se trouvait porteur de deux certificats de civisme délivrés, l'un, le 8 frimaire, par le conseil général de Pau, l'autre, le 20 du même mois, par le conseil de Saint-Pé : l'un et l'autre étaient visés par le District et le Comité de surveillance respectifs. Augustin Estarac déclarait « une petite succession ouverte en sa faveur, mais qui était encore en litige ».

Dom Forgues était venu sans doute en compagnie de son cidevant collègue de Pau; il se présenta après lui. « Il déclara qu'il était âgé de 45 ans et qu'il habitait à Saint-Pé depuis environ douze ans, sauf une absence de dix-huit mois qu'il avait passés au collège de Pau, en qualité de professeur de Littérature et de Langue française. Il avait les mêmes certificats de civisme qu'Augustin Estarac ; et, comme lui, il avait prêté les serments exigés par la loi. » Comme dom Palis, dom Montbel et les autres, dom Forgues n'avait d'autres ressources que le traitement que la République lui accordait. Enfin « privé de père et de mère depuis plus de vingt-cinq ans, il n'avait eu aucune succession ni espoir d'en avoir. »

Pierre Lassalle, cidevant supérieur et professeur au collège de Tarbes, qui se présenta après dom Forgues, déclara » qu'il était âgé de 55 ans accomplis ; qu'entré de bonne heure dans la congrégation de la Doctrine chrétienne, il s'était toujours consacré à l'instruction publique et que, fidèle à son serment comme à son devoir (1), il n'avait abandonné son poste qu'au moment où ses services avaient cessé d'être utiles, par l'organisation des nouvelles écoles ; que sa pension avait été fixée à 960 livres ; que, depuis six mois, sa résidence était tantôt à Tarbes, tantôt à Saint-Pé, auprès de sa famille ; enfin qu'il possédait un petit domaine dont il avait, depuis trente-deux ans, abandonné les fruits à des frères et des sœurs infirmes et pauvres ».

Après Lassalle vinrent Jean-Pierre Ragelle, Maurice Ragelle, ex bernardin, résidant depuis un an à Lalongue, district de Pau, Guilhaume Roques, Pierre Buren, Pierre Labatut et Jacques Préchac, curé de Semboués (Gers).

Le procès-verbal du 16 thermidor signale l'absence de Labarrère, le curé de Saint-Pé, et de Jean Baron, vicaire régent d'Oléac-Dessus. Mais ils se présentèrent dès le lendemain.

Cette sorte de recensement provenait d'un bon naturel : les conventionnels éprouvaient quelque remords de ce que, en dépit des engagements pris, les cidevant ministres du culte et les religieux pensionnés n'étaient pas régulièrement payés de leur traitement. Et, le 18 thermidor, dès avant même que les réponses ne fussent revenues à la Commission de secours, la Convention décréta que l'arriéré serait payé.

(1) Il avait prêté tous les serments demandés,

Une autre bonne nouvelle commençait à circuler : c'était celle du 9 thermidor. Le 18 thermidor, on s'en entretenait dans la société populaire de Tarbes convoquée extraordinairement. On y lisait une lettre de Féraud, une autre d'Arnaud, secrétaire de Monestier, le rapport de Barère dans la séance du 9 au 10 thermidor et la proclamation de la Convention au Peuple Français. (1)

Le régime de défense républicaine avait subi une mortelle atteinte. Néanmoins, ce 18 thermidor, il fit encore deux victimes à Saint-Pé. Par l'ordre du Comité de surveillance d'Argelès, les barnabites Bastian et Cassus furent arrêtés par le brigadier Marouflet et le gendarme Bordenave de la résidence de Lourdes, qui les écrouèrent. le 19 thermidor, dans la maison d'arrêt de Tarbes. C'étaient les deux premiers prêtres maltraités à Saint-Pé et ils le furent par des étrangers. (2)

(1) Arch. de la mairie de Tarbes. Registre de la Société populaire, 18 thermidor.

(2) Reg. des délib. de Saint-Pé. — Arch. des H.-P. Registre d'écrou. Ils sortirent le 29 brumaire suivant (16 novembre 1794), par l'ordre de Monestier de la Lozère (Reg. d'écrou, *loc. cit.*)

CHAPITRE VIII

Les forges dans l'église abbatiale

Le 3 vendémiaire de l'an 3, 24 septembre 1794, le citoyen Beaupré, surveillant temporaire des troupes à cheval de l'armée des Pyrénées-Occidentales, se rendait à Saint-Pé pour y chercher le local le mieux approprié à l'installation d'un atelier militaire à quatre forges, où seraient fabriquées des fers et des clous de cheval. Sans aucun souci, ou peut-être avec le souci de la profanation qu'il allait exercer, Beaupré trouva que l'aile droite de l'église, qui donne sur la rue, était propre à cette destination. Il en fit la demande au conseil général de la commune. Trois jours après, celui-ci, « toujours attentif à ce qui pouvait être avantageux à la République, consentit à l'établissement des quatre forges et chargea le maire, Henri Bureu, de l'exécution du projet ».

La profanation, pour avoir été agréée du conseil général de Saint-Pé, ne fut pas du goût de la population, et la clouterie nationale, après avoir péniblement vivoté quelques mois, s'éteignit misérablement.

Ce n'est pas qu'on lui eût marchandé les secours. Tout avait été mis à la disposition de Bureu et de ses seize ouvriers. Beaupré avait prescrit de leur donner « toute satisfaction, protection et facilité » : ils avaient droit au logement militaire, à trente livres de pain par jour, au charbon pour la fourniture duquel tous les charbonniers de Saint-Pé étaient réquisitionnés, jusqu'à la cloche de l'église qui cependant « ne devait servir que pour annoncer les saintes journées décadaires ».

Et de fait tout parut d'abord marcher assez bien. Le 25 vendémiaire, 16 octobre, trois forges étaient construites et l'on faisait les billots pour les ateliers. Puis le mois de brumaire passé, et le 1er frimaire, 21 novembre, Bureu réclame qu'on lui fournisse six ouvriers cloutiers, un souffleur et un soufflet.

Mais, dès le 7 frimaire, 27 novembre, on commence à se plaindre du manque de charbon. Et l'on a beau réquisitionner et menacer les charbonniers, envoyer contre eux, sur les avenues des bois, des officiers municipaux ceints de leurs écharpes, ils refusent d'obéir et aggravent leur refus par un manque de respect envers l'insigne municipal qu'ils traitent irrévérencieusement de « *perrecq* ». Ce qui est encore plus grave, c'est que l'agent national Mantis ne veut pas exécuter les réquisitions du conseil général et prend la défense des charbonniers réfractaires contre le directeur de l'atelier, qu'il accuse de servir beaucoup trop ses propres intérêts. Son hostilité contre Bureu le porte à protester, le 18 frimaire, 8 décembre, contre l'usage de la cloche employée à appeler les ouvriers de l'atelier national : « les gens mal intentionnés, dit-il, s'avisent de faire servir les cloches à d'autres usages, par où ils font renaître le « phanatisme » qui a été terrassé ».

Sur l'ordre de Beaupré, il avait été décidé pour mettre sans doute les ouvriers à l'abri de l'indiscrétion des curieux et protéger leurs outils et les fruits de leur travail, de

« fermer le temple de l'Etre suprême d'avec les ateliers militaires. » Et, le 24 frimaire, 14 décembre, « trois scieurs de long avaient été requis d'aller scier au bois du Bédat les madriers nécessaires. » La réquisition resta sans effet ; une nouvelle, adressée aux scieurs, le 23 nivôse, 12 janvier, fut plus efficace, car les cloisons finirent par être établies ».

L'atelier sortait à peine alors d'un chômage de quinze jours, provoqué par le manque de charbon ; il est vrai que, s'il faut en croire Mantis, Bureu n'était pas fâché de cette interruption de travaux qui lui permettait de mieux vendre les clous fabriqués chez lui. Un mois après, le 26 pluviôse, 14 février, le directeur de l'atelier annonçait que « l'atelier vaquerait, dès le soir même, faute de charbon. » Et si ce ne fut pas ce soir là, cela ne tarda guère.

La pauvre église abbatiale ne fut plus envahie par la noire fumée des forges ; elle n'entendit plus le bruit déshonorant des marteaux et des disputes qui éclatèrent plus d'une fois entre le directeur de l'atelier et ses ouvriers qu'il querellait mal à propos. (1)

Les cloisons allaient aussi disparaître. La loi du 3 ventôse an 3, 21 février 1795, en déclarant que l'exercice d'aucun culte ne pouvait être troublé et que les cérémonies du culte étaient interdites hors de l'enceinte choisie pour leur exercice, autorisait la reprise du culte, au moins dans les locaux

____

(1) Reg. des délib. et arch. de Saint-Pé. — ANNUAIRE de 1907, p. 90* et suiv.

privés. Celle du 11 prairial marqua un pas de plus dans la voie de la liberté. Par son article 1ᵉʳ elle accorda aux citoyens des communes de la République le libre usage des édifices non aliénés, destinés originairement aux exercices du culte, et dont elles étaient en possession au premier jour de l'an 2. Ils pourraient s'en servir tant pour les assemblées ordonnées par la loi que pour l'exercice de leurs cultes. L'article 5 statuait que nul ne pourrait remplir le ministère d'aucun culte dans ces édifices à moins qu'il ne se fût fait décerner acte, devant la municipalité du lieu où il voudrait exercer, de sa soumission aux lois de la République.

Le 24 prairial, 12 juin, la loi était arrivée à Saint-Pé. Le clergé résidant dans la ville, à commencer par le procureur de la commune, qui était alors le cidevant bénédictin Augustin-François Estarac, s'empressa de faire la déclaration. Et le culte reprit dans l'église abbatiale, préparée à la hâte, dès le dimanche 14 juin, 26 prairial. (1) Ce jour-là aussi la cathédrale de Tarbes s'était rouverte au culte, après quatorze mois et demi d'interruption, et « l'affluence de monde fut telle qu'un grand nombre de citoyens se tenaient à genoux sur la place attenante. » (2)

Sans doute l'église de Saint-Pé, malgré les forges qui occupaient la nef méridionale, était suffisante pour contenir la foule. Néanmoins le peuple fut choqué de la

____

(1) Reg. des délib. de Saint-Pé. — Il est infiniment probable sinon certain que les habitants de Saint-Pé voulurent avoir, dès le 14 juin, leur messe du dimanche que leurs prêtres s'étaient préparés à dire.

(2) Reg. des délib. de Tarbes.

présence des constructions qui déshonoraient le saint lieu. On ne manqua pas d'exprimer le désir de les voir disparaître.

Le dimanche suivant, 3 messidor (21 juin), les planches étaient encore debout. Pendant la semaine qui suivit, les esprits s'échauffèrent encore, d'autant que la fête patronale du lieu, Saint-Pierre, arrivait dans huit jours, le 29 juin qui était le 11 messidor. Et sans doute on tenait à la célébrer. Les hommes, dont trois années de servitude et de terreur avaient brisé le courage, n'osaient point se montrer. Et comme les femmes leur reprochaient leur pusillanimité, ils leur répliquaient qu'elles n'avaient qu'à se charger de l'entreprise, qu'elles ne risquaient rien ou, suivant ce qu'elles racontèrent elles-mêmes, « qu'elles n'étaient répréhensibles en rien ».

Aussi le samedi 9 messidor, 27 juin, un soulèvement de femmes eut lieu, qui se dirigèrent vers l'église, armées en grand nombre de haches ou de hoyaux. A cette vue, le procureur de la commune, Estarac, qui se trouvait sans doute sous les arcades de sa maison, « devine l'intention de la troupe et il se hâte rapidement vers la porte de l'église. Pendant que le cidevant bénédictin arrête les femmes, il envoie chercher les clefs de l'église, en ferme les portes et, ne pouvant quitter les lieux, tant que l'attroupement ne sera pas complètement dispersé, il fait prévenir la municipalité de ce qui se passe. »

En attendant que celle-ci prenne des mesures qui ont l'air d'être un peu lentes, Estarac continue de parlementer. Enfin, quand les choses lui parurent un peu plus calmes, quoique tout danger ne fût pas encore écarté, le procureur courut à la maison commune, où il trouva le maire, Navères, et les officiers municipaux, Lacadé, Labatut et Lateu. Il les requit de se rendre eux-mêmes sur les lieux et de donner, au commandant de la garde nationale, les ordres que les circonstances exigeaient. Ces ordres venaient d'être donnés, mais on les réitéra de plus fort et la municipalité se rendit sur le lieu du rassemblement pour tâcher de le dissiper par la voie de la douceur et de la persuasion.

Les femmes toujours excitées déclarèrent au maire qu'elles voulaient entrer dans l'église pour y mettre à bas la fermeture qui servait à tenir clos l'atelier. La municipalité, pour les calmer, promit de demander au représentant en mission près l'armée des Pyrénées-Occidentales qu'il voulût l'autoriser à démolir l'atelier, qui d'ailleurs vaquait depuis environ quatre mois. Sur cette promesse, les femmes se retirèrent chez elles. La municipalité se hâta d'écrire au citoyen Meillan, commissaire de la Convention, et de lui représenter que l'atelier pourrait être placé ailleurs et d'une manière moins incommode pour les habitants. En outre, pour tranquilliser les esprits, il fut décidé qu'on ferait publier et afficher la lettre aux endroits ordinaires.

Le citoyen Meillan ne fit pas difficulté d'accorder l'autorisation demandée. Il écrivit dans ce sens au directoire du district d'Argelès qui, le 26 messidor, 14 juillet, prit un arrêté conforme et délégua Jean-François Ravielle, de Peyrouse, juge à Lourdes, pour exécuter la mesure. Huit jours après, le 4 thermidor, 22 juillet, le commissaire arrivait à Saint-Pé et, sur les indications de la municipalité, désigna, pour y transférer l'atelier, les écuries et remises du cidevant monastère, « sauf à y pratiquer des tuyaux sur les forges à construire pour préserver l'édifice du feu, à fermer les deux arceaux de la remise et à pratiquer diverses autres réparations. » (1)

Deux jours après, le 6 thermidor, la municipalité donnait l'ordre de démolir immédiatement les ateliers de l'église qui était désormais entièrement rendue au culte.

On peut se demander si les forges furent jamais mises en activité ou même installées dans le monastère des Bénédictins. Le 4 thermidor, en effet, la paix avait été signée à Bâle, entre la République Française et l'Espagne; les ratifications furent données, le 14 du même mois, 1er août, par la Convention et le 17, 4 août, par le roi d'Espagne. Comme conséquence du traité, la plus grande partie des troupes françaises furent retirées des frontières espagnoles et dirigées sur l'armée d'Italie. L'atelier de Saint-Pé devenait donc inutile et, comme les premières nouvelles ne purent manquer d'arriver vers le 15 thermidor, il est à croire que les forges démolies à l'église ne se relevèrent pas autre part.

---

(1) Annuaire de 1907, p. 56* et sui'. — Reg. des délib. de Saint-Pé.

CHAPITRE IX

Partage des dernières dépouilles

La Nation d'ailleurs était sur le point d'aliéner ce qui restait de biens nationaux non encore vendus, ayant appartenu aux cidevant Bénédictins ; et l'installation d'ateliers dans les bâtiments du monastère n'aurait pu que nuire à la vente.

En conformité de la loi du 27 prairial, troisième année de l'Ère républicaine, 15 juin 1795, le directoire du district d'Argelès fit publier et afficher, le 12 vendémiaire an IV, 4 octobre 1795, que, le 22 vendémiaire suivant, le domaine national « provenant des cidevant Bénédictins et consistant : 1° en une maison, grange, basse-cour, jardin et enclos continu ; 2° en 8 journaux de terre labourable, seraient mis en vente au plus offrant et dernier enchérisseur ». Nous ignorons quels acheteurs se présentèrent ce jour-là et à quelle somme fut portée l'enchère.

Mais, ce même 22 vendémiaire, et toujours en conformité avec la loi, les administrateurs du district du Gave annoncèrent par de nouvelles affiches l'adjudication définitive des mêmes biens, qui devait être faite, au lieu ordinaire de ses séances, le 6 brumaire, 28 octobre, à 11 heures du matin. (1)

(1) Arch. des H.-P., L., série Q, Saint-Pé.

Ce jour arrivé, le citoyen Martin Latour de Brie, vice-président du district, ouvrit les enchères. Pendant la vente, un incident se produisit : de lui-même ou sur une question des enchérisseurs, le citoyen président déclara que la sacristie des Bénédictins faisait partie de la vente. Un officier municipal de Saint-Pé, Lateu, qui assistait à l'opération, protesta immédiatement, faisant observer que les affiches ne mentionnaient pas cet objet ; mais on ne voulut avoir aucun égard à sa réclamation verbale. (1)

Et le citoyen Blaise Maumus, de Lourdes, ayant poussé l'enchère jusqu'à 321.000 livres, le lot entier lui fut adjugé à ce prix.

« Le monastère, écrira plus tard la municipalité de Saint-Pé, consistant en une des plus belles et vastes maisons du département, en une grande écurie avec ses remises, en une grande basse-cour, jardin, en un enclos considérable et en huit journaux de terre labourable de la première qualité, a été vendu pour 321.000 francs en assignats, payés à la République peu de jours avant leur démonétisation. Ces immeubles avaient été estimés en 1790, par experts de la Nation, à 24.000 francs en numéraire, estimation bien inférieure à leur valeur, mais bien supérieure à la somme réelle payée par ledit Maumus, qui ne se porte pas à 1.500 francs ». (2)

Il ne faut pas voir une exagération dans ces derniers mots qui sont l'expression de la plus triste vérité. Maumus en effet paya, le 10 nivôse an 4, 200.000 francs, qui

(1) Annuaire de 1907, pp. 100* et 101*, note 1.
(2) Annuaire de 1907. p. 102*.

valaient un peu plus de 1.000 fr. en numéraire ; et, le 28 ventôse suivant, 121.000 francs qui valaient un peu moins de 500 francs. (1)

***

Quand Lateu, de retour à Saint-Pé, eut rendu compte de ce qui s'était passé à Argelès, l'émotion fut grande dans la petite ville. Le conseil municipal se réunit, le 13 brumaire (4 novembre), pour délibérer sur l'affaire de la sacristie. L'église, fit-on observer, « avait été rendue aux habitants de la commune ; or la sacristie était une partie cohérente, intégrante et essentielle de l'église ; et la Convention, en cédant le principal, était censée avoir cédé l'accessoire. » Après cette affirmation de propriété, tout au moins de possession, la municipalité attaquait la légalité des opérations du directoire d'Argelès. Dans les affiches envoyées par lui, on détaillait tous les objets à mettre aux enchères : or la sacristie n'y était pas comprise. L'Administration n'avait pas le droit d'ajouter dans le verbal d'adjudication un objet non compris dans les affiches publiées et certifiées. Le District avait donc par cet acte outrepassé son pouvoir ; aussi la municipalité s'adressait au Département. Elle lui transmettait une affiche certifiée et le priait d'ordonner que l'adjudication du 6 brumaire fût restreinte aux objets énumérés dans l'affiche et de prendre les moyens les plus convenables

(1) Annuaire de 1899, p. 304. La délibération ajoute que « les seules boiseries des cheminées et des fenêtres, qui ont été enlevées par Maumus, valaient plus de 4.000 francs en numéraire. »

pour que les citoyens de Saint-Pé continuassent de jouir de la sacristie. »

Le 2 frimaire suivant (23 novembre), l'administration centrale qui avait succédé, depuis le 18 brumaire, au directoire départemental, renvoyait à l'administration municipale du canton de Saint-Pé, la délibération du 13 brumaire et l'affiche pour qu'on les communiquât à l'acquéreur, Blaise Maumus, avec injonction de répondre, dans les trois jours, et de joindre à ses réponses une copie du procès-verbal d'adjudication.

La notification fut faite seulement le 1er nivôse, 22 décembre, mais Maumus ne devait donner signe de vie que plus de sept ans après, le 26 prairial an XI, 15 juin 1803. Il fit alors réclamer par huissier le délaissement de la sacristie et la somme de 50 francs par an pour la jouissance qu'avait eue la commune. Le 1er messidor suivant, 10 juin, la municipalité, rappelant les faits de la vente, demanda au ministre d'annuler les opérations et de laisser la commune en possession de la sacristie qui était sa propriété. L'affaire sans doute en resta là et la paroisse de Saint-Pé a joui paisiblement depuis lors, de la sacristie des cidevant Bénédictins. (1)

On ne peut s'expliquer la conduite du citoyen Martin Latour de Brie, dans cette affaire de la sacristie, à moins qu'il n'eût un motif personnel d'être désagréable aux habitants de Saint-Pé qui l'avaient peut-être gêné dans ses achats de biens nationaux. Une note du 23 frimaire an 4, 14 décembre

_____

(1) ANNUAIRE de 1907, pp. 100* et suiv.

1795, écrite par l'agent municipal de Saint-Pé, fait sans doute allusion à un fait de ce genre. L'agent détaille ce que possédait la Nation dans sa commune. « La Nation, écrit-il, possède 30 journaux de fonds, à Saux, au-dessus du champ de l'Espitalé, lequel fonds avait été exposé en vente par le District du Gave, et il aurait été vendu sans l'opposition du citoyen Latour qui prétendit que ce fonds lui appartenait. Il faudra faire vuider cette opposition avant de pouvoir exposer ledit fonds en vente ». (1) Cette terre dépendait des propriétés foncières des cidevant Bénédictins et consistait en trois journaux de champ, dix journaux et demi de bois et châtaigneraie et seize journaux et demi incultes, qui confrontaient de l'orient, septentrion et occident à fonds communaux, du midi à la grande route et métairie de Saux qui appartenait au citoyen Latour.

Les oppositions finirent par être « vuidées » et les fonds mis en vente. Le citoyen Augustin Bousigues de Tarbes en fit la soumission, le 1er prairial an 4, 20 mai 1796. Dix jours après, le 11 prairial, 30 mai, Bousigues vendait ses droits à Martin Latour par acte public passé devant Me Bordenave, fils, notaire à Lourdes. L'adjudication définitive fut faite, le 21 prairial, 9 juin, par l'administration centrale des Hautes-Pyrénées, moyennant la somme de 2.578 livres. (2)

Le partage des dépouilles de nos Bénédictins était terminé ; il nous reste encore à dire par quelles péripéties passa l'Abbatiale avant que la commune de Saint-Pé en fût le paisible possesseur.

_____

(1) Arch. de Saint-Pé.
(2) Arch. des H.-P., Q. Saint-Pé.

CHAPITRE X

La conquête de l'Abbatiale

Jean Mantis, nous l'avons vu, avait, le 4 mai 1793, versé dans les caisses du receveur du district le premier acompte du prix de l'Abbatiale. Puis les mois se passèrent et l'on arriva au 28 pluviôse de l'an 3, 16 février 1795, sans qu'aucun nouveau paiement eût été fait.

Enfin, de guerre lasse, le citoyen d'Espagnet, receveur, écrivit à cette date une lettre à la municipalité de Saint-Pé, pour lui « réclamer d'avoir à faire verser dans ses caisses les arrérages que la commune devait, à raison de l'achat de l'Abbatiale ».

Le 2 ventôse, 20 février, le citoyen Rebitté porta la question devant ses collègues du corps municipal, Houra, Laban et Prissou. Ce dernier remplaçait l'agent national, Mantis, qui, quoique invité par le valet commun, avait refusé de venir, ne voulant prendre désormais aucune part à l'administration de magistrats, « dont l'ignorance, la partialité, la vengeance et la permanence au cabaret, humiliaient » et révoltaient le peuple de Saint-Pé. (1)

On rappela d'abord que l'abbatiale avait été achetée dans le double but de fournir un logement au cidevant curé, et d'agrandir le cimetière. Or, si la seconde raison de

(1) Arch. de Saint-Pé.

l'achat existait encore, la première avait disparu, puisque l'on n'était plus tenu à loger le curé. Et la maison n'était pas seulement inutile, elle devenait coûteuse par les réparations qu'elle exigeait. Il fallait aussi l'avouer, « la commune ne se trouvait pas en état de parvenir au paiement que réclamait le citoyen d'Espagnet. »

Mais on avait trouvé le moyen de tout concilier. Le citoyen Jean-Marie Vergès, capitaine au 1er bataillon de chasseurs de la Montagne, s'était offert à acheter l'Abbatiale, qu'il avait déjà, semble-t-il, soumissionnée en 1790. (1) L'assemblée municipale saisit l'occasion. Elle fut d'avis, sous le bon plaisir de l'Administration du district d'Argelès et d'après son autorisation, de subroger aux droits, lieu et place de la commune, le citoyen Vergès sous les réserves et charges suivantes : il rembourserait à la communauté les sommes qu'elle avait payées tant en capital qu'en intérêts ; il paierait au receveur du district celles qui pouvaient lui être dues tant en capital qu'en intérêts échus ou à échoir ; il céderait enfin au profit de la commune, 71 cannes du jardin attenant à la basse-cour pour agrandir le cimetière. On chargeait enfin Vergès de faire autoriser la délibération par l'Administration du district d'Argelès. On n'attendrait que cette autorisation pour lui consentir la subrogation. (2) Vergès ne perdit pas de temps ; car le District donnait son avis, quatre jours après, le 6 ventôse, 24 février. Mais l'Admi-

____

(1) Arch. des H.-P., L. 127. La pièce donne seulement le nom sans le prénom ; il est probable toutefois que c'est le même Jean-Marie Vergez.

(2) Reg. des délib., 2 ventôse.

nistration départementale ne crut pas pouvoir donner l'autorisation ; elle se borna à émettre un avis qui fut transmis par elle ou par Vergès, au ministre des finances lequel ne se hâta pas de répondre. (1)

Dans l'intervalle, le capitaine Vergès était envoyé avec son bataillon, de l'armée des Pyrénées occidentales à celle de l'Ouest, où, s'il eut la chance de s'emparer du général Charette, (2) il était bien mal placé pour poursuivre son affaire de l'Abbatiale. Sa présence eût été d'autant plus nécessaire que ses vendeurs, qu'on accusera « de connivence avec lui », venaient d'être remplacés au conseil municipal « par des citoyens aussi zélés à faire du bien à la commune que leurs prédécesseurs l'avaient été pour lui faire du mal ». (3)

Le nouveau conseil municipal se conduisit à l'égard de l'Abbatiale et de ses dépendances comme si la délibération du 2 ventôse ne fût pas intervenue, soit qu'il l'ignorât, soit qu'il ne crût pas qu'on en dût tenir compte.

Le 21 floréal an 3, 10 mai 1795, il délibéra d'agrandir le cimetière aux dépens de la grande cour de l'Abbatiale. On devait construire, parallèlement à la grande grange, un mur qui, partant de l'angle nord ouest formé par les murs du cimetière, aboutirait à l'extrémité de la muraille qui fermait du côté du midi l'aire de la petite cour de la même Abbatiale. Le mur qui closait jus-

____

(1) Reg. des délib. de l'Administration municipale de Saint-Pé, 10 germinal an 4.

(2) Cf. Revue des Hautes-Pyrénées, t. I, pp. 97 et suiv.

(3) Reg. des délib. de l'Administration municipale de Saint-Pé, 10 germinal an 4.

qu'alors le cimetière du côté du nord devait
être démoli et la porte du préau du monastère murée. L'autorisation de faire ces
aménagements fut demandée, le 28 floréal :
un an ,s'écoulera cependant avant que les
travaux ne commencent. (1)

Sans attendre cette date, la nouvelle municipalité, d'elle-même ou sur une nouvelle
sommation du receveur du district d'Argelès,
s'était préoccupée d'achever le paiement de
l'Abbatiale. Le 26 prairial an 3, 14 juin 1795,
les trois officiers municipaux, Lacadé, Labatut
et Lateu, reçurent mission de « prendre
toutes les mesures nécessaires pour faire
autoriser la commune à vendre le local de
l'ancienne maison commune et la grange de
l'Abbatiale pour le produit de ces ventes
être consacré au paiement des annuités et
du capital dus au citoyen d'Espagnet. Ils
feraient aussi payer au fermier de l'Abbatiale
ce qu'il devait à la commune. »

Ce dernier était M. de Navères, maire de
la ville, qui y logeait avec sa femme, sa
tante et le P. dom Forgues. Le « louage »
était dù à la commune depuis le 19 octobre
1791. Il fut réglé le 3 messidor, 14 juin,
jusqu'au 5 avril 1795, à la somme de 425
livres 12 sols, que M. de Navères était
chargé de verser entre les mains du citoyen
Chaubet, receveur municipal. La location
d'ailleurs fut continuée aux occupants, au
prix précédent de 160 livres 2 sols par an, la
municipalité se réservant néanmoins de

_____

(1) Reg. des délib. de Saint-Pé, 28 floréal et 27 fructidor
an 3 et 10 germinal an 4. — Cf. Annuaire de 1907,
pp. 98* et 99*.

rompre le bail, le jour où elle aurait besoin
d'y transporter ses séances. (1)

Il se trouva que Chaubet avait en caisse,
après le versement de Navères, la somme
de 1148 livres et quelques sols. La municipalité lui donna d'abord l'ordre de la verser
entre les mains du receveur du district en
déduction de ce qui lui était dû. Puis, sur
la proposition que fit sans doute Chaubet
d'avancer ce qui manquait pour faire l'entier
paiement, on accepta ses avances, qu'on
promit de lui rembourser.

Et, le 5 messidor, 23 juin 1795, le receveur
municipal de Saint-Pé versait entre les
mains du citoyen d'Espagnet la somme de
3305 livres 12 sols 6 deniers qui restait
encore à payer en capital et intérêts.

Le paiement de Chaubet fut fait au moyen
de 3305 livres 10 sols, en assignats, et de
2 sols 6 deniers en numéraire. (2)

L'on se croyait désormais en règle et à
l'abri de toute réclamation ; il restait seulement à rembourser Chaubet, ce que l'on
fit, lorsque, le 4 complémentaire de l'an 3,
20 septembre, Mantis eut acheté le presbytère pour la somme de 8000 livres.

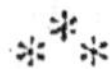

Aussi l'Administration municipale ne fut-
elle pas médiocrement surprise quand, le
10 germinal an 4, 30 mars 1796, son président, Pierre Lassalle, remit sur le bureau

(1) Reg. des délib. 3 et 6 messidor III.
(2) Arch. des H.-P., L. Livre journal de recettes du
district d'Argelès, 5 messidor III. Cette somme valait à
cette époque 120 livres en numéraire, de sorte que
l'Abbatiale coûta 1140 livres environ.

un dossier relatif à la subrogation de Vergès. On y voyait la délibération prise par la municipalité de Saint-Pé, le 2 ventôse, l'avis du District d'Argelès, du 6 du même mois, une lettre du ministre des finances du 18 ventôse an 4, enfin une lettre de l'Administration du département, du 2 germinal suivant.

La délibération que prit l'Administration témoigne de sa mauvaise humeur. « La subrogation est le fruit de la connivence qui avait régné entre le sieur Vergès et les officiers municipaux, qui avaient sans doute un intérêt personnel à la lui consentir. »

La maison et les dépendances étaient d'une absolue nécessité à la commune : elle n'avait pas de maison lui appartenant ; il en fallait cependant une à la municipalité et au juge de paix ; il lui fallait une maison d'arrêt ; le jardin de l'Abbatiale lui était nécessaire pour agrandir le cimetière.

Le trésorier de la commune, Chaubet, avait, depuis longtemps, payé l'entier prix de l'Abbatiale, et il avait été remboursé des avances par lui faites, de telle sorte que, par ce moyen, la commune était devenue propriétaire incommutable à l'abri de toute éviction et de toutes recherches.

On demandait au ministre des finances de maintenir la commune dans la possession et jouissance de la maison abbatiale et de casser la délibération du 2 ventôse an 3, qui n'avait pas, contrairement à la loi, été autorisée par le Département.

La délibération est signée seulement du président de l'Administration, Lassalle, de l'agent municipal de Saint-Pé, Pomés, et du secrétaire, Antoine Estarac. (1)

(1) **Reg. des délib. du canton de Saint-Pé.**

Pour ceci, comme pour la sacristie, l'affaire en resta là et la commune put enfin jouir en paix de sa conquête. La famille de Navères et dom Forgues continuèrent à l'habiter jusqu'au 2 floréal de l'an 5. A cette date le cidevant bénédictin remit les clefs de l'appartement du premier au président de l'administration de Saint-Pé, Pierre Lassalle. Le citoyen Labarrère, le cidevant curé, occupait déjà le rez-de-chaussée. (1)

(1) Reg. des délib. du canton de Saint-Pé, 18 floréal V. — M. de Navères, nommé le 22 brumaire an 4, commissaire du pouvoir exécutif près le canton de Maubourguet, ne pouvait continuer sa résidence à Saint-Pé, où il avait cessé ses fonctions de maire, dès le 15 brumaire précédent. Il partit avec sa femme, Thérèse Laporte, laissant dans l'Abbatiale la tante, Roze Cazenave, et dom Forgues. Dans un recensement fait à Saint-Pé, en pluviôse de l'an 4, ces derniers sont seuls enregistrés. Dans les premiers jours de floréal an 5, M. de Navères semble être revenu pour retirer peut-être ses meubles de l'Abbatiale. Il en aurait retiré autre chose : de nombreux carreaux de fenêtres, la porte extérieure, d'autres objets encore manquèrent, comme par exemple des anneaux de fer enlevés à l'écurie. Lacadé, commissaire du Directoire, en l'absence de l'agent municipal de Saint-Pé, Montirou, porta ses réclamations devant le citoyen Navères, avant qu'il ne partît définitivement. Il le menaça de la justice. Quelques vitres furent rapportées par dom Forgues et la moitié de la porte (Arch. de Saint-Pé. *Id.)*

CHAPITRE XI

Déclarations ; Serments ; Rétractations

Nous avons exposé le sort définitif des choses de l'abbaye, il nous reste à dire ce que nous savons de celui des moines.

A aucune époque on ne vit imposer autant de déclarations et de serments que sous la Révolution. Prêtres et fonctionnaires n'avaient pas plus tôt fait une déclaration de fidélité à une chose ou à un régime qu'il fallait prêter serment à une autre chose ou à un autre régime. C'est que jamais aucun gouvernement ne se sentit aussi haï ou aussi méprisé.

Signalons seulement les serments qui touchent le clergé. En 1790 est imposé le serment civique ; en 1791, celui de la Constitution civile du clergé ; en 1792, celui de la Liberté et de l'Egalité ; puis deux ans passent sans nouvelles inventions ; mais en 1795, on se rattrape, en demandant aux prêtres la déclaration qu'ils sont soumis aux lois, puis celle qu'ils reconnaissent la souveraineté du peuple ; en 1797, nouveau serment, celui-ci de haine à la royauté ; enfin le Consulat impose, en 1799, le serment de fidélité à la Constitution de l'an VIII, en attendant celui du Concordat.

On se souvient que dom Forgues avait prêté le serment de la Constitution civile, puis celui de la Liberté et de l'Egalité. Ses confrères déclarèrent, en 1794, qu'ils avaient prêté tous les serments exigés par la loi ; en réalité, sans doute, ils ne jurèrent que la Liberté et l'Egalité.

Quelle fut leur conduite à l'égard des autres serments ou déclarations?

La loi du 11 prairial an 3, 30 mai 1795, stipule dans son article 5 que « nul ne pourra remplir le ministère d'aucun culte dans les édifices nationaux, à moins qu'il ne se soit fait décerner acte, devant la municipalité du lieu où il voudra exercer, de sa soumission aux lois de la République. »

Dès le 24 prairial, nous l'avons vu, dom François Estarac vint faire sa déclaration de soumission, que son frère, dom Dominique, présenta le lendemain, dom Montbel, le surlendemain.

Parmi les noms des déclarants, où nous avons trouvé celui de Pierre Lassalle, nous n'avons rencontré ni celui de dom Palis, ni celui de dom Forgues. Peut-être les deux bénédictins étaient-ils absents de Saint-Pé ; peut-être aussi se dispensèrent-ils de la déclaration parce qu'ils ne voulaient pas faire les cérémonies de leur culte dans l'église de ce lieu.

Une nouvelle déclaration allait être réclamée pour les prêtres qui voudraient exercer le culte, non-seulement dans les bâtiments nationaux, mais « en quelque lieu que ce pût être. »

Elle fut votée le 7 vendémiaire an 4, 29 septembre 1795 ; en voici la formule : « Je reconnais que l'universalité des citoyens français est le souverain ; et je promets soumission et obéissance aux lois de la République ».

Cette déclaration comme la précédente tourmenta la conscience des prêtres catho-

liques, qui se demandèrent s'il était permis
de la faire. Les esprits se partagèrent.
A Tarbes presque tous les confesseurs de la
foi, présents dans la ville, firent la déclara-
ration. (1) Dans son Journal de la Réclusion,
le P. Laspales en établit la légitimité, par des
arguments tirés de l'Ecriture, des écrivains
ecclésiastiques et de la conduite des saints. (2)

Le procureur de la commune de Saint-Pé,
dom Augustin-François Estarac, fit le premier
la déclaration, le 21 vendémiaire an 4 ; son
frère Dominique la fit le 29 ; le 1er brumaire,
dom Montbel se présentait ; le 7, Pierre
Lassalle.

Dom Palis ne se présenta pas pour prêter
ce serment à Saint-Pé. (3) Signalons encore
l'abstention d'un vieux bénédictin, déjà rencontré deux fois dans cette étude, et qui avait
fini par échouer à Saint-Pé. C'était dom Sanche
Debrets qui déclarera, lors d'un recensement
accompli le 3 pluviôse de l'an 4, qu'il était
à Saint-Pé depuis six mois, c'est-à-dire
depuis thermidor ou peut-être la fin de
messidor précédent. Le vieillard ne fit pas
la déclaration du 7 vendémiaire. Il était sans
doute incapable de toutes fonctions ecclésiastiques. Il mourut d'ailleurs à Saint-Pé, le
14 vendémiaire an 5, 5 octobre 1796, (4)
après avoir, nous voulons l'espérer, réparé
le scandale de son apostasie de l'an 2.

Dom Forgues passa quelques mois, sans se

(1) Reg. des délibérations, à partir du 25 prairial
an III, pour la première déclaration ; à partir du 24 vendémiaire an IV pour la seconde.

(2) Journal de la Réclusion, édité par l'abbé Ricaud,
pp. 97 et suiv.

(3) Il se trouvait cependant à Saint-Pé, le 3 pluviôse
de l'an III (Arch. de Saint-Pé. Recensement).

(4) Arch. de Saint-Pé. Recensement. Reg. de l'état civil.

présenter ; mais enfin il vint, le 18 prairial de l'an 4, 6 juin 1796.

Ce fut le dernier serment de notre bénédictin. La grâce de Dieu finit par toucher son âme et par l'arrêter sur la pente qu'il n'avait cessé de descendre, depuis le jour où il avait manqué de fidélité à sa vocation.

On était en l'an V : la situation politique s'était bien améliorée au point de vue religieux. Les élections de germinal avaient porté aux Conseils une majorité de modérés. Dès le 27 messidor, 15 juillet, les Cinq Cents avaient adop é un projet de résolution qui abolissait les lois portées contre les prêtres insermentés. (1)

Ces bonnes nouvelles ne purent manquer de hâter la décision de dom Forgues. Le 5 fructidor, 22 août, il remit entre les mains du citoyen Montirou, agent municipal de Saint-Pé, un acte sous signature privée, conçu en ces termes : « Je soussigné, Pierre-Blaise Forgues, ex - bénédictin, déclare qu'ayant eu le malheur de faire le serment civique, prescrit par l'Assemblée Nationale, de maintenir de tout mon pouvoir la Constitution civile du clergé, condamnée par l'Eglise catholique, apostolique et romaine, je me crois obligé en conscience de le rétracter, comme je le rétracte actuellement de plein gré, voulant vivre et mourir, avec la grâce de Dieu, dans le sein de la sainte Eglise, et je prie le citoyen Montirou de vouloir bien coucher sur le registre la présente déclaration, m'en donner acte ou biffer mon serment, sous la date, je crois, de mars 1791 ».

Montirou déposa, le 10 fructidor, 27 août,

____

(1) **Les Anciens devaient l'adopter le 7 fructidor.**

13

sur le bureau de l'Administration municipale, l'acte par lequel, dit-il, « le P. Forgues rétracte de tout son cœur le serment civique qu'il a eu le malheur de prêter. » Le commissaire du Directoire, Lacadé, se leva aussitôt pour faire son réquisitoire : il demanda que la rétractation fût transcrite à la suite de l'arrêté à intervenir. C'est là que nous avons pu en prendre copie. Il requérait ensuite que l'Administration municipale rayât le P. Forgues de la liste des pensionnaires de l'Etat et qu'extrait de la délibération et rétractation lui fût donnée pour l'envoyer au commissaire central. L'Administration municipale fit droit au réquisitoire en tous ses points. (1)

Le P. Forgues avait sans aucun doute prévu les conséquences de son acte, la perte de sa pension, par exemple. Mais les événements qui survinrent aggravèrent singulièrement sa situation. Moins de quinze jours après qu'on avait appris l'approbation donnée, le 7 fructidor, par les Anciens à la résolution par laquelle les Cinq Cents avaient proposé l'abolition des lois portées contre les insermentés, la nouvelle arrivait à Tarbes, le 24 fructidor, 10 septembre 1797, du coup d'Etat du 18 fructidor, et de la loi qui porte la date du 19. Celle-ci rapportait la loi du 7 fructidor et par conséquent remettait en vigueur, contre les insermentés et rétractés, les lois du 26 août 1792 et celles qui la suivirent. Elle prescrivait en outre un nouveau serment que l'on appela le serment de haine.

(1) Reg. des délib. de Saint-Pé, 10 fructidor. — Cf. Annuaire de 1901, pp. 53* et 51*. (Lire 22 août au lieu de 22 juin 1797).

L'annonce du coup d'Etat et la nouvelle loi furent aussitôt transmises aux Administrations municipales qui, sur l'injonction de l'article 26 de la même loi, pressèrent l'exécution des mesures qu'elle prescrivait.

Dès le 1er complémentaire, 17 septembre, le cidevant doctrinaire, Pierre Lassalle, président de l'Administration, prêta, « pour se conformer à la loi du 7 vendémiaire an 4 et à celle du 19 fructidor, le serment « de haine à la royauté et à l'anarchie, d'attachement et de fidélité à la République et à la Constitution de l'an 3. »

Le lendemain se présentèrent pour prêter le serment, le frère du président, Faustin-Jovite Lassalle, dom Antoine Palis, dom Dominique Estarac (1) et dom Mathias Alexandre Montbel. (2)

Dom Forgues évidemment ne pouvait être admis à prêter ce serment, à moins que de rétracter sa rétractation ; ce qu'il ne voulait pas faire. Que devint-il ? Il n'avait le choix qu'entre deux partis : ou prendre le chemin de l'exil et sortir de France dans les quinze jours, ou se cacher. A quoi se résolut-il ? Nous l'ignorons. Il ne demanda pourtant pas de passe-port à Saint-Pé, ce qui semble être une preuve qu'il demeura sur le sol de la patrie.

L'*Annuaire* de 1876 raconte que « Procope Lassalle, en 1793, se réfugia au fond d'une

---

(1) Dom Augustin-François Estarac ne résidait plus à Saint-Pé, à cette époque ; il était peut-être déjà professeur de Grammaire générale à l'Ecole centrale de Tarbes d'où, en l'an 7, il sortait pour aller occuper dans celle de Pau la chaire de mathématiques. (*Grammaire générale de A.-F. Estarac*. Titre et Préface).

(2) Reg. des délib. de Saint-Pé.

caverne dans les montagnes où un ancien garde forestier de Saint-Pé, nommé Lahore, le nourrit pendant longtemps.

Enfin « ce dernier, ne le croyant plus en sûreté dans sa retraite, le conduisit lui-même en Espagne. »

Le héros de cette tradition n'est certainement pas le P. Procope Lassalle. (1) Mais, puisque, dit M. Etienne Lamy répondant à Mgr Duchesne, dans son discours à l'Académie Française, « rien ne naît de rien et que la tradition porte témoignage en faveur des faits qu'elle suppose », je me demande si le prêtre caché dans les montagnes n'aurait pas été le cidevant bénédictin, dom Forgues, que le forestier Lahore, reconnaissant des bienfaits reçus, aurait nourri dans sa cachette (2).

(1) A la date du 20 avril 1793, Pierre-Procope Lassalle, supérieur des Doctrinaires de Villefranche-de-Rouergue, était reclus au couvent de Sainte-Claire de cette ville. (*Gazette* de Villefranche, 30 mars 1889). Plus tard, il fut reclus dans le couvent de Sainte-Catherine de Rodez ; il fut élargi au début de 1794 : « Lassalle, Pierre-Procope, ex-supérieur des Doctrinaires de Sempé, fut élargi par le représentant Paganel, le 21 février 1794 ; il figure le vingt-deuxième sur la liste d'élargissements. » (*Documents contemporains de la Terreur en Rouergue, par de Barrau*, p. 177). Ces renseignements m'ont été indiqués par M. l'abbé Mayran, aumônier du collège de Villefranche, et M. Urbain Cabrol, de Villefranche, ancien directeur des Postes de l'Aveyron. — Dans la biographie que Pierre Lassalle donne de son frère dans son *Livre de raison* (Arch. des H.-P.), il mentionne l'élargissement de Procope et en donne comme motif que « sa détention parut sans cause aux représentants. » Il laisse entendre dans la même biographie que son frère demeura à Villefranche ; en tout cas, il n'est pas fait la moindre allusion à un séjour à Saint-Pé et à une fuite en Espagne.

(2) Ce n'est qu'une hypothèse que je ne puis étayer

La rétractation de dom Forgues avait jeté sur tous les assermentés de Saint-Pé comme une suspicion dont il importait qu'ils se purgeassent. De plus, une circulaire du ministre de la police, envoyée le 20 vendémiaire, 11 octobre, et reprise, le 3 brumaire, 24 octobre, ordonnait que les prêtres qui voulaient prêter le serment de haine, prouvassent qu'ils n'avaient « ni altéré, ni restreint, ni rétracté leur soumission de vendémiaire. »

Les prêtres de Saint-Pé avaient prêté le serment de haine, dès le premier jour qu'ils avaient eu connaissance de la loi, et l'instruction du ministre arrivait en retard et se trouvait sans objet. Néanmoins l'Administration cantonale fit savoir aux intéressés qu'ils avaient à se présenter devant elle.

Dom Monthbel arriva le premier, le 21 frimaire, 11 décembre 1797, et il protesta qu'il n'avait rétracté, ni modifié aucune des déclarations faites en exécution de la loi. On lui demandait de confirmer sa déclaration de vendémiaire an 4, il confirma, *ad abundantiam*, toutes les autres.

Ainsi firent, du reste, le lendemain, Pierre et Faustin-Jovite Lassalle, dom Dominique Estarac et dom Antoine Palis. (1)

Désormais, administrateurs et ministres du culte étaient bien en règle à Saint-Pé ;

même par un commencement de preuve. Il me paraît probable que le pauvre bénédictin n'a pu se réfugier chez les Navères, qu'il aurait craint de compromettre, ni à Gimont où il n'avait plus de famille. Les montagnes de Saint-Pé, avec leurs maisons et leurs granges écartées, lui offraient une retraite plus sûre pour lui et moins compromettante pour les autres.

(1) Reg. des délib. de Saint-Pé.

aussi les laissa-t-on en paix, jusqu'à l'époque du consulat.

***

Dès que, par le coup d'Etat du 18 brumaire, Bonaparte eut renversé le Directoire, le premier consul s'appliqua à guérir les blessures que les fructidoriens avaient faites. Un souffle d'air pur et de liberté passa sur la France. Les prêtres en éprouvèrent la jouissance plus que les autres citoyens, parce qu'ils avaient été plus maltraités que personne. Un arrêté du 7 nivôse an 8, 28 décembre 1799, transformé en loi par les Corps de l'Etat, le 21 nivôse suivant, 11 janvier 1800, proclama que « tous les fonctionnaires publics, ministres des cultes, instituteurs et autres personnes qui étaient, par les lois antérieures à la Constitution de l'an VIII, assujettis à un serment ou déclaration quelconque, y satisferaient par la déclaration suivante : Je promets d'être fidèle à la Constitution ».

Le grand nombre des évêques et des prêtres se prononcèrent pour la légitimité de la promesse et le pape refusa de la condamner. Dans le diocèse de Tarbes, les prêtres fidèles à leur évêque exilé, après de douloureuses hésitations, obéirent aux ordres de Mgr de Gain et refusèrent la promesse. Les constitutionnels, moins difficiles, n'éprouvèrent aucune difficulté à jurer fidélité au nouveau gouvernement.

A Saint-Pé, dom Palis et dom Montbel firent la promesse à la date du 27 pluviôse, 16 février 1800, en compagnie de Pierre et de Faustin-Jovite Lassalle.

Dom Forgues, qui se trouve à Gimont et se montre en public, puisqu'il expédie par la poste une lettre que le citoyen Pierre Lassalle reçut le 16 janvier 1800, (1) a dû se mettre en règle avec l'arrêté des consuls et promettre lui aussi fidélité. Mgr La Tour du Pin, archevêque d'Auch, ayant autorisé le serment, notre bénédictin qui s'était si noblement et si simplement rétracté en l'an 5, avait pu faire la promesse sans scrupules de conscience.

C'est la dernière fois que nous rencontrons cette figure de moine que son retour à Dieu et ses malheurs soupçonnés nous rendent sympathique autant que les grandes charités de son syndicat finissant. Il nous a été en effet impossible de rien savoir de ses dernières années : à Gimont aucune trace n'est restée, m'a-t-on écrit, du P. dom Blaise Forgues.

J'ai cherché à savoir ce qu'était devenu dom Antoine Doussot ; tout ce que j'ai pu en apprendre est contenu dans cet éloge funèbre qui m'a été envoyé de Cahors, par le R. P. Irénée d'Aulon, capucin, qui l'avait puisé dans un *Necrologium Ecclesiæ Cadurcensis.*

Anno Domini **1819***, die* **22** *mensis Decembris, in communione S. Matris Ecclesiæ, animam Deo reddidit Magister Antonius Doussot, istius diœcesis presbyter et olim Ordinis s. Benedicti. R. I. P.*

Et sans doute il rendit son âme dans sa paroisse natale, à Souillac (Lot).

Le P. dom Palis continua de vivre à

---

(1) Le 16 janvier 1800, Pierre Lassalle paie 5 sols pour le port d'une lettre du citoyen Forgues ex-bénédictin à Gimont. *Compte de recettes et dépenses de P. Lassalle.* Arch. personnelles.

Saint-Pé, en qualité de prêtre habitué. Il y dépassa les années de dom Sanche Debrets, puisqu'il mourut seulement le 8 mars 1819, âgé de 89 ans, dont il avait passé 59 à Saint-Pé.

Dom Montbel était mort quatre ans auparavant, le 16 décembre 1815. Dures avaient été, à ce qu'il semble, les dernières années de l'ancien sous-prieur de l'abbaye de Saint-Pé. Sa pension n'était certainement pas meilleure que celle de Pierre Lassalle qui touchait 80 misérables francs par trimestre. Aussi faisait-il argent de tout. Le 30 juin 1801, Lassalle lui achetait quelques livres dont sans doute il n'éprouvait plus aucun besoin et qui devaient provenir d'une bibliothèque bénédictine. C'étaient le *Dictionnaire économique* de Chomel, en 4 volumes in fol., vendu pour 9 livres ; les ouvrages de Bossuet en 13 vol. in-4°, mais auxquels manquaient le premier, deuxième et quatrième vol., cédés pour 20 livres ; l'*Histoire ecclésiastique* de Racine, en 13 vol. in-8°, dont le dixième manquait, donnée pour 13 livres. (1)

Sept mois après, Pierre Lassalle écrivait dans son *Livre de Comptes*, à la date du 24 janvier 1802 : « J'ai prêté 60 francs au P. Montbel, ex-bénédictin, qui était dans un grand besoin ». Et sans doute cette mention, biffée sur le registre, témoigne que la dette fut remboursée, mais elle marque mieux encore la détresse du vieux moine, que ceux qui s'emparèrent des biens de Saint-Maur, manquant à leur parole, laissaient mourir de faim.

Il semble avoir reçu, au Concordat, les

____

(1 Arch. personnelles, *Comptes*, Lassalle Pierre.

pouvoirs de vicaire qu'il exerçait encore le 15 mai 1805. (1) Le 17 juin précédent, sans doute pour l'aider à vivre et reconnaître ses services, la municipalité de Saint-Pé lui accorda la somme de 150 francs. Quand dom Montbel mourut, il était seulement prêtre habitué de Saint-Pé. Bien qu'il n'ait pas atteint l'âge de dom Palis qui lui survécut, dom Montbel était cependant entré dans sa soixante-quinzième année. (2)

Avec dom Palis et dom Montbel disparaissaient à Saint-Pé les derniers débris de la vieille abbaye bénédictine. Du moins, avant de mourir, purent-ils, l'un et l'autre, noter des signes qui annonçaient une résurrection prochaine qu'il nous reste à raconter.

(1) Arch. personnelles, Lettre de Montbel, prêtre et vicaire.

(2) *Les prêtres de Saint-Pé*, par l'abbé Crabé, p. 51.

RÉSURRECTION

—

Fondation du Petit-Séminaire

RÉSURRECTION

Fondation du Petit-Séminaire

CHAPITRE Ier

Ceux qui voulurent relever les ruines

Le silence s'était fait autour de la vieille abbaye. Son acquéreur, nous l'avons dit en note à la fin d'un précédent chapitre, s'était hâté de l'exploiter, et il le fit comme on exploite une carrière. Il arracha aux cheminées et aux fenêtres « les boiseries » qui les ornaient ; il fit main basse sur ce qui lui parut avoir quelque valeur et il monnaya le tout. L'opération lui rapporta au delà de 4000 livres, en numéraire, deux fois plus que ne lui avait coûté l'achat de la maison et de l'enclos. (1)

Les bâtiments déshonorés furent mis dans la corbeille de noces de la fille de l'acquéreur, Bertrande Maumus, qui épousa, le 27 juin 1806, Lucien Soulé, de Saint-Pé.

Ce retour du couvent aux mains d'un

(1) ANNUAIRE de 1907, p. 102* note. Pour se faire une idée de ce qu'étaient ces boiseries, il suffit de visiter une vieille maison seigneuriale, les chambranles des cheminées et les trumeaux des fenêtres, en bois épais, plus ou moins finement sculpté, sont d'un prix inestimable. J'ai vu un très beau chambranle dans ce genre, dans la demeure ruinée des seigneurs de Jézeau en Aure.

compatriote n'adoucit pas les regrets des habitants de Saint-Pé qui gardaient « le souvenir des bienfaits et des grands services rendus au pays par les cidevant Bénédictins. » (1) Ils se rappelaient « les avantages qui étaient résultés. pour un grand nombre de citoyens de la ville, de l'instruction gratuite qu'ils avaient reçue dans leur lieu natal et que leur avaient distribuée les religieux dont plusieurs se vouaient à l'instruction publique. »

Fallait-il donc à jamais porter le deuil de ces avantages perdus? Tel n'était pas le sentiment du conseil municipal de Saint-Pé qui, déjà dans une séance tenue le 28 novembre 1804, s'était entretenu de la question. Le premier adjoint, Labau, en l'absence du maire, Jean-Zéphyrin Labatut, qui assistait à Paris au sacre de l'Empereur, après avoir rappelé le souvenir des anciens temps, invita le conseil « à s'occuper des moyens de rétablir dans la ville l'enseignement qui lui avait tant profité dans le temps que les cidevant Bénédictins y étaient établis.

« En conséquence, il proposa de faire, si l'on pouvait en convenir avec les propriétaires, l'acquisition de la maison des religieux, le seul local de cet arrondissement qui soit propre à l'établissement d'une école secondaire. »

Le conseil « entra pleinement dans les vues de Labau ; il chargea le maire et les adjoints de prendre les mesures nécessaires et promptes, pour parvenir au but désiré, promettant d'avoir pour agréable tout ce que la municipalité ferait. » (2)

*

(1) ANNUAIRE de 1908, p. 7*.
(2) ANNUAIRE de 1908, p. 8*.

Dans son discours, Labau avait parlé
« d'hommes distingués qui se proposaient de
se charger de l'école et devaient nécessaire-
ment y attirer un concours d'élèves par la
confiance dont ils jouissaient. »

Il y avait en effet à Saint-Pé, en cette fin
de 1804, plusieurs prêtres, tous anciens
religieux et anciens professeurs, qui eussent
formé un personnel d'élite pour le nouvel
établissement. C'étaient les doctrinaires Pierre
et Procope Lassalle, anciens supérieurs des
collèges de Tarbes et de Villefranche de
Rouergue ; les barnabites Faustin-Jovite Lassalle et Simon Cassus, le premier, professeur
jadis au collège de Lescar, le second supérieur
de celui de Bazas ; les bénédictins Antoine
Palis, régent à l'abbaye de Saint-Pé, et
François-Augustin Estarac, professeur au
collège royal de Pau, et, plus tard, aux Écoles
centrales de Tarbes et de Pau. Parmi eux,
la moitié paraît ne s'être guère intéressée
au futur collège. Les soixante-quatorze ans
de dom Palis pesaient sans doute d'un poids
trop lourd sur ses épaules ; Dieu n'en devait
pas donner le temps au P. Cassus qui mourut
à Saint-Pé le 12 août 1806 ; Faustin-Jovite
Lassalle enfin songeait à entrer dans le
saint ministère et finit par devenir vicaire
d'Igon, dans les Basses Pyrénées. (1)

(1) Le 21 avril 1803, il demandait « une lettre de
communion qui lui était nécessaire pour reprendre une
fonction qu'il s'était interdite ». (*États de* 1803 ou Réponses
des prêtres Pyrénéens aux questions que leur posa, en
1803, l'administration diocésaine de Bayonne. Arch.
personnelles). — Ce fut tout au plus en 1811, qu'il devint
vicaire d'Igon. Le compte de Recettes et Dépenses de
Pierre Lassalle (Archives personnelles) porte, à la date
du 21 juillet 1811, cette mention : « Reçu du maire
d'Igon, pour le loyer de la maison d'Izès, occupée par

Les deux doctrinaires et le mauriste Estarac s'employèrent au contraire avec ardeur à la résurrection de l'abbaye et à la création d'une école secondaire.

***

Dom Estarac était le plus jeune des trois. Né à Saint-Pé, le 3 décembre 1758, il avait à peine accompli sa quarante-sixième année. Au début de la Révolution, peut-être auparavant, il avait professé la Physique et les Mathématiques au Collège national de Pau. Nous avons vu qu'il avait dû quitter l'enseignement en 1793, pour la seule raison qu'il était prêtre. Mais lorsqu'eut enfin cessé le règne sectaire et imbécile des Jacobins, qui, « n'ayant pas besoin de savants pour leur République », s'étaient privés d'instituteurs de premier ordre, parce qu'ils étaient prêtres, leurs successeurs effrayés de l'universelle ignorance firent appel à toutes les capacités : Estarac devint professeur de grammaire générale à l'Ecole centrale de Tarbes. Il succéda peut-être au citoyen Berrut, qui, en l'an V, opta pour la place de receveur de Bagnères.

Le cidevant bénédictin du moins se trouvait à Tarbes dans les premiers mois de l'an VII. En effet, le conseil d'Instruction publique s'occupa, le 18 floréal de cette année (7 mai 1799), des deux premières parties de la *Grammaire générale* du citoyen Estarac professeur à Tarbes. Le 10 prairial suivant (29 mai), une lettre du ministre

M. Baylon, vicaire, pendant deux ans, 1809 et 1810, 120 livres ». Mais nous n'avons trouvé la trace de Faustin-Jovite dans aucune des démarches faites en faveur du Collège-Séminaire de Saint-Pé.

François de Neufchâteau annonçait à Estarac
que « les membres du Conseil avaient porté
de son ouvrage le jugement le plus favorable »,
et lui demandait de compléter son traité par
une *Grammaire française* et un *Art de raisonner*. Cette lettre parvint à Estarac au
moment où il venait d'être nommé professeur
de Mathématiques à l'Ecole centrale de Pau.
Le 25 prairial (15 juin), il envoyait de Pau
sa *Grammaire française* et, le 5 thermidor
(23 juillet), son *Art de raisonner*. « Ces diverses
parties, écrivait le rapporteur du Conseil
d'Instruction publique, le 28 fructidor (14 septembre), forment un ouvrage d'une importance majeure, qui n'existe certainement pas
dans notre langue, ni, je crois, dans aucune
autre ». (1)

Estarac, dont la santé en l'an VII déjà était
mauvaise, rentra dans son lieu natal, lorsque
l'Ecole centrale des Basses-Pyrénées eut disparu pour faire place au lycée, en 1803 ou
1804.

Pierre Lassalle que nous avons aussi rencontré, était né à Saint-Pé, le 1er août 1739 ; il
entra au noviciat de la Doctrine chrétienne le
5 octobre 1760. Il y fut immédiatement employé à l'enseignement ; en 1762, il est sous-
préfet au collège de Tarbes ; syndic et professeur de théologie en 1789, il devient supérieur de la maison après l'élévation de l'an-

(1) *Grammaire générale* par Auguste-François Estarac,
ancien président de Grammaire générale et de mathématiques aux Ecoles centrales des Hautes et Basses-
Pyrénées, et président de cette dernière école. 1811.
— Voir les deux rapports d'Instruction publique, en
tête du tome 1er.

cien recteur, Molinier, à l'épiscopat constitutionnel du département des Hautes-Pyrénées. Au moment où la Révolution le chassa du Collège, en 1793, « il était chargé de deux classes, de la supériorité, du syndicat et de la surveillance. » Rentré dans sa patrie, ses talents d'administrateur qu'il avait montrés soit dans la gestion des affaires familiales, soit dans celles du Collège de Tarbes, ne tardèrent pas à le désigner aux suffrages des électeurs qui, en l'an IV, l'élurent président de l'administration municipale du canton de Saint-Pé. Les élections suivantes le confirmèrent dans sa fonction qu'il remplit, semble-t-il, à la satisfaction de tous. (1)

Il est inutile sans doute de rappeler que dom Estarac et le P. Pierre Lassalle avaient prêté tous les serments de la Révolution, depuis celui de la Constitution civile du clergé jusqu'à celui de haine à la royauté.

Le nom de Pierre-Procope Lassalle n'a point paru, ou à peine, sous notre plume, dans la première partie de cette étude. Il avait, en effet, jusqu'à l'époque dont nous parlons, vécu fort éloigné de Saint-Pé. Né dans cette ville, le 8 juillet 1751, il fut porté, le même jour, sur les fonts baptismaux. Son frère Pierre, qui était son parrain, lui donna, suivant en cela une pratique bien chrétienne de sa chrétienne famille (2), le nom du saint

(1) Arch. des H.-P. Livre de raison de P. Lassalle. Reg. de l'administration municipale de Saint-Pé.

(2) Jean-Félix, l'aîné de la famille, né le 29 août 1732 et baptisé le 30, reçut les noms de Jean et de Félix fêtés les 29 et 30 août ; Jeanne-Marguerite, baptisée le 20 juillet 1731, reçut pour la même raison le nom de

martyr Procope, inscrit dans le martyrologe,
ce jour-là. « Après qu'il eut fait ses premières
classes sous les religieux bénédictins de
Saint-Pé, son frère Pierre le fit recevoir au
noviciat de la Doctrine chrétienne, à Toulouse,
en décembre 1767. Il enseigna longtemps
la Grammaire et les Belles-Lettres au collège
de Lesquille à Toulouse et ailleurs, et la
théologie au collège de Gimont, au séminaire
de Condom et au collège de Villefranche en
Rouergue, où il était recteur à l'époque de
la destruction des congrégations enseignantes
(18 août 1792). »

Cette dernière date, comme du reste les
notes biographiques sont de Pierre, frère de
Procope. (1) Et, s'il fallait s'en rapporter à lui,
nous devrions conclure que ce dernier avait,
tout comme son frère aîné, prêté le serment
de la Constitution civile. Mais des renseignements qui nous ont été communiqués de
Villefranche nous apprennent que, à la date
du 28 novembre 1788, il n'était plus recteur
du collège. Il est cependant encore dans la
maison au mois de juillet 1789, mais dès le
début de 1791, le P. Procope n'était plus au
nombre des professeurs. (2)

Marguerite ; Pierre, né et baptisé le 1er août 1739, fu
appelé Pierre, de la fête de saint Pierre ès liens ; Faustin-
Jovite, né et baptisé le 15 février, reçut le nom des
deux saints de ce jour ; Julien, baptisé le 17 février
1715, reçut le nom de saint Julien, martyr en Cappadoce,
qui est dans le martyrologe ce jour-là ; Suzanne, baptisée
le 11 août 1747, reçut le nom de sainte Suzanne qui est
aussi dans le martyrologe, en ce jour ; enfin Thérèse,
née et baptisée le 10 mai 1746, reçut peut-être son nom
de sainte Thérèse dont on fête ce jour-là l'anniversaire
de la canonisation.

(1) Arch. des H.-P. Livre de raison de Lassalle.

(2) Reg. des délib. de Villefranche, consulté par
M. l'abbé Mayran. — Notes de M. Urbain Cabrol.

Procope n'était donc plus obligé de prêter le serment schismatique. Et de fait son nom ne se trouve pas parmi ceux des doctrinaires de Villefranche qui, conduits par le P. Agret, jurèrent, le 23 février 1791, d'être fidèles à la Constitution civile. (1) Jura-t-il ailleurs, rien ne nous autorise à le dire.

Le nom de Procope ne se trouve pas davantage au nombre des doctrinaires qui, en septembre 1792, firent le serment à Villefranche de maintenir la Liberté et l'Egalité. Il le prêta cependant, croyons-nous. (2) Nous avons déjà dit que ce serment n'a jamais été condamné par l'Eglise et que de bons esprits le tinrent pour légitime.

Toutefois Procope ne put échapper à la persécution. Dans les premiers mois de 1793, au mois d'avril au plus tard, son nom figure dans la liste des *Prêtres résidant à Villefranche*, en réclusion à Sainte-Claire, de cette ville. Un de ses co-détenus, l'abbé Martin Bros, curé de Labastide-Capdenac, a laissé quelques

(1) Ces renseignements nous ont été obligeamment fournis par M. l'abbé Mayran. Bien que la preuve ne soit pas sans réplique, l'incarcération, en 1793, de M. Procope nous paraît indiquer qu'il n'avait pas donné, au début du nouveau régime, tous gages à la Révolution.

(2) Le serment de la Liberté et de l'Egalité était imposé par la loi du 15 août 1792, sous peine d'exil, à tous les pensionnaires ecclésiastiques. Or Procope était pensionnaire. En 1811, il recevait 210 livres de pension. — La loi du 9 vendémiaire an 6, 30 septembre 1797, ayant réduit au tiers les pensions des ecclésiastiques, il s'ensuit que celle accordée à Procope, en 1792, s'élevait à 720 livres qui, à raison de 30 livres par année de séjour dans la Congrégation (loi du 18 août 1792), témoignait que M. Lassalle avait passé vingt quatre ans chez les Doctrinaires.

lettres qui nous donnent une idée de la vie qu'on menait dans cette prison. (1)

« Les premiers reclus qui ont été envoyés à Sainte-Claire, le mois dernier, écrivait l'abbé Bros, à la date du 17 février 1793, ont été plus à plaindre que nous ne le sommes maintenant. On se contentait de leur ouvrir la porte de la prison ; on la fermait ensuite sur eux, en leur disant : Arrangez-vous comme vous pourrez ! Pour se coucher, ils ne trouvaient que quelques mauvais bois de lit. Quant à la nourriture, l'Administration déclara qu'elle n'entendait pas nourrir les détenus. En sorte que si, en ville, des personnes pieuses et charitables, qui eurent connaissance de cette triste situation, ne fussent aussitôt venues à leur secours, en leur apportant des provisions de bouche de première nécessité et en étendant dans le parloir un peu de paille, pour y faire coucher ces prêtres, la plupart avancés en âge et infirmes, bientôt ils seraient tous morts d'inanition et de misère ». (2)

Le 25 mars suivant, l'abbé Bros écrivait, en terminant une lettre : « On prie beaucoup ici en réclusion ; il y a des moments dans le jour où la prière de tant de cœurs qui sont comme transpercés par la souffrance, semble monter vers Dieu. Unissez vos prières aux nôtres et que tout soit fait pour Dieu et avec Dieu ». (3)

Et le 20 avril, l'abbé Bros transcrit deux

______

(1) M. l'abbé Mayran a bien voulu m'obtenir communication des lettres d'un reclus, M. l'abbé Bros, publiées, en 1889, sur la GAZETTE DE VILLEFRANCHE (de Rouergue). Nous en citerons des extraits.

(2) GAZETTE DE VILLEFRANCHE (16 mars 1889).

(3) *Ib.* (23 mars 1889).

listes de reclus affichées sur la porte du parloir. L'une porte ce titre : *Liste des prêtres non assermentés en réclusion à Sainte-Claire*, et comprend les noms d'un assez grand nombre de curés et de vicaires, astreints par conséquent au serment de la Constitution civile. L'autre liste a pour titre : *Prêtres résidant à Villefranche en réclusion à Sainte-Claire*. Elle ne porte que des noms de chanoines, religieux ou prêtres libres qui n'étaient pas obligés au susdit serment. Parmi eux se trouve le nom de « Lassalle, ex-supérieur des Pères Doctrinaires ».

« Nous ne formons tous, continue l'abbé Bros, à la suite de ces listes, qu'un cœur et qu'une âme. On dirait que nous sommes réunis ici, non dans une prison, mais pour une retraite ecclésiastique dans un séminaire.

» Nous nous réunissons plusieurs fois le jour en groupes séparés, dans des lieux solitaires qui ne manquent pas dans l'enclos, pour faire en commun nos prières... Nous avons trouvé moyen, durant le temps de la nuit, dans une petite chapelle construite autrefois pour un ermitage, d'établir une oraison perpétuelle où l'un de nous passe la nuit en prières, les bras en croix. Après le premier, en succède un second qui, dans cette position suppliante, implore la miséricorde de Dieu.

» Il en est ainsi successivement jusqu'au point du jour ». (1)

Le P. Procope était l'un de ces *orantes* et il nous est doux de nous le représenter par la pensée, implorant, à son tour, les bras en croix, la miséricorde de Dieu pour le clergé et l'Eglise persécutée.

(1) Gazette de Villefranche (30 mars 1889).

Une lettre du même Bros, à la date du
10 mai, nous fait savoir que les reclus de
Sainte-Claire, laïques ou ecclésiastiques,
étaient au nombre de 204. Ce nombre deve-
nant trop grand, on parla d'envoyer, le
25 mai suivant, tous les prêtres à l'ancien
couvent de Sainte-Ursule de la même ville.

Le 18 juin 1793, M. Bros et 35 autres
prêtres du district furent envoyés de Villefranche à Rodez où ils furent mis en réclusion
à Sainte-Catherine. (1)

Le P. Lassalle fut-il du premier envoi ?
Je l'ignore ; toujours est-il cependant que,
dès au moins le mois de novembre 1793, il
était incarcéré dans cette maison, où il fut
soumis avec ses compagnons, au nombre
d'environ trois cents prêtres, aux vexations
les plus odieuses.

Le 24 février 1794, (2) le représentant du
peuple, Paganel, « ayant reconnu, écrit Pierre
Lassalle, que la réclusion de Procope était
sans cause, ordonna son élargissement. » (3)

Que devint l'abbé Procope Lassalle depuis sa
sortie de la réclusion ? Nous perdons sa trace
de 1794 à 1799. Nous savons toutefois qu'il
n'émigra pas. (4) Aurait-il été, en l'an IV,

---

(1) Gazette de Villefranche (6 avril 1889).

(2) Communication de M. l'abbé Mayran et de M. Urbain Cabrol, receveur des postes en retraite à Villefranche.

(3) Arch. des Hautes-Pyrénées. Livre de raison de
Lassalle.

(4) L'Annuaire de 1876, p. 79, écrit sur l'abbé Procope
Lassalle : « Ce n'est que par la fuite qu'en 1793 il put
échapper à la mort. Il se réfugia au fond d'une caverne
dans les montagnes où un ancien garde forestier de
Saint-Pé, nommé Lahore, le nourrit longtemps. Bientôt
ce dernier ne le croyant plus en sûreté dans cette retraite,
le conduisit lui-même en Espagne ». On voit combien

nommé professeur de l'école centrale de l'Aveyron ? (1)

A partir du 31 juillet 1799, Pierre Lassalle inscrit, dans son Livre de dépenses et de recettes, le prix des lettres reçues de Procope ou à lui envoyées, lesquelles dénotent évidemment sa présence à Villefranche ou dans quelque ville des environs. (2) Ces inscriptions nous ouvrent quelques intéressantes et courtes échappées sur la vie de M. Procope, mais nous font bien regretter la perte de la correspondance échangée entre les deux frères. Recueillons cependant ces miettes.

Le Livre des *Comptes* nous apprend que, le 12 janvier 1801, Procope relevait de dix jours d'une maladie sérieuse; (3) qu'au commencement de novembre de 1802, Procope était à Saint-Pé où peut-être il revenait pour la

ces traditions cadrent peu avec les renseignements certains donnés plus haut. Ajoutons que, dans le Livre des *Comptes* de Pierre Lassalle, nous lisons : « Le 5 juin 1803, timbre d'un certificat pour Procope de non émigration... 7 sols 6 deniers. »

(1) Dans une lettre écrite en 1806, Procope parle de vingt-six années d'enseignement. Et on ne lui en trouve que vingt-deux avant 1791. Serait-il comme Estarac, comme d'autres religieux, rentré dans l'enseignement, sous le Directoire, dans une Ecole centrale ?

(2) Le Livre des *Comptes* marque pour certaines lettres qu'elles sont timbrées de Villefranche. comme par exemple pour une lettre du 11 août 1801. Pour la plupart, le timbre n'est pas indiqué, mais le prix du port, 8 à 9 sols, qui était le prix ordinaire des lettres allant dans cette région ou en venant, est le signe qu'elles avaient cette provenance.

(3) « Le 7 février (1801). lettre de Procope Lassalle, ex-doctrinaire, du 12 janvier 1801, par laquelle il m'annonce à la fois et sa maladie et sa guérison ; après dix jours, il a rendu deux dépôts dont l'un à l'origine? et l'autre près de la poitrine. »

première fois depuis de longues années. (1)
Il en repartait dans les premiers jours de
décembre, passait à Toulouse, le 12, (2) et
arrivait bientôt à Villefranche d'où il écrivait
une lettre que Pierre recevait le 20 janvier
1803. (3) Il ne tardait pas à revenir à Saint-
Pé d'où, le 18 mars, il datait une déclaration
par laquelle il adhère au Concordat et recon-
naît Mgr Loison, évêque de Bayonne. (4) Il
repartait encore dans les premiers jours d'avril
et envoyait à son frère Pierre, qui les recevait
le 2 mai 1803, une lettre « avec l'attestation
ou certificat de son entrée dans la Doctrine
chrétienne et son acte d'adhésion au Concordat ». (5)

Le 8 mai, écrivant à l'évêque de Bayonne,
le même Pierre Lassalle dit que « son frère,
Procope, absent depuis un mois et à une distance de 60 lieues, sera de retour dans deux
mois et que son intention est de se fixer dans
le diocèse. » (6)

Les deux mois s'allongèrent car, le 1er décembre, Procope n'était pas encore revenu, du
moins définitivement. (7) Il rentra bientôt
cependant, car nous le trouvons à Saint-Pé, le

(1) Le 3 novembre (1802), une journée de Laurens
Miqueu, tailleur, pour Procope ; le 23 novembre, à
Laurens Miqueu, tailleur, pour Procope, deux journées.

(2) Le 23 décembre (1802), port d'une lettre de
Procope, timbrée de Toulouse, le 12.

(3) Le 20 janvier (1803), une lettre de Procope,
timbrée de Villefranche.

(4) Etats de 1803.

(5) Livre de *Comptes*, 2 mai 1803. — La première
formule aurait-elle été insuffisante ?

(6) Etats de 1803.

(7) Le 1er décembre (1803), port d'une lettre pour
Procope,... 13 sols ,

6 janvier 1801. (1) Et cette fois il ne repartit
pas, car le Livre de *Comptes* ne mentionne plus
de correspondance entre les deux frères.

*****

On trouvera peut-être que nous sommes
entrés dans de bien minutieux détails ; mais
qui donc, songeant à la rareté de nos documents, n'aurait aimé, comme nous, je ne dis
pas à glaner des épis, mais à recueillir un à
un les grains tombés de la récolte disparue,
afin d'avoir quelque chose, si petit fût-il, à
offrir à ceux qui, fils reconnaissants de Saint-
Pé, désiraient connaître l'homme que Dieu
avait choisi pour rendre la vie à la vieille
abbaye, et y fonder la grande pépinière des
prêtres du diocèse de Tarbes ?

Comme si Dieu en effet n'avait pas voulu,
pour établir définitivement l'œuvre qu'il voulait faire, de ceux qui s'étaient inscrits dans
le schisme révolutionnaire, il attendit, en leur
permettant de s'intéresser ardemment à la
fondation, d'apporter même en quelque sorte
les matériaux à pied d'œuvre, qu'ils eussent
disparu de ce monde et que l'abbé Procope
demeurât seul, nouveau Salomon, parce que
ses mains étaient restées pures.

Ce n'est pas que l'ancien supérieur des
Doctrinaires de Tarbes et aussi dom Estarac
n'eussent fait acte d'adhésion au régime du
Concordat, mais ils tinrent au schisme jusqu'à
la fin. Pierre Lassalle paraît avoir gardé les meil
leures relations avec l'évêque constitutionnel, le
citoyen Jean-Guillaume Molinier, dont il avait

---

(1) Le 6 janvier (1801), à Chapelier, sabotier à
Lourdes, pour une paire de sabots pour M. Proc... 15
sols.

été le collègue, le subordonné et le successeur au collège de Tarbes Le 25 mars 1801, il achetait au pêcheur Carrolis-Batsèque, de Saint-Pé, deux livres un quart de truites pour M. l'Evêque. (1)

Toutefois son adhésion au Concordat et sa soumission à Mgr Loison fut sincère et prompte. « Que ne suis-je plus jeune et moins usé, lui écrivait-il ; mon plus ardent désir serait encore d'être utile, mais la prudence me dit, comme au vieil Horace :

Solve senescentem mature, si sapis, equum,
Peccet ad extremum ridendum, et ilia ducat. (2)

Dom Estarac paraît s'être un peu plus tenu sur la réserve ; peut-être craignait-il d'être employé dans le saint ministère dont il ne voulait sans doute pas. Toujours est-il que, le 10 mai 1807, son frère Jean, curé de Saint-Pé, écrivait au secrétaire de l'Evêché de Bayonne : « J'ai communiqué à mon frère l'article de votre lettre qui le concerne. Il m'a répondu qu'il respecte infiniment Mgr l'évêque, qu'il a pour lui toute la vénération que méritent ses vertus et le caractère auguste dont il est revêtu, mais que n'aspirant à aucune place, que n'ayant d'autre ambition que celle de passer tranquillement ses jours dans le sein de sa famille, il ne croit pas avoir de motif d'écrire à ce prélat ; du reste,

(1) La mention se trouve en deux endroits, à la partie des recettes, sous cette forme : « Le 25 mars (1801), reçu de Carrolis deux livres et 1|4 de truites pour M. Molinier », et à celle des dépenses : « Le 25 mars (1801) à Carrolis-Batsèque, deux livres de truites pour M, l'Evêque, 18 sols. »
(2) Etats de 1803.

il est très sensible à votre souvenir ; il vous
salue avec respect ainsi que moi (1).

(1) M. Jean-Zéphyrin Labatut, maire suspendu de
Saint-Pé, écrivait. le 12 juillet 1812, ces lignes contre
dom Estarac dont il craignait la nomination comme curé
de Saint-Pé, après la mort de son frère : « Quant à M.
Estarac, j'aime à croire qu'il se rend justice, ou que du
moins il connaît l'opinion des habitants de Saint-Pé, à
son égard. » (Arch. personnelles). Qu'est-ce à dire ? —
Jean Estarac semble avoir gardé des sympathies pour la
Constitution civile, et il ne serait pas surprenant que son
frère les partageât. Jean écrivait. le 6 juillet 1806, à
M. Lamarque, vic. gén. : « Il est inutile, je pense, que je
vous dise que c'est une vérité certaine que, dans l'an 7, il
y avait un curé légitime à Saint-Pé, vrai titulaire qui exerçait librement ses fonctions et qui les exerçait depuis
vingt-cinq ans ; il est vrai encore que ce curé avait prêté
le serment de 1790 et que cet acte d'obéissance aux lois
ne lui avait pas enlevé la confiance de ses paroissiens. Je
me persuade que vous croyez tout comme moi que cette
prestation de serment ne lui avait pas non plus fait
perdre sa qualité de pasteur légitime. » (Ib.)

CHAPITRE II

Les premières tentatives de rétablissement

Tels étaient, en 1804, les trois hommes qui s'étaient offerts au conseil municipal de Saint-Pé pour se mettre à la tête du collège que l'on voulait fonder. Mais, dès le début, l'administration diocésaine de Bayonne sembla se mettre en travers de l'entreprise, en la privant du meilleur de ses ouvriers. On venait de racheter la chapelle de Bétharram et l'on avait fait le projet d'y rétablir l'ancien pèlerinage.

M. Andeyaa, curé de Coarraze, « proposa d'abord verbalement et ensuite par écrit », à M. Procope Lassalle, de coopérer à la bonne œuvre. L'ex-doctrinaire répondit « qu'il prenait tout l'intérêt possible à Bétharram et qu'il y consacrerait volontiers ses faibles forces. » M. Andeyaa laissa ignorer à M. Lassalle « qu'il pensait à l'établir directeur de Bétharram. » Quand l'offre lui en fut faite, l'humble religieux, qui se défiait de lui-même, eût voulu refuser, mais enfin « il céda aux instances du curé de Coarraze et à celles de M. Lallemant, l'un des vicaires généraux de Bayonne, et il prit possession, le lendemain de Notre-Dame, 9 septembre 1805. »

Mais à peine avait-il commencé son supériorat que ses hésitations le reprirent. « Il craignait de ne pouvoir faire le bien qu'on était en droit d'attendre et d'exiger d'un directeur. Ses forces physiques et morales,

que les malheurs de la Révolution avaient
plus altérées que vingt six ans d'enseignement
public, lui permettaient-elles de remplir tous
les devoirs attachés à la place ? Les difficultés
lui paraissaient insurmontables ; un vaste
édifice à entretenir, sans meubles, sans effets
quelconques, sans revenus ; l'acquisition du
Calvaire que le P. Joseph (1), capucin, a faite
sa vie durant, sans pouvoir les transmettre à
personne. »

Il écrivit toutes ces raisons dans une lettre
adressée, le 17 mars 1806, à M. Lamarque,
vicaire général. Il terminait son plaidoyer
par ces mots : « Aux raisons d'insuffisance
que je vous ai exposées, je pourrais ajouter
la crainte que j'ai de perdre bientôt l'ouïe :
depuis deux mois, j'éprouve par temps un
grand bourdonnement aux oreilles». (2)

Les supérieurs n'avaient garde de se priver
du concours de cet homme pieux et prudent
et, au lieu d'accepter la démission qu'il offrait,
ils ajoutèrent en 1808, à sa première charge,
celle de la direction du Petit-Séminaire qu'ils
établirent dans la maison même de Bétharram.

* * * * *

A ce coup, il semblait que le projet de
Collège-Séminaire de Saint-Pé allait définitivement être abandonné ! D'autant que, dans
son instruction pour le Carême de l'année

---

(1) Le 22 août 1806, M. Lassalle écrivait : « J'envoie
copie de deux lettres que je reçois de Bétharram ; si
Mgr peut étouffer le foyer des dissensions scandaleuses
qui divisent Beth. et Lestelle en deux partis, il opérera
le plus grand bien. » Et en post-scriptum : « Le P. Joseph
et son confrère se donnent de grands mouvements pour
s'enraciner à Beth. L'air doit leur être favorable. Ils ne
se bornent pas là... » (Arch. personnelles).

(2) Arch. personnelles.

1809, Mgr Loison écrivait : « Vos aumônes nous ont fourni quelques moyens pour former à Bétharram un Petit Séminaire où déjà nous avons reçu quelques élèves des Basses et Hautes-Pyrénées. Avec quelle consolation, avec quelle joie nous vous annonçons qu'à l'aide des dons que nous avons recueillis, qu'à l'aide de ceux que nous nous promettons encore de votre piété, nous espérons donner à la Maison de Bétharram une extension telle que cet établissement suffira pour les jeunes élèves de tout le département des Hautes-Pyrénées et pour une très grande partie des Basses ».

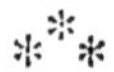

Mais, loin d'éteindre l'ardeur des trois religieux de Saint-Pé, ces paroles paraissent au contraire l'avoir augmentée.

Si aucune ouverture au sujet du projet n'avait encore été faite à l'évêque de Bayonne, cela ne tarda pas beaucoup. Dans les premiers mois de 1810, peut-être même dès la fin de 1809, Mgr Loison, profitant sans doute d'une visite à Bétharram, poussa jusqu'à Saint-Pé. Le P. Procope assurément l'accompagnait ; Pierre Lassalle et dom Estarac, peut-être M. Bernard Mounic, le maire provisoire de Saint-Pé, l'accueillirent, et tous ensemble ils se rendirent dans l'ancien monastère. L'évêque visita assez rapidement la maison et l'enclos ; de la maison même il ne vit qu'une partie. Néanmoins le monastère et ses dépendances plurent à Mgr Loison et, comme le coup d'œil avait été trop sommaire, le prélat demanda qu'on lui rédigeât un mémoire détaillé sur l'état et les ressources de la maison.

Ce fut dom Estarac qui fut chargé de la rédaction. (1)

« Monseigneur l'évêque, débute-t-il, a vu le monastère et l'enclos de ses propres yeux et, quoique Sa Grandeur n'ait vu tout cela que d'une manière très rapide. elle aura aperçu tous les avantages qu'offre ce local pour y établir un collège-séminaire ».

Estarac divise son travail en sept chapitres, dont le premier traite de l'enclos.

« Entouré de murs à chaux et à sable, assez élevés et en assez bon état. il a huit journaux du pays. Il est arrosé par deux ruisseaux qui ne sont jamais à sec.

» Le premier, la *Batmale*, le traverse du Nord au Sud (lire de l'est à l'ouest), et sépare la terrasse et les bâtiments de l'enclos. Il y a sur ce ruisseau un beau pont à deux arches, en pierre de taille, en très bon état. En faisant, comme on l'avait fait anciennement, une digue et écluses à l'endroit où la Batmalle sort de l'enclos, on aura. à très peu de frais, un canal fort long, de dix à douze pieds de largeur, de cinq à six pieds de profondeur, qui rendra l'enclos inaccessible de ce côté, en faisant une porte à l'entrée du pont, qui produira spontanément une grande quantité de bonnes et belles anguilles et où l'on pourra nourrir des carpes, des tanches, etc.

(1) Nous avons trois exemplaires de ce mémoire, un seul est signé. L'un est de l'écriture d'Estarac et ne peut manquer d'être l'original. Outre que certains détails décèlent le professeur et l'ecclésiastique et que le cidevant bénédictin était tout naturellement désigné pour ce travail, à raison de son âge relativement jeune, les ratures évidemment d'auteur que porte son manuscrit prouvent qu'il est bien le rédacteur du mémoire.

» Le second ruisseau, l'*Arrieü*, traverse l'enclos de l'Ouest à l'Est (lire du Nord au Midi), et sert à arroser facilement et abondamment plus de la moitié de l'enclos. Il y avait autrefois, dans cette partie de l'enclos, un vivier entretenu par les eaux de ce ruisseau; il a été comblé depuis quelques années.

» On peut faire, dans cet enclos, un jardin potager aussi étendu que l'exigeront les besoins de l'établissement; un jardin fruitier dont les produits seront extrêmement utiles; y récolter une provision de gros légumes, tels que pois, haricots, fèves, etc., ou y nourrir quelques vaches, ou y engraisser des bœufs pour la consommation de la maison, etc. Et les deux ruisseaux fourniront amplement aux irrigations, aux besoins de la cuisine, de la buanderie. Il y avait autrefois sur l'*Arrieü*, un petit bâtiment de bains, avec une cheminée, deux baignoires, etc.

» Cet enclos seul vaut huit mille francs. Le propriétaire en retirera au moins cette somme, quand il voudra, en vendant soit en bloc, soit en détail ».

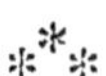

Le *Mémoire* continue par le rez-de-chaussée qu'il décrit et dont il expose l'utilisation qu'on en peut faire. « On trouve au rez-de-chaussée, une avant-cour, une grande cour entre les écuries et le monastère, une terrasse longue et large du côté de l'enclos. le long du canal de la Batmale, et une autre grande cour à l'Ouest du monastère, entourée par les deux ailes du cloître, par l'église et par une muraille d'une hauteur considérable. Cette disposition facilite les moyens de partager

les élèves, durant les récréations, en quatre
divisions principales, si on le juge utile,
soit pour faciliter la surveillance, soit pour
éviter les accidents, soit pour tout autre motif.

» Pour mettre les élèves à l'abri du mauvais temps, durant les récréations, on a le
cloître au rez-de-chaussée, le dessus du cloître,
la galerie et le rez-de-chaussée de cette galerie. Voilà encore quatre divisions les jours de
mauvais temps, si on le juge convenable.

» Le corps de bâtiment qui comprend la
loge du portier, les écuries, les greniers à foin,
la porte-cochère, les remises, la buanderie et
la boulangerie, fournira amplement et à peu
de frais toutes les salles dont on peut avoir
besoin pour toutes les classes : avec cet avantage bien appréciable que chaque salle peut
avoir une porte donnant sur la cour pour les
pensionnaires, et une autre porte donnant sur
la rue pour les externes ; en sorte que les pensionnaires et les externes n'auraient jamais de
communication entre eux qu'au moment de la
classe et sous les yeux de leurs Professeurs :
avantage précieux dans toute maison d'éducation. On trouvera dans cette partie toutes les
salles nécessaires en conservant la porte-cochère et la remise attenante, ainsi que la
buanderie et la boulangerie, situées à l'extrémité de ce corps de bâtiment près de la cuisine.
Ce seul corps de bâtiment vendu en détail
donnerait au propriétaire environ huit mille
livres.

» Le rez-de-chaussée du grand bâtiment
offre, outre le cloître dont nous avons parlé,
deux grandes et belles salles, en bon état, que
Mgr l'Évêque a vues ; ainsi que la belle cuisine
qui est à l'extrémité du côté de l'enclos ; mais

ce que Monseigneur n'a pas vu, c'est l'appartement qui est à la suite de ces deux salles, entre la salle de compagnie et la cuisine, communiquant par une porte, aux deux salles; par une autre à la grande cour orientale, et par une troisième (quatrième ?), à côté de celle de la cuisine, au-dessous du cloître et à l'escalier qui conduit à la galerie et au premier. Cet appartement, où il y aurait très peu de dépense à faire, conviendrait parfaitement pour loger Sa Grandeur, lorsqu'elle viendrait visiter cet établissement. On peut facilement y faire un cabinet d'étude, et une chambre pour le valet de chambre.

**

» Le rez-de-chaussée du bâtiment appelé l'*Hôtellerie et l'Infirmerie* donnera de quoi faire un réfectoire, très à portée de la cuisine, une salle d'étude et quelque salle pour les classes, si on en a besoin.

» Il y a encore une cave plus que suffisante pour les besoins de l'établissement. (1)

» On trouve encore au rez-de-chaussée deux portes de communication, l'une avec l'église, l'autre avec la sacristie.

» L'étendue de l'église et ses nombreuses stalles offrent les moyens de faire assister décemment les séminaristes à tous les offices et de les exercer au chant et aux cérémonies.

**

» Au premier du grand corps de logis,

---

(1) L'article de la cave est passé dans la Mémoire d'Estarac. Un signe indique seulement que quelque chose manque.

continuait le Mémoire, en son chapitre 3, pourront être logés MM. les grands-vicaires et le secrétaire, M. le Directeur du séminaire et MM. les professeurs. L'appartement du prieur des Bénédictins et celui du Procureur ont chacun trois pièces ; les autres ont au moins une chambre, une alcôve, un cabinet et un bouge. Il y a aussi deux appartements semblables au second.

» Au premier de l'Hôtellerie et de l'Infirmerie, il y a quatre grandes chambres, avec des bouges que l'on pourra utiliser selon les besoins de l'établissement, soit pour y placer des lits de pensionnaires soit pour toute autre chose. »

« On peut placer au second du grand corps de logis, poursuivait Estarac au chapitre 4, un grand nombre de lits d'élèves, surtout si l'on fait le corridor au milieu et que l'on place les petites chambres à droite et à gauche du corridor. Ce logement est extrêmement sain, puisqu'il y a des ouvertures à l'Est, à l'Ouest, au Nord et au Sud. »

L'ex-bénédictin, au chapitre suivant, déclarait que le troisième pourrait être aménagé tout comme le second. Ce troisième est le grenier ou mieux la fameuse mirande de dom Jean-l'Evangéliste Guillaume ; vu, en effet, le dégagement de sa charpente et la grandeur des lucarnes, la mirande pouvait fournir de petites chambres assez convenables. Ce grenier était inutile car « le second de l'Hôtellerie et de l'Infirmerie en fournirait de suffisants ».

**

« Pourvu qu'on donne un fort à compte au propriétaire, terminait Estarac dans son sixième chapitre intitulé *Observations générales*, il donnera des termes pour le reste du paiement. Il demande de plus qu'on s'engage à recevoir son fils gratuitement dans la pension, lorsqu'il aura un garçon, et que M. Lassalle, directeur, lui promette *verbalement* de faire moudre à son moulin tout le grain qui se consommera dans la maison. (1)

» Les externes trouveront à se loger dans la ville. Il y a tous les artisans nécessaires : des tailleurs, des cordonniers, des couturières, des boulangers, des faiseurs de bas, etc.

» Ceux de MM. les professeurs qui seront prêtres et approuvés par Mgr l'Évêque pourront se rendre à Bétharram, pour y confesser et pour y faire les offices toutes les fois que cela sera nécessaire, comme à l'Assomption, à la Nativité. Et par ce moyen simple et peu pénible pour ces messieurs, la chapelle de Bétharram sera desservie comme il convient.

» Les propriétaires de Saint-Pé enfin, qui ont des arbres dans leurs métairies, en offriront volontiers pour les premières réparations et pour la mise en état. »

***

Le *Mémoire* se terminait par un septième chapitre intitulé : *Dimensions des bâtiments*. Et sans doute dom Estarac et Pierre Lassalle avaient parcouru, les instruments d'arpentage en main, les diverses parties de la maison. Ils relevèrent les mesures suivantes, dont quelques-unes ont d'ailleurs été données au chapitre 1er de cette étude ; mais on ne nous en voudra pas de les reproduire ici avec les autres.

(1) Donc un des Lassalle devait être le directeur du Collège-Séminaire.

» Le grand escalier a 23 empans 1/2 (5ᵐ 40) (1)
de long (du mur de l'église à celui de la
première salle du couvent), et 39 et 1/2 (9ᵐ 10)
de large (entre les portes de l'Est et de l'Ouest)
non compris les murs.

» Le grand corps de logis a 179 empans
(40ᵐ 35), sur 36 empans 1/2 (8ᵐ40).

» Le cloître a 120 empans (27ᵐ 60) sur
14 3/4 (3ᵐ 40. (2)

» Le dessus de la galerie et la galerie ont
132 empans (30ᵐ 35), sur 15 (3ᵐ 45)

» L'Hôtellerie a 132 empans (30ᵐ 35), sur
34 (7ᵐ 80).

» Le corps des Ecuries, Boulangerie :
38 empans (8ᵐ 75), sur 26 (6 mètres).

» De la Boulangerie à la Grille, 166 empans
(38ᵐ 20), sur 26 (6 mètres). »

Quand le travail de rédaction fut terminé,
soit que Mgr Loison eût manifesté le désir de
le recevoir de la main du maire de Saint-Pé,
soit que les prêtres de Saint-Pé crussent bon
d'ajouter à la requête du clergé le poids de
l'autorité municipale, dom Estarac remit son
écrit au maire provisoire. M. Mouniq le fît
transcrire, apposa sa signature au bas de la
copie et l'expédia à Bayonne.

Quelques jours après une nouvelle pièce
partit de Saint-Pé. Vers la fin de son *Mémoire*,
dom Estarac avait assuré que les propriétaires
de la ville aideraient de leurs dons aux répa-

(1) En donnant à l'empan 0ᵐ 23.
(2) Estarac ajoute ici : Le cloître haut de même. Ces
mots sont passés dans les autres exemplaires du Mémoire, et justement. Le haut du cloître n'avait pas toute
la longueur du cloître : la chambre du prieur en occupait
une partie.

rations et à l'aménagement des locaux du futur collège-séminaire.

Cette phrase devait faire naître l'idée d'organiser une souscription dans Saint-Pé, non-seulement pour les réparations, mais même pour l'acquisition du couvent. Et en effet, l'idée naquit bientôt : elle prit corps un jour que Pierre Lassalle, dom Augustin Estarac et le curé de Saint-Pé, Jean Estarac, se trouvaient réunis, dans la maison de ce dernier, à ce qu'il semble. (1)

Dom Augustin prit une feuille de ce papier bleu et vergé, sur lequel il avait déjà écrit son *Mémoire*; et, en tête de la première page, il libella ce titre :

TABLEAU

DES HABITANTS DE LA VILLE DE SAINT PÉ QUI FONT LEUR SOUMISSION INDIVIDUELLE POUR L'ACQUISITION DU MONASTÈRE ET DE L'ENCLOS DE SAINT-PÉ, DANS LA VUE D'Y ÉTABLIR UN COLLÈGE-SEMINAIRE.

Il écrivit ensuite, de son écriture, cette première ligne :

1. Je soussigné m'oblige de donner mille écus. . . . . 3 000 livres

Il passa la feuille au P. Pierre Lassalle qui signa de sa ferme écriture : LASSALLE, ex-Dne.

Dom Augustin écrivit une seconde ligne :

(1) L'ex-bénédictin écrivit le titre de la souscription, et les trois premières souscriptions, signées de Lassalle et des deux Estarac : ceci permet de supposer que les trois hommes étaient ensemble. Les feuilles revinrent chez Estarac, où elles furent clôturées par dom Augustin, lequel inscrivit même la servante de la maison après la clôture.

2. Je soussigné m'oblige de donner 36 livres,
et le curé signa de son nom : J. ESTARAC.

A son tour, sous la troisième ligne qu'il
venait d'écrire et dans laquelle il s'obligeait de
donner. . . . . 30 livres,
le bénédictin signa ses nom et prénoms :
Aug. Franç. ESTARAC.

Puis les trois conjurés cherchèrent quelqu'un pour colporter la feuille à travers Saint-
Pé. Deux hommes s'offrirent (1) dont l'un
paraît avoir été un cloutier, Guillaume Vignalou. Les quatre pages se remplirent et puis
encore trois autres pages d'une seconde feuille.

Nous ne résistons pas au plaisir de transcrire ces promesses, celles des riches et
celles des pauvres, celles de ceux qui ont
su écrire et signer, et celles de ceux qui n'ont
pas su, celles-ci souvent plus touchantes et
plus généreuses. Ce sera le premier *Tableau*
d'honneur du Petit-Séminaire.

4. Je soussigné m'oblige de donner douze
francs : LABAU ;

5. Louis LATAPIE-BAIRO a promis un chêne
et n'a su signer ;

6. Bernard SOULAN a promis un chêne, n'a
su signer de ce requis ;

7. Jean LATAPIE, marié chez MARROUAT, a
promis un billon de douze empans de châtaignier, n'a su signer de ce requis ;

8. Je soussigné m'oblige de donner six
francs : SEANGUINET.

—————

(1) Les pages souscrites, outre les lignes tracées
en petit nombre par les souscripteurs eux-mêmes, pré-
sentent deux groupes de lignes tracées par la même
main : du n° 4 au n° 17. sauf le n° 13 écrit
par M. Mouniq, c'est une écriture fine et légère que
nous ne savons à qui attribuer ; du n° 31 à la fin, sauf
quatre ou cinq inscriptions, il semble bien que l'écriture
soit celle de Guillaume Vignalou, un voisin des Estarac.

9. Je soussigné m'oblige de donner un char de chaux : François Crabé ;

10. Pierre Cuyaubère a promis un char de chaux ; n'a su signer.

11. Je soussigné m'oblige de donner un char de chaux : Jean-Bernard Artigau ;

12. Bernard Lacrampe, marié chez Arboucalot, a promis un chêne ;

13. Je déclare donner un char d'ardoises et les clous nécessaires pour l'employer : Jean-Bernard Mouniq ;

14. Pierre Cami dit Peyrahitte a promis un chêne et n'a su signer ;

15. Toulet d'Arrieullès a promis dix quintaux de chaux ; n'a su signer ;

16. Couloume, marié chez Guillaumet, a promis dix quintaux de chaux et n'a su signer ;

17. Lacrampe, marié chez Touladet, a promis un char de chaux et n'a su signer de ce requis ;

18. Jean Borde, percepteur à vie du canton de Saint-Pé, a promis et s'inscrit pour la somme de six francs : Jⁿ Borde pr.

Deux hommes se trouvaient en ce moment avec M. Bordes : Jean Mantis, le légendaire agent national de l'an II, et Jean Palet. Le percepteur, prié sans doute par ses compagnons, écrivit les deux promesses suivantes qu'ils n'eurent qu'à signer :

19. Jean Mantis, forgeron, a promis et s'est inscrit pour la somme de six francs et a signé : Mantis.

20. Jacques Palet a promis et s'inscrit pour un millier de clous d'ardoise pour la toiture et a signé : Jacques Palet.

21. Pierre Navailles dit Grabe s'inscrit pour trois francs : Navailles ;

22. Henri Caubolle s'inscrit pour un chêne

ou pour un char de chaux et a signé : CAUBOLLE ;

23. Dominique Latapie-Joliboi (1) s'inscrit pour 1000 clous d'ardoise : LATAPIE ;

24. Jⁿ Grand s'inscrit pour un chêne et a signé : JEANGRAN ;

25. Labarrère-Treberou a promis un chêne et a signé : LABARRÈRE ;

26. Dominique VIGNETTE a promis un char de chaux et n'a su signer ;

27. QUINTA a promis dix quintaux de chaux et n'a su signer ;

28. Jean-Pierre Bordedebat déclare de donner six francs : BORDEDÉBAT ;

29. Jean COURET déclare de donner dix quintaux de chaux et n'a su signer ;

30. LOUDAS déclare de donner un chêne et n'a su signer : (2)

31. Le s. Penen s'est inscrit pour six francs et a signé : PENEN ;

32. Le s. Bazi s'est inscrit pour un chêne et a signé : BAZI ;

33. Le sʳ PEYRAS s'est inscrit pour trois francs et n'a su signer ;

34. Le sʳ Chaubet s'est inscrit pour trois francs et a signé : CHAUBET ;

35. Le sʳ COUROUAU déclare de donner un chêne : CAZE ; (3)

36. Serre s'inscrit pour un chêne et a signé : SERRE ;

37. Le sʳ COURADE s'est inscrit pour un char de chaux et n'a su signer ;

38. Le sʳ SIEULOT s'est inscrit pour la somme de six francs et n'a su signer ;

39. Le sʳ CASSADOU de delà le Gave s'est

---

(1) Dominique Latapie-Toustard dit Jolibois.

(2) En marge après Loudas, on lit : Bedet O.

(3) Caze est une signature sous la ligne de Courouau ; s'appelait-il Caze-Courouau ?

inscrit pour dix quintaux de chaux et n'a su signer ;

40. Le s^r Espiaube s'est inscrit pour trois francs et a signé. (La signature manque).

41. Le s^r Brieulé s'est inscrit pour un char de chaux et n'a su signer ;

42. Mr Ganderatz s'est inscrit pour deux chênes et a signé et deux chars de chaux quand il en aura de faite : Ganderatz ;

43. Barthélemi Borde s'est inscrit pour six francs qui a promis de le payer et a signé : Borde ;

44. M. Nicolau s'inscrit pour 48 livres : Nicolau ;

45. Le s^r Jean Vignalou, premier cadet, s'est inscrit pour un millier de clous d'ardoise et n'a su signer ;

46. Le s^r Daniel Roques Poutrangle s'est inscrit pour six francs et a signé : Roques ;

47. Le s^r Labassère, aîné, s'est inscrit pour deux mille clous d'ardoise et a signé : Labassère, aîné ;

48. Le s^r Pierre Latapie-Esquerré s'est inscrit pour trois francs et a signé : Esquerré ;

49. Le s^r Jacques Cayrou s'est inscrit pour un franc et a signé : Cairo ;

50. M. Ragelle, greffier du juge de paix, s'est inscrit pour la somme de douze francs et a signé : Ragelle ;

51. Le s^r Dussom s'est inscrit pour six francs et a signé : Dussom ;

52. M. Lanère, juge à Pau, s'est inscrit pour dix-huit francs. : Fr. Lanère.

53. Le s^r Jean Lacrampe Palet s'est inscrit pour mille clous d'ardoise et a signé : Palet ;

54. Le s^r Pierre Marinat s'est inscrit pour un franc cinquante centimes et a signé : Marinat ;

55. M. Claverie, adjoint, s'est inscrit pour pour six francs et a signé ; Claverie ;

56 Le s^r Pedibos s'est inscrit pour mille clous d'ardoise : Pedibos ;

57. Le s^r Pierre Baylou s'est inscrit pour trois journées en son état de maçon et a signé : Bailou ;

58. Le s^r Canton-Ganet s'est inscrit pour deux mille clous d'ardoise et n'a su signer ;

59. Le s^r Jean-Jacques Lacrampe-Colomiès s'est inscrit pour mille clous d'ardoise et n'a su signer ;

60. Le s^r Lacrampe-Hauret s'est inscrit pour un franc et a signé : L.pe hauret ;

61. Le sieur Pierre Gros s'est inscrit pour six francs et a signé : Gros ;

62. Le sieur Jacques Lartigue s'inscrit pour trois francs et n'a su signer ;

63. Le s^r Garrapit s'est inscrit pour mille clous d'ardoise et a signé : Garrapit ;

64. Le s. Lareng s'est inscrit pour un franc et a signé : Lareng.

65. Le s^r Mantis s'est inscrit pour un franc cinquante centimes et n'a su signer ;

66. Le s^r Pierre Lespoune, charpentier, s'est inscrit pour deux journées et n'a su signer ;

67. Le s^r Lapaille, charpentier, s'est inscrit pour quatre journées et a signé : Lapaille ;

68. Le s^r Latapie Lurmou s'est inscrit pour trois francs et a signé : Latapie ;

69. Le s^r Rébitté s'est inscrit pour mille clous d'ardoise et a signé. Rébitté ;

70. Le soussigné s'oblige pour douze francs : Labatut, ptre.

71. Le s^r Maisounave s'est inscrit pour six francs et a signé : Maisounave ;

72. Le s^r Bruet s'est inscrit pour un millier de clous d'ardoise et a signé : Jeanroc Maisounave ; (1)

---

(1) Serait-ce que Bruet était un surnom et Maisounave le nom ?

73. M. Beulac, adjoint, s'est inscrit pour six francs et a signé : Beulac;

74. Le sr Gajo s'est inscrit pour mille clous d'ardoise et a signé : Gayo;

75. Le sr Berdou s'est inscrit pour trois francs et a signé : Berdou;

76. Le sieur Préchac s'est inscrit pour trois francs, et a signé. : Jn Préchac 1er né;

77. Le sr Proubet s'est inscrit pour un franc et a signé : Ae Proubet;

78. Le sr Guillaume Vignalou s'est inscrit pour deux mille clous d'ardoise et a signé : Vignalou;

79. Le sr Turon s'est inscrit pour un char de chaux et n'a su signer;

80. Le sr Jean-Marie Barraqué s'est inscrit pour six francs et a signé : Jn Barraqué.

81. Le sr Pierre Sabalot s'est inscrit pour mille clous et a signé : Pierre Sabalot;

82. Le sr Montirou s'est inscrit pour douze francs et a signé : Montirou;

83. M. Lacadé, juge de paix du canton de Saint-Pé, s'est inscrit pour vingt-quatre francs et un char de chaux lorsqu'il en aura de faite et a signé : Lacadé;

84. Le sr Thomas Azero s'est inscrit pour six francs et a signé : Azero.

Vignalou rapporta chez Estarac ses deux dernières feuilles garnies et dom Augustin, tirant un trait sous la dernière ligne, s'apprêtait à totaliser les promesses souscrites lorsque *Mimi*, la servante de la maison, demanda à prendre part à la souscription. La liste étant close, le bénédictin écrivit, entre la souscription de M. Lacadé et celle d'Azero, cette ligne : Mimi servante chez M. Estarac a promis six francs : 6 f.

Le nombre des promesses s'élevait donc à 85.

Faisant alors le total des souscriptions, dom

Estarac en dressa le résumé suivant, au bas
de la septième page du tableau.

<pre>
En argent. . .   3334 fr.
Clous . . . . .   19 mille
Chaux. . . . .   12 chars et demi
Chênes   13
</pre>

« Non compris, ajouta-t-il, les journées que
l'on fera faire par corvée. »

Les deux feuilles furent alors portées chez
M. Jean-Bernard Mouniq. Là sans doute on
remarqua que, dans son total, dom Estarac
avait oublié de noter le char d'ardoises promis
par le maire provisoire. Quelqu'un de la famille, peut-être Montirou, prit la plume et
ajouta au bas du total : « Outre un char d'ardoise. »

M. Mouniq, avant de transmettre la pièce,
tint à faire une déclaration importante : « Le
maire de la ville de Saint-Pé, écrivit-il à la
suite des souscriptions, n'a pu encore recevoir
les engagements de toutes les personnes de la
campagne et même de la ville qui ont la volonté d'en contracter pour le même objet ; il
se fait fort de leur faire tenir leurs promesses
et de leur faire fournir un bon nombre de
journées gratis. Jean-Bernard Mouniq, maire
provisoire. » (1)

Et le tableau de la souscription fut envoyé
à l'évêché de Bayonne. La nouvelle se répandit
bientôt de tous côtés qu'un collège-séminaire

(1) Archives personnelles. Le mémoire et la souscription ne sont pas datés. Le premier est, à ce qu'il
nous semble, antérieur à la seconde ; celui-là faisant
entrevoir ce que celle-ci nous donne. La souscription
d'autre part paraît antérieure au mois de septembre
1810, où l'un des signataires Jean Estarac fut frappé
d'une attaque d'apoplexie et de paralysie.

allait être établi à Saint-Pé. « Les curés des Hautes-Pyrénées l'annoncèrent à leurs fidèles ; la joie était dans tous les cœurs. » (1)

Mais de Bayonne aucune nouvelle ne venait. Le 18 septembre 1810, Procope Lassalle, n'y tenant plus, écrivit à son évêque : « Monseigneur, excusez ma hardiesse si je vous remets sous les yeux un objet qui vous a plu et qui peut procurer des avantages incalculables à l'Etat et à l'Eglise. Un établissement dans le monastère de Saint-Pé pour l'éducation de la jeunesse offre tous ces avantages.

» Saint-Pé est situé au centre des Hautes-Pyrénées ; les denrées y sont moins chères qu'à Tarbe, à Pau et même à Bétharram. Trois cents élèves et plus peuvent y recevoir la première éducation jusques à la philosophie ou théologie, sans constituer les parents à de grands frais. Bétharram avec un ou deux professeurs de philosophie ou de théologie pourrait donner le complément à leur éducation et ces deux maisons fourniraient à votre séminaire de Bayonne des sujets en abondance pour votre vaste diocèse.

» Veuillez, Monseigneur, vous serez secondé ; quoique Saint-Pé soit peu fortuné, il fera des sacrifices au delà de ses forces ; les habitants sont bons ; tous vous aideront de leurs bras, s'ils ne peuvent de leur bourse, à acquérir et à mettre en état cet établissement.

» Excusez encore, Monseigneur, ma hardiesse si je viens réveiller dans votre cœur des sentiments qu'il a manifestés dans l'abbaye même de Saint-Pé. (2) »

Un mois après, le 13 octobre, dom Estarac

(1) Arch. personnelles. Lettre de Procope, 30 décembre 1810.
(2) Archives personnelles.

écrivait au secrétaire de l'Evêché, M. Honnert, une lettre dans laquelle, après lui avoir annoncé que son frère, le curé de Saint-Pé, était cloué sur son lit depuis un mois par une attaque de paralysie et d'apoplexie, il terminait ainsi, en post-scriptum : « Où en sommes-nous de notre projet favori et bien utile à l'Eglise, de former un excellent collège-séminaire à Saint-Pé? » (1)

Aucune réponse ne venant, Pierre Lassalle revint à la charge auprès de Mgr Loison, à la date du 18 novembre 1810 : « Le gouvernement d'un grand diocèse, Monseigneur, embrasse tant d'objets divers qu'il n'est guère possible que quelqu'un n'échappe à votre sollicitude. Saint-Pé paraît être tombé dans votre oubli : permettez-moi donc, Monseigneur, de reporter votre esprit et votre affection sur un établissement qui doit perpétuer parmi nous la race sacerdotale.

« Saint-Pé est le centre non seulement de votre nouveau diocèse, mais il l'est encore de trois anciens diocèses (Oloron, Lescar et Tarbes) qui étaient et qui seront toujours, si on le veut, une pépinière abondante de bons sujets. Si pour leur éducation vous les transportez à Dax ou à la Roussole (Laressore), vous décuplez les dépenses de leurs familles...

» A Saint-Pé, vous trouvez, Monseigneur, toutes les convenances et tous les avantages possibles. Il est point central et peu éloigné pour tous les sujets des trois anciens diocèses : l'air y est salubre ; on n'y voit jamais de maladies épidémiques ; les Bénédictins y en-

_____

(1) Archives personnelles.

voyaient les malades dont la médecine désespérait, et ils guérissaient. »

Et, à nouveau, il décrit brièvement les avantages de la maison. Puis il continue : « Le bois de charpente vous sera toujours donné, comme à présent, pour les réparations ; celui de chauffage, le charbon, les clous, l'ardoise y sont à meilleur marché que partout ailleurs.

» Si Votre Grandeur se décide promptement pour l'acquisition du monastère, le conseil de la commune veut appeler trois ou quatre sœurs hospitalières : elles seront logées dans la maison abbatiale, attenante au vieux couvent, où sont les infirmeries ; elles pourront être chargées de l'éducation des jeunes filles, du blanchissage du linge de la maison et des élèves, du soin des malades aux infirmeries et de la distribution des secours à domicile : le lavoir est dans la maison, au bord même du ruisseau .Pour la communication des deux maisons, il suffira de rouvrir une porte.

» Les élèves externes seront, à un prix modique, logés, chauffés, blanchis dans les maisons des particuliers. A Saint-Pé, ils ne seront point exposés, comme dans les grandes villes, au scandale des mœurs publiques. Nous n'avons ni cafés, ni salles de jeux ou de comédie, ni maisons de désordre ; mais en revanche de nombreux ateliers de travail, qui entretiennent la santé et les bonnes mœurs : un corps fatigué ne demande que nourriture et repos, *ut adsuetam fortius præstet vicem.*

» Si Votre Grandeur avait besoin d'user de nos eaux thermales, cette maison, qui est à une égale distance des unes et des autres, serait pour elle un lieu de préparation avant, et un lieu de repos après. Puisse cette observation être sentie et plaire à M. l'abbé Lallemant, dont nous désirons de conserver longtemps la vie et la santé.

» Voilà, Monseigneur, les commodités et les avantages que vous offre notre petite ville et que vous ne trouverez point ailleurs. Si la suppression de la liquidation générale ne m'enlevait point une somme de quinze à seize mille francs, je l'emploierais volontiers à cette précieuse acquisition et, en vous en présentant les clefs, je vous dirais : « Voilà, Monseigneur, un Collège-Séminaire ; donnez-lui de bons professeurs et les élèves afflueront de toutes parts. »

» Du reste ce que je ne fais pas aujourd'hui, j'espère de le faire dans la suite, et le terme ne peut être bien éloigné. Nous sommes sans postérité et d'un âge avancé. (I) Notre bien doit aller aux pauvres et à l'Eglise ; nos proches sont ou riches ou dans une grande

---

(I) Le père du doctrinaire, Emmanuel Lassalle, était mort le 16 mars 1762 ; sa mère, Marie d'Yzès, le 20 septembre 1783. De leurs quinze enfants, sept étaient morts en assez bas âge. Au commencement du dix-neuvième siècle, il ne restait plus que les trois religieux et trois sœurs : Julien, médecin à Bordeaux, y était décédé le 5 novembre 1782 ; Jean-Félix, l'aîné, était mort à Saint-Pé, le 21 juin 1798. Deux sœurs moururent dans les premières années du siècle : Jeanne-Françoise (Mlle Fanchon), le 26 septembre 1801, Jeanne-Marguerite, veuve Guichon (de Pontacq), le 22 février 1802. Marie (Mlle Marion), mourut le 4 avril 1812. — Cf. ANNUAIRE de 1876. La vie de Procope serait à reprendre presque tout entière. Son auteur ne s'est pas aperçu, bien que les documents lui en fournissent la preuve évidente et facile, que le Livre de *comptes* qui a servi à faire la vie de Procope était celui de Pierre. (Voir ANNUAIRE de 1895, p. 370, note 1).

aisance ; les MM. d'Yzès rougiraient de recueillir une succession aussi mince.

» Pardon, Monseigneur, pardon de la longueur de cette lettre ; on devient diffus quand on parle de ce qu'on aime. N'oubliez pas l'établissement de Saint-Pé ; c'est le vœu général des fidèles de ces contrées qui vous disent comme Salomon à Dieu : *sint oculi tui, Domine, aperti super domum hanc nocte ac die.* »

Le 30 décembre, le supérieur de Bétharram écrivait à Mgr Loison pour lui exprimer les vœux des maîtres et des élèves de son Petit-Séminaire. « Le nombre de nos élèves, continuait-il, est de cent trente dont soixante-neuf sont internes. Que le nombre serait bien plus grand si Saint-Pé pouvait jouir du même avantage que Bétharram... Il faut espérer que les obstacles qui ont pu vous arrêter seront bientôt levés et qu'alors vous vous empresserez de satisfaire les désirs de tous. Si la paix d'Espagne se concluait aujourd'hui, ce monastère serait de suite érigé en atelier pour le commerce. » (1)

L'évêché de Bayonne tenait-il vraiment au projet de Collège-Séminaire ; on en pourrait douter, au silence que l'administration diocésaine garda, et à l'inaction où elle se renferma, en face d'appels si pressants.

Eût-elle été du reste bien disposée pour la fondation que les événements allaient y mettre pour quelque temps un obstacle insurmontable. Un Décret impérial concernant le régime de l'Université parut, le 15 novembre 1811, dont l'art. 28 statuait « qu'à partir du 1er juillet 1812, toutes les écoles secondaires

(1) Arch. personnelles.

ecclésiastiques, qui ne seraient point placées
dans les villes où se trouveraient un lycée ou
un collège seraient fermées » ; et l'art. 29 :
« qu'aucune école secondaire ecclésiastique ne
pourrait être placée dans la campagne ».

Non seulement force fut d'ajourner à des
temps meilleurs, le projet de Petit-Séminaire
à Saint-Pé, mais le collège ecclésiastique de
Bétharram lui-même dut être fermé. (1)

Plusieurs de ceux qui avaient un moment cru tenir la réalisation de leurs espérances, devaient disparaître de ce monde avant
d'avoir vu la résurrection de Saint-Pé.

Augustin - François Estarac mourut le

(1) Dans son étude sur les *Séminaires du diocèse de
Tarbes*, l'ANNUAIRE de 1895, p. 370 et suiv., parle de
M. Procope Lassalle et de Bétharram. « Mgr Loison,
dit-il, plaça M. Lassalle à la tête de la communauté de
prêtres rétablie à Bétharram, vers 1808, trois ans après
le rachat des bâtiments. » C'est en 1805 que M. Lassalle
fut nommé directeur de Bétharram. Plus loin, M. Cazauran, parlant de la transformation du Collège de Bétharram en Séminaire, écrit : « Il fallut agrandir l'établissement. C'est ce qu'on fit en 1813 et 1814. Cette dernière
date est celle de la transformation de Bétharram en
Grand-Séminaire. » M Cazauran emprunte ces préci-
sions à la vie de Procope Lassalle (ANNUAIRE de 1876,
p. 82). Nous pensons que Bétharram cessa d'être école
secondaire ecclésiastique, pour devenir Séminaire, dès
l'année 1812. Outre qu'à Bayonne, on ne se souciait pas,
après quelques brutales leçons qu'on venait de recevoir,
de différer l'exécution des ordres de l'empereur, une
lettre de dom Augustin Estarac nous dit assez clairement
que Bétharram avait été transformé dès la fin de 1812.
Dans cette lettre, datée du 18 novembre 1812, l'ex-
bénédictin recommande un clerc tonsuré auquel il vient
de faire repasser pendant un an la logique et la méta-
physique. « Je crois qu'il aurait été infiniment utile
à M. Barragué de continuer à se fortifier, durant un
an encore, dans le latin, la géographie, l'arithmétique,
la mythologie. Mais on le réclame impérieusement au
séminaire de Bétharram. » (Arch. personnelles).

3 juillet 1819, à l'âge de 60 ans. M. Robin,
curé de Saint-Pé, écrira de lui le 1er juillet
1821 : « Demain, 2 juillet, il y aura deux
ans moins un jour que cette ville, ce département, dirai-je la France? ont eu le malheur
de perdre un homme respectable par son
caractère, estimable par ses vertus, recom-
mandable par son érudition. » (1)

Un an après, le 27 août 1820, mourait à son
tour le cidevant doctrinaire, Pierre Lassalle.
Il était entré, depuis le commencement du
mois, dans sa 82e année. Procope demeura
l'héritier de sa fortune et de ses projets pour
Saint-Pé. (2)

(1) Jacques Robin, né le 11 février 1760 à Bourg-
Saint-Andéol, diocèse de Viviers, entré chez les Barnabites de Lescar en 1778, vicaire épiscopal de Saurine,
évêque constitutionnel des Basses-Pyrénées, curé de
Saint-Pé du 1er janvier 1813 au 13 janvier 1840.

(2) Le barnabite Faustin-Jovite Lassalle mourut
vicaire d'Igon, le 18 décembre 1823. Il était âgé de
82 ans.

CHAPITRE III

Le Petit-Séminaire de Saint-Pé fondé

Des trois hommes qui s'étaient offerts pour relever la vieille abbaye de Saint-Pé, seul Procope Lassalle restait. Mais l'insuccès de 1810 semblait avoir abattu son courage. Vainement l'ordonnance royale du 5 octobre 1814 avait en partie rapporté le décret impérial de 1811, donné aux seuls évêques la direction des séminaires, permis la création d'un collège ecclésiastique par département et laissé la faculté de les établir en dehors des villes où se trouvaient des lycées, M. Procope, tout entier à son Séminaire de Bétharram, semblait avoir oublié Saint-Pé.

Or voici que, le 22 mars 1822, un jeune prêtre, professeur de philosophie au collège d'Aire, écrivait à M. Tisnés (1), aumônier de

(1) Jean-Baptiste Tisnés-Mazouau était né le 23 août 1758, à Arrodet-ès-Angles. Vicaire assermenté de Lesponne (Laspales le qualifie pourtant de fidèle), il avait rétracté son serment. (Arch. personnelles. Notes données par M. Claverie, archiprêtre de la cathédrale en 1821). On le trouve en l'an 4 et en l'an 5 à Juncalas, membre de la mission de Lourdes ; détenu à la maison d'arrêt de Tarbes, à cause, sans aucun doute, de la rétractation de son serment, il est transféré le 27 thermidor de l'an 7 à l'hospice. A la fin de 1799, le 30 septembre, nous le retrouvons à Juncalas où il a pu connaître le jeune Bertrand-Sévère Mascarou dit Laurence, l'apprenti du chirurgien-barbier, Dusserm, qui venait d'y arriver. On ne voit pas d'ailleurs dans la lettre de M. Laurence

l'hôpital de Tarbes, une lettre pour lui exposer une idée qui, disait-il, « ne venait pas de lui, mais que les directeurs du séminaire d'Aire lui avaient suggérée. Ne serait-il pas possible, écrivait l'abbé Bertrand-Sévère Laurence, car c'était lui, de procurer un asile à nos jeunes ecclésiastiques des Hautes-Pyrénées et de mettre leur innocence à couvert pendant les basses classes. Voici mon idée. La ville de Tarbes ne voudrait-elle pas au moins céder l'ancien Séminaire tel qu'il est dans ce moment ? »

Et le jeune professeur, tout plein d'ardeur, développait à son correspondant les voies et moyens pour exécuter ce qui, disait-il, « ressemblait beaucoup aux projets de la laitière. Voilà le plan, continuait-il toutefois, que j'ai pris la liberté de vous communiquer. En croyez-vous l'exécution possible ? Je vous prie de me dire votre avis, après y avoir pensé devant Dieu. » (1)

M. Tisnès n'avait pu manquer, en 1810, d'entendre parler des projets et des efforts qui avaient été faits pour établir un Collège-Séminaire à Saint-Pé. Il n'avait pas oublié que l'un des promoteurs de l'entreprise était le supérieur de Bétharram. Il envoya à M. Lassalle la lettre du professeur de philosophie d'Aire. (2)

qu'il ait gardé du vicaire de Juncalas un souvenir qui permette d'expliquer pourquoi il s'est adressé à lui de préférence à tout autre.

M. Tisnès fut de la première promotion de chanoines faite par Mgr de Neirac.

(1) Annuaire de 1899, p. 270.

(2) Nous concluons à cet envoi du fait que la lettre de M. Laurence s'est trouvée dans les archives du Petit-Séminaire où avaient été réunis les papiers de Procope et de Pierre Lassalle.

***

Le P. Procope qui sans doute connaissait déjà le jeune prêtre (1) que Dieu lui envoyait si inopinément pour reprendre le projet autrefois caressé, devina toute la valeur du maître ouvrier qui s'offrait à lui. Il comprit que l'heure de la Providence avait enfin sonné.

Sans perdre de temps, M. Lassalle répondit à M. Laurence, qui devenait son homme, et écrivit à l'évêque de Bayonne pour l'avertir à la fois des ouvertures du professeur d'Aire et de son intention d'acheter immédiatement la vieille abbaye de Saint-Pé, pour y fonder le Petit-Séminaire si longtemps attendu.

Le siége de Bayonne était occupé, depuis le 29 mai 1820, par un prélat distingué, plein de zèle pour la maison de Dieu, confesseur de la foi sous le règne de Napoléon, Mgr Paul-Thérèse-David d'Astros. Ce n'était pas seulement alors que l'évêque entendait parler de l'abbé Laurence. Celui-ci « avait

(1) L'auteur de la biographie de Mgr Laurence, dans l'ANNUAIRE de 1876, le fait élève de Bétharram, en quatrième et peut-être en troisième. M. Lassalle l'y aurait connu et apprécié. Dans une note autobiographique écrite par Mgr Laurence, dans le *Pouillé du diocèse de Tarbes*, il dit de lui-même qu'il « fit ses études à Bétharram (une année) et à Aire. » (*Revue catholique de Tarbes*, année 1877, p. 621). Né le 7 septembre 1790, Bertrand-Sévère tira au sort en 1811 ; selon son biographe, le jeune homme fut, après sa réforme, quelque temps, l'élève de M. Soubise, à Bordères C'est donc seulement de novembre 1811 au 1er juillet 1812 que Bertrand-Sévère étudia à Bétharram. A cette dernière date en effet le collège fut fermé et Mgr Laurence dit, dans sa lettre du 21 mars 1822, qu'il est à Aire pour la dixième année.

entretenu plus d'une fois Mgr d'Astros de l'importance d'établir une maison d'éducation ecclésiastique dans le département des Hautes-Pyrénées. » (1) Mais le prélat qui venait à peine de rétablir le séminaire de Larressorre et d'entreprendre diverses fondations pour son diocèse, n'avait pas accueilli favorablement les ouvertures, « répondant qu'il n'était qu'administrateur de Tarbes et que l'évêque du lieu arriverait incessamment. » (2)

Cette fois du moins, sentant lui aussi que le doigt de Dieu était là, Mgr d'Astros ne parut plus se désintéresser du Petit-Séminaire, et « il saisit avec empressement la possibilité qui lui était donnée de procurer au département des Hautes-Pyrénées l'avantage inappréciable d'avoir un petit séminaire. Outre l'utilité de la religion qui devait être l'objet de tous ses travaux, il avait encore aimé à considérer la satisfaction que donnerait au respectable évêque de Tarbes, lorsqu'il arriverait au milieu de ses diocésains, la vue d'un établissement aussi nécessaire, déjà tout formé ». (3)

Assuré de l'assentiment de l'évêque de Bayonne, M. Lassalle entreprit ou reprit des négociations avec M. Lucien Soulé en vue de l'achat des bâtiments et de l'enclos du monastère. Elles aboutirent, le 21 mai 1822, à un acte d'achat, passé devant Mᵉ Pomès-

---

(1) « Lettre-circulaire de Mgr l'évêque de Bayonne, relativement à l'établissement du Petit-Séminaire de Saint-Pé, » du 24 décembre 1822.

(2) Annuaire de 1899. Lettre de Mgr Laurence, p. 272. L'évêché de Tarbes était rétabli et le titulaire nommé. C'était Mgr de Neirac qui ne fut bullé qu'en mai 1823.

(3) Lettre-circulaire du 24 décembre 1822.

Cazalot, notaire à Saint-Pé. Par cet acte, Lucien Soulé et sa femme, Bertrande Maumus, « faisaient vente à jamais irrévocable à M. Procope Lassalle, supérieur du séminaire de Bétharram, du couvent des cidevant Bénédictins, des basse-cours, granges, jardin et fonds de terre en dépendant, de quelque contenance que ce pût être, et par manière de corps, sans en rien excepter ni rien réserver. L'acquéreur pouvait jouir et disposer du couvent et dépendances vendues, à compter du 1er novembre suivant.

» Le prix de la vente était fixé à la somme de quinze mille francs. M. Lassalle paya immédiatement six mille francs dont quittance fut donnée par l'acte même. Quant aux neuf mille francs restants, l'acquéreur s'obligeait à les payer au vendeur, savoir : quatre mille francs en argent, le 1er novembre suivant, et les autres cinq mille francs en cessions bonnes et valables, avant le 1er novembre ». (1)

*

L'acte passé, M. Procope Lassalle l'annonça à Mgr d'Astros. Tout en lui exprimant sa joie d'être entré en possession de la vieille maison, il ne put manquer de lui parler des réparations nécessaires, moins importantes cependant que ne le faisaient craindre, d'abord l'abandon des premières années, ensuite l'incurie du propriétaire.

L'évêque, tout content de l'heureuse nouvelle, s'occupa aussitôt des moyens d'assurer le succès des vues de M. Lassalle. Bien qu'il ne connût pas encore le détail des

_____

(1) ANNUAIRE de 1893, p. 338. — Arch. personnelles.

réparations, Mgr d'Astros en écrivit, dès le 4 juin, aux préfets des départements sur lesquels s'étendait l'évêché de Bayonne, (1) les Landes, les Basses et les Hautes-Pyrénées.

Voici ce qu'il mandait à ce dernier, le 4 juin : « Une maison, très propre pour devenir un Petit-Séminaire et destinée à cette fin, vient d'être achetée à Saint-Pé. L'intention de l'acquéreur est de la donner au diocèse de Tarbes.

» Il serait digne du Conseil général du département de voter quelques fonds pour les réparations de cette maison.

» Je confie cette affaire, terminait l'évêque, à votre zèle pour le bien. » (2)

Le 8 juin, le préfet des Hautes-Pyrénées, M. de Jahan, s'empressait de répondre : « Je remplirai vos espérances, Monseigneur, en sollicitant auprès du Conseil général quelques fonds pour la réparation de cette maison ; mais pour pouvoir en motiver la demande et l'appliquer peut-être à plusieurs budgets successifs, il est essentiel que je puisse offrir au Conseil général quelques détails sur l'acquisition en elle-même, sur l'époque où la cession pourra en être faite et sur la somme que pourront coûter les réparations à faire. » Il demandait des renseignements avant la fin du mois suivant, époque à laquelle il supposait que

_____

(1) Arch. personnelles. Relation de la fondation du Petit-Séminaire de Saint-Pé. Il y est fait seulement mention des préfets des Landes et des Hautes-Pyrénées ; on ne voit pas pourquoi Mgr d'Astros aurait négligé celui des Basses-Pyrénées aussi et plus intéressé que son collègue des Landes.

(2) Arch. des H.-P. V. 629. Etablissements ecclésiastiques.

seraient convoquées les assemblées départementales. (1)

Le préfet des Landes fit une réponse analogue. L'administration diocésaine transmit à M. Lassalle « cette bonne volonté des préfets, en l'invitant à fournir lui-même les renseignements qui pourraient motiver une demande de fonds et déterminer un vote favorable des conseils généraux ». (2)

Le 17 juin, M. Lassalle répondait de Bétharram : « Monseigneur, je ne puis que louer les sentiments pieux que vous a manifestés M. le préfet des Landes ; quoique Saint-Pé ne soit pas de son département, il désire de coopérer à la bonne œuvre que vous voulez faire ».

Puis le P. Procope, après avoir détaillé ce qu'il a déboursé pour l'achat, entreprend la description des locaux avec un optimisme qui témoigne surtout de son désir de réussite. Le premier corps de logis en entrant est comme neuf ; dans le second la toiture et la charpente doivent être renouvelées ; en lui donnant un troisième étage, on le met de niveau avec l'autre et on se procure un grand espace pour y loger nombre d'élèves. Si c'est votre bon plaisir, je vais procurer tous les matériaux, et la réparation pourra être finie dans deux mois. Si j'étais architecte, je vous en marquerais le prix. Que cette réparation ne vous effraie pas.

« L'ameublement pourra coûter : le bois pour une cinquantaine de lits est commandé et déjà on y travaille.

« La réparation du mur d'enceinte se fera

---

(1) Arch. des H.-P. V. 629 *loc. cit.* — Annuaire de 1899, p. 215.

(2) Arch. personnelles, Relation.

à peu de frais ; les écuries, remises, etc. sont en assez bon état.

» Pour la cession du monastère en faveur du diocèse de Tarbes, je la ferai à l'époque que vous voudrez me fixer. » (1)

Lorsqu'il eut en mains la réponse de M. Lassalle, Mgr d'Astros se borna à la transcrire et à l'envoyer, à la date du 22 juin, à M. de Jahan. Quatre jours après, ce dernier expédiait à Saint-Pé M. Artigala, l'architecte départemental, qu'il accompagnait d'une lettre afin de l'accréditer auprès du maire auquel il demandait de fournir au visiteur les moyens de voir la maison, et les renseignements qui étaient en son pouvoir. (2)

***

Tout le monde avait hâte de conclure l'affaire si intéressante du Petit-Séminaire. Mgr d'Astros, répondant au passage de la lettre où M. Lassalle se déclarait prêt à faire la cession du monastère lorsque l'évêque le voudrait, demanda au P. Procope de ne pas tarder davantage. (3)

C'est pourquoi le supérieur de Bétharram se présenta le 8 juillet, devant M⁰ Bernard Peyrounat, notaire royal de Saint-Pé, pour y passer l'acte de cession.

« Voulant donner, dit-il, au Département des Hautes-Pyrénées une preuve de son dévouement, et désirant d'ailleurs concourir personnellement à la restauration de l'évê-

(1) Relation de la fondation du Petit-Séminaire.
(2) Arch. des H.-P. V. 628. Lettres des 22 et 26 juin.
(3) Arch. des H.-P. V. 628. Lettre de l'évêque du 22 juin, où il dit : « Je vais engager le propriétaire (M. Lassalle) à faire la cession sans délai ».

ché de Tarbes, chef-lieu de ce département, je fais donation entre vifs à jamais irrévocable, en faveur de cet évêché, d'une propriété connue sous l'ancienne dénomination de couvent de Saint-Pé ».

Le donateur imposait les conditions suivantes :

« L'évêché de Tarbes serait tenu d'établir au couvent et dépendances un petit séminaire où les jeunes étudiants à la prêtrise pussent faire leurs basses classes. Ce ne serait que dans le cas d'un besoin indispensable que ledit évêché pourrait substituer à cette destination celle d'un grand séminaire pour les élèves en théologie.

» Le donateur faisait la réserve expresse d'un appartement à son choix dans les bâtiments, dans le cas où il désirerait d'aller habiter à Saint-Pé.

» Les enfants indigents de Saint-Pé seraient reçus gratis, soit dans les classes, soit dans les autres exercices de l'établissement en qualité d'externes ».

M. Lassalle autorisait, en terminant, Mgr Paul-Thérèse-David d'Astros, évêque de Bayonne, chargé d'administrer provisoirement l'évêché de Tarbes, à solliciter de Sa Majesté l'autorisation d'accepter la donation. Rappelant enfin qu'il restait à payer la somme de neuf mille francs, l'abbé Procope déclarait assumer sur lui le paiement de cette somme. (1)

En possession de cette pièce, l'évêque constitua le dossier de l'affaire et, le 7 août, il l'envoyait au préfet des Hautes-Pyrénées

______

(1) Arch. personnelles.

pour qu'il y donnât son avis et transmît le tout au ministre. (1)

Dès le 13 août, M. de Jahan accusait réception du dossier de la donation.

« Très incessamment, Monseigneur, continuait le préfet, le Conseil général du département se réunira et alors je lui soumettrai cette affaire sur laquelle il doit émettre son vœu, avant que je puisse la transmettre au ministre.

» Veuillez me rendre la justice de penser que j'appuierai de tout mon zèle, de tous mes moyens, vos pieuses intentions.

» Je dois, Monseigneur, vous faire part d'une circonstance qui se présentera, lorsque je mettrai sous les yeux du Conseil général l'offre de donation faite par M. Lassalle.

» L'ancien couvent des Bénédictins existe tout entier à Saint-Sever dans l'arrondissement de Tarbes. Les bâtiments en sont beaux et vastes; une partie seulement **a** besoin de réparations; et ce monument, peut-être aujourd'hui unique en France, est à la fois l'objet de souvenirs très intéressants et de beaucoup de vœux pour qu'il soit, autant que possible, rendu à son antique destination.

» Le propriétaire, en supposant que le conseil général dont il fait partie consentira à consacrer des fonds pour un petit-séminaire, lui proposera à prix égal le couvent de Saint-Sever placé dans un air pur, susceptible de loger non seulement beaucoup d'élèves, mais encore d'offrir de beaux

______

(1) Arch. des H.-P. V. 629 *loc. cit.* — ANNUAIRE de 1899, p. 216, lettre de M. de Jahan.

appartements à l'évêque du diocèse qui voudrait passer une partie de la belle saison à la campagne.

» Je ne puis prévoir, Monseigneur, ce que répondra le conseil général à cette proposition, mais je me suis fait un devoir de vous faire connaître à l'avance ce que je sais, dans l'espoir que vous voudrez bien me faire part des idées que pourra vous donner cette communication. » (1)

Mgr d'Astros répondit aussitôt par une lettre du 16 août. « Vous me faites l'honneur de m'écrire que, dès que le Conseil général sera assemblé, vous lui soumettrez l'affaire de la cession qui est faite au diocèse du couvent de Saint-Pé, affaire sur laquelle le conseil doit émettre son avis.

» Permettez-moi de vous faire observer, M. le Préfet, qu'il appartient bien au conseil général de voter ou de ne pas voter une somme quelconque pour aider à faire les réparations d'une maison destinée à recevoir une école secondaire ecclésiastique, mais qu'aucune loi ni ordonnance ne soumet à son avis la demande que je fais d'être autorisé à accepter une maison qui est donnée au diocèse.

» C'est votre avis seul qui est requis. Je conçois que vous puissiez désirer, avant de donner votre avis, conférer avec quelques membres du Conseil général, ce conseil devant être assemblé promptement, comme vous pourriez vouloir consulter tout autre particulier et je ne peux pas le trouver mauvais. Je vous prie seulement de vouloir bien mettre à l'expédition de cette affaire le moins de retard possible. Il y a encore

____

(1) ANNUAIRE de 1899, p. 216.

bien des formalités à remplir, et, si le donateur venait à mourir, le diocèse perdrait l'objet important et précieux qui est donné.

» Vous me marquez encore, M. le Préfet, qu'il y a à Saint-Sever, arrondissement de Tarbes, un autre ancien couvent de Bénédictins dont les bâtiments sont beaux et vastes; qu'il serait très intéressant de conserver à son ancienne destination et que le propriétaire consentirait à céder à prix égal, si le conseil voulait consacrer des fonds à cet effet.

» Si les deux couvents étaient à vendre, je serais également d'avis d'examiner lequel des deux mérite la préférence; mais l'un est donné au diocèse tandis qu'il faut acheter l'autre; entre ces deux partis, il ne peut y avoir lieu à délibérer.

» Il est bon de remarquer que M. l'abbé Lassalle, qui a fait l'acquisition du couvent de Saint-Pé, avait des raisons personnelles pour acheter de préférence cette maison; peut-être même ignorait-il, comme nous, que le monastère de Saint-Sever fût à vendre. »

M. de Jahan, éclairé par cette lettre sur ses prérogatives, n'hésita plus et, le 20 août, le dossier contenant son avis favorable prenait la route de Paris. (1)

---

(1) Arch. des H.-P. V. 269.

CHAPITRE IV

M. Laurence, nommé supérieur, se prépare à ouvrir le Petit-Séminaire

Durant ces négociations. Mgr d'Astros avait fait choix d'un supérieur pour le nouvel établissement. Malgré que M. Laurence n'eût encore que trente deux ans, c'est sur lui que l'évêque de Bayonne avait jeté les yeux. Le 9 août 1822, il lui écrivait de sa ville épiscopale : « Je vous confie la direction du nouveau Petit-Séminaire à établir dans les Hautes-Pyrénées, à l'ancien monastère de Saint-Pé, persuadé que je ne peux la placer en de meilleures mains.

» Veuillez bien vous aboucher avec M. le supérieur de Bétharram, jeter vos yeux sur les sujets que vous pourrez me présenter pour devenir vos coopérateurs, enfin prévoir et préparer tout ce qui est nécessaire à l'établissement prochain de ce petit séminaire ». (1)

Cette lettre, adressée à Oroix, semble y avoir, le 12 août, touché l'abbé Laurence qui ne tarda pas cependant à repartir pour Aire, (2) où il voulait sans doute consulter son supérieur et ses collègues présents, tant sur la détermination à prendre que sur le

(1) Arch. personnelles.
(2) Sur le dos de la lettre se trouve la date du 12 août 1822, que nous croyons être celle de la réception ; il envoya d'Aire son prospectus à l'évêque ; car celui-ci lui adressa sa réponse à Aire.

prospectus qu'il avait l'intention de lancer dans le diocèse de Tarbes pour annoncer la fondation de Saint-Pé et faire connaître les conditions d'admission des élèves.

Tout le monde félicita certainement le nouveau supérieur et plus encore l'évêque et le diocèse du choix qui avait été fait. (1) Le prospectus fut bientôt rédigé et envoyé à Mgr d'Astros pour qu'il l'examinât et l'approuvât.

M. Laurence l'accompagna d'une lettre dans laquelle il réclamait spécialement l'avis du prélat sur deux points du document : le prix de la pension et le jour auquel il faudrait fixer la date de la première rentrée. En même temps, il demandait à l'évêque de lui accorder, pour professeurs, MM. Soutra, Commet et Horcat, ses anciens élèves au collège d'Aire.

Le paquet joignit Mgr d'Astros à Thèze, où il se trouvait en cours de visite. Le 30 août, le prélat visait et approuvait le prospectus et, le 2 septembre, il le renvoyait à l'abbé Laurence avec une lettre dans laquelle il répondait brièvement aux demandes.

« J'approuve la nomination de MM. Soutra,

----

(1) Le 13 décembre 1832, le principal du collège d'Aire écrira de lui : « L'abbé Laurence, prêtre, bachelier ès lettres, a été attaché au susdit collège en qualité de régent pendant sept années consécutives. Fondé tant sur le témoignage qu'en a laissé notre honorable prédécesseur que sur notre connaissance personnelle, nous dirons que, dans les divers emplois que M. l'abbé Laurence a occupés dans l'établissement, il a constamment fait preuve de zèle actif, d'esprit profond d'instruction aussi variée que solide et qu'il s'est toujours concilié l'estime et l'affection de ses collaborateurs et des élèves de la maison par la sagesse de sa conduite et par la richesse de son caractère ».

Commet et Horcat pour directeurs ou professeurs de Saint-Pé !... (1)

» Vous pouvez augmenter la pension et retarder l'entrée des classes ; je laisse la chose à votre prudence. » (2)

Comme nous ne connaissons pas le projet primitif de prospectus élaboré par le supérieur de Saint-Pé, nous ne savons pas s'il éleva le chiffre de la pension comme l'y autorisait l'évêque, ni si la date du 13 novembre pour la rentrée de 1822, était dans le projet, ou si elle y a été ajoutée.

Quoi qu'il en soit, voici quelques passages du Prospectus : « Des trois départements dont se compose le diocèse de Bayonne, deux étaient déjà pourvus d'un Petit-Séminaire. Les Hautes-Pyrénées ne jouissaient pas de ce bienfait. Grâce au zèle infatigable

---

(1) M. Fourcade avait été déjà accordé sans doute. Dans la lettre par laquelle Mgr Laurence annonça à son clergé la mort de M. Fourcade, devenu son vicaire général, l'évêque dit : « Chargé de fonder à Saint-Pé un Petit-Séminaire, M. Fourcade, jeune sous-diacre, fut notre premier collaborateur ». (Annuaire de 1877, p. 133). Il reçut le diaconat à Bayonne, à l'ordination de Noël 1822. « Vous pouvez, écrivait Mgr d'Astros à M. Laurence, le 6 décembre 1822, présenter M. Fourcade à l'ordination de Noël. Qu'il apporte tous ses papiers en règle : lettres de sous-diaconat, etc. » (Arch. personnelles). Il fut ordonné prêtre à la Trinité suivante, 21 mai 1823 : « M. l'abbé Fourcade, mon collaborateur, est prêtre depuis la Trinité », écrit M. Laurence le 7 octobre 1823. (Annuaire de 1899, p. 280). Ceci ne cadre pas avec ce que disait l'Annuaire de 1877, p. 114, et celui de 1876, p. 130, qui date l'ordination faite à Saint-Pé du troisième dimanche après Pâques, 20 avril.

M. Castillon qui fut aussi de la fondation, ne fut nommé qu'en décembre 1822 : « J'approuve le choix que vous faites de M. Castillon pour professeur », écrit Mgr d'Astros, à la date du 6 décembre 1822.

(2) Arch. personnelles.

du premier pasteur du diocèse, et à la générosité d'un prêtre respectable de ce département, nous touchons au moment de goûter les premiers fruits d'un établissement de ce genre.

» Le nouveau Petit-Séminaire sera établi à Saint-Pé dans l'ancien monastère des Bénédictins de cette ville. Le bâtiment est grand, bien aéré, tenant à un vaste enclos, (environ 201 ares 82 centiares, 9 journaux), lequel, outre un ruisseau qui le traverse, est arrosé par d'excellentes eaux qui y prennent leur source. (1)

» L'année classique sera de dix mois : elle commencera le 3 novembre et finira le 1er septembre.

» Pour cette année, la rentrée est fixée, au mercredi, 13 novembre. » (2)

M. Laurence reçut cette approbation à Aire, par un exprès « à qui Mgr d'Astros avait promis dix sols », qu'il priait le supérieur « de lui compter. » (3) Aussitôt il fit ses préparatifs pour un départ définitif.

---

(1) L'abbé Laurence ne parle pas *de visu*, il n'avait pas encore sans doute visité le monastère, car il ne paraît pas qu'il y eût des sources arrosant l'enclos. Dom Jean l'Evangéliste Guillaume écrivant à Dom Germain en 1688, disait : « Il ne se trouve présentement aucune marque qu'il y a eu fontaine dans le cloistre ni aucun conduit des eaux dont il est fait mention dans un ancien cartulaire que nous avons. Il y a bien un ruisseau qui roule au-dessoulhs de nostre bastiment et qui le sépare de nostre jardin, et du pré qui est dans notre enclos, peut-être que le cartulaire s'entend de ce ruisseau et qu'il prend le mot du cloistre pour toute l'enceinte du monastère. Outre ce ruisseau, il y en a un autre dans l'enclos qui vient du costé du Nord et coule tout le long dudit pré ». — Annuaire de 1881, p. 192.

(2) Arch. des H.-P. V. 628.

(3) Arch. personnelles.

Et, le 9 septembre au plus tard, il arrivait chez Lagarrigue, imprimeur de la Préfecture, place de la Portète, à Tarbes, et lui commandait l'impression du Prospectus.

Il n'eut pas plus tôt en main les feuilles imprimées qu'il en expédia des paquets à tous les archiprêtres et doyens des Hautes-Pyrénées, qui étaient priés par la pièce même de « donner au prospectus la plus grande publicité, et d'en envoyer au moins deux exemplaires à MM. les desservants. » (1)

L'abbé Laurence n'eut garde d'oublier M. de Jahan dont il connaissait la bienveillance. Le 11 septembre, il lui envoya un certain nombre de prospectus et une lettre où il lui annonçait qu'il se rendait à Saint-Pé et lui exprimait l'espoir qu'il mettait en lui.

M. de Jahan le remercia par une lettre du 16 septembre dans laquelle il renouvelait l'assurance de sa bienveillance pour Saint-Pé. « Vous pouvez compter, Monsieur, qu'en tout ce qui dépendra de moi, je concourrai au succès et à la prospérité d'un établissement si utile pour la religion et pour les mœurs ». Il lui apprenait, « et je viens, remarquait-il, de l'annoncer à Mgr l'évêque, que le Conseil général du département avait voté, sur sa proposition, une somme de 12.000 francs payables en quatre années, à commencer par 1822, pour contribuer à

____

(1) Arch. des H.-P. *loc. cit.* — Les expéditions se faisant plus facilement et plus rapidement de Tarbes, nous supposons que M. Laurence demeura dans cette ville, sans doute chez M. Tisnès. Comme c'est le 11 septembre qu'il envoya au préfet les exemplaires de son prospectus, nous supposons qu'il venait d'être à peine imprimé entre le lundi 9 et le mercredi 11.

la pieuse fondation d'un Petit Séminaire dans les Hautes-Pyrénées ». (1)

Et en effet l'assemblée départementale s'était réunie le 4 septembre et elle avait voté, dans une de ses premières séances. « la somme de 3.000 francs pour l'année 1822 avec d'autant plus de satisfaction qu'elle était on ne peut plus pénétrée de reconnaissance pour le don généreux et philanthropique qui avait été fait de cet établissement par son propriétaire ». (2)

Dans une des séances suivantes, se produisit la proposition annoncée par M. de Jahan et relative à Saint-Sever. « M. de Mérens, l'un des membres du Conseil, exposa qu'étant devenu possesseur du monastère de Saint-Sever de Rustan, cidevant occupé par des Bénédictins, et désirant qu'il pût être employé à de nouveaux établissements ecclésiastiques, il offrait de le céder à un prix modique eu égard à sa valeur.

» Le Conseil observa qu'on espérait voir bientôt M. l'évêque de Tarbes à la tête de son diocèse ; qu'il paraissait donc convenable d'attendre l'arrivée du prélat afin qu'il pût déterminer lui-même l'emploi le plus utile de cette vaste habitation.

» Et il décida d'ajourner la proposition ». (3)
Elle ne fut jamais sérieusement reprise.

La lettre du préfet fut la bienvenue auprès de M. Laurence, qui, à peine arrivé à Saint-

<hr>

(1) Annuaire de 1899, p. 218.
(2) Arch. des H.-P. Conseil général. Séances du 4 au 8 septembre 1822.
(3) Arch. des H.-P. *Ib.* Séances du 9 au 18 septembre.

Pé, s'était aussitôt rendu compte de l'importance des réparations à faire.

Nous avons dit que le préfet des Hautes-Pyrénées avait, le 26 juin, envoyé à Saint-Pé M. ;P. Artigala, l'architecte départemental, pour examiner les lieux et lui en faire un rapport. Ce fut seulement le 7 août que l'architecte rendit compte, par écrit, de sa visite.

« L'un des deux grands corps de logis, dit-il, et il parle du nouveau couvent, est d'une construction assez moderne. Les planchers, les plafonds, toutes les cloisons de distribution, toute la menuiserie pour portes, croisées et contrevents, ainsi que la vitrerie et serrurerie sont à refaire à neuf; la charpente et la couverture sont bonnes.

» L'autre grand corps de logis (le vieux couvent) est d'une construction très ancienne; il servait d'infirmerie lorsqu'il était habité par les moines. Les murs sont très dégradés, les planchers et les couvertures ne peuvent plus servir. Les ouvrages à y faire consistent à restaurer les murs et à les élever d'un étage de plus pour les mettre au même niveau que ceux du corps de logis qui leur est adjacent; à y faire la charpente et couverture, les planchers, les plafonds, les cloisons de distribution, toute la menuiserie, la serrurerie et la vitrerie. (1)

» Les bâtiments où sont les écuries, remises, bûcher, cellier, etc., doivent aussi être restaurés dans leurs charpente et couvertures, dans leurs fermetures et dans leurs crépits et enduits. »

---

(1) M. Laurence écrira de cette maison en 1832 : « Cette maison n'est pas même susceptible de réparations elle doit être prise aux fondements. » Arch. personnelles. *Plaidoyer contre Bureu:*

M. Artigalas terminait par cette phrase :
« Tous les ouvrages qui viennent d'être
détaillés s'élèvent à la somme totale de
50.000 fr. »

Et ce n'étaient pas seulement les bâtiments
qui avaient besoin de réparations ; l'enclos
en appelait de nombreuses. « Les bords
élevés du ruisseau qui le traverse étaient
effondrés. Plusieurs endroits étaient couverts
d'orties ; d'autres avaient été défoncés pour
l'extraction du sable ou pour servir de fosse
à fumier. C'étaient, de tous côtés, des trous,
des flaques d'eaux, lorsqu'il pleuvait ; des
tas de pierres, etc. » (1)

On comprend sans peine que, mis en
présence de tels besoins, M. Laurence se
soit empressé, dès le 18 septembre, d'écrire
au préfet pour le supplier de faire opérer
le plus tôt possible le versement de la
première annuité votée par l'Administration
départementale. M. Nicolau, juge de paix
de Saint-Pé, qui portait à l'œuvre et au
nouvel ouvrier un intérêt qui ne se démen-
tira pas, joignit auprès du préfet ses instances à celles de M. Laurence.

Le premier magistrat du département
répondit au supérieur, à la date du 29 septembre : « Les fonds votés par le Conseil
général pour seconder votre pieuse entreprise sont prêts et seraient déjà à votre
disposition, si les formes de la comptabilité
n'exigeaient pas certains préalables, que
j'abrégerai le plus possible. » Et, dans une
autre lettre, il détaillait à M. Nicolau, « qui
voudrait bien en faire part à M. Laurence,
les formalités qui devaient être suivies. »

(1) Annuaire de 1876, p. 124.

Tout cela menaçait de mener fort loin et il était instant d'entreprendre les réparations et constructions nécessaires.

L'évêque de Bayonne et M. Procope Lassalle firent quelques avances : le premier donna 1000 écus, l'argent que donna le second s'élevait à la fin de novembre à 1500 fr. (1)

En possession de ces maigres ressources, l'abbé Laurence mit, le 24 septembre, les ouvriers au travail.

Comme on n'avait que quelques semaines jusqu'à la rentrée et que la somme dont on disposait était relativement modique, le supérieur séria les dépenses et n'entreprit immédiatement que celles qui étaient indispensables.

Après la distribution des salles disponibles dans le corps de logis neuf, et dans les bâtiments des bords de la rue où étaient anciennement les écuries, la remise et la boulangerie, il manquait de salles pour l'étude et trois classes. Pour en faire, il divisa par des murs, en quatre parties, le rez de chaussée du vieux couvent ; les deux premières salles du côté d'orient, à une fenêtre chacune serviraient pour la troisième et la quatrième ; la salle suivante à deux fenêtres était affectée à l'étude ; enfin la quatrième, à l'occident de l'étude, était destinée à la classe de cinquième. Pour éclairer cette dernière, on ouvrit une fenêtre ; pour donner plus de jour et plus d'air, les fenêtres des classes de troisième et de quatrième furent agrandies.

C'est pour cette dernière raison encore que dans le nouveau corps de logis, M. Laurence

(1) Pendant l'année scolaire 1822-23, M. Lassalle donna en argent ou en effets, tables, planches, etc., 2.632 fr. 90 c.

fit hausser les fenêtres septentrionales des corridors du premier et du deuxième étage.

Dans ce corps encore il fit démolir un mur pour rétablir l'ancien réfectoire des Bénédictins, et ouvrir quatre jours à la cave.

La cuisine reçut un four et des fourneaux ; à la boulangerie on construisit un grand four et une cheminée.

La maison tout entière fut crépie et blanchie

On employa des quantités de bois de charpente et de menuiserie pour les toits, les planchers, « les bancs et cases » de la salle d'étude, les chaires, les portes et les bancs des classes, les croisées ; presque tout le vitrage fut renouvelé.

On acheta soixante-huit lits pour élèves et professeurs ; huit tables pour les chambres des maîtres, huit pour le réfectoire ; cent chaises communes à 1 f. 15, douze fines à 3 f. 50, deux fauteuils à 2 francs : des chandeliers, mouchettes, lanternes, lampes pour l'étude, la cuisine et les chambres des maîtres ; un bluttoir, un pétrin pour la boulangerie ; la batterie et des ustensiles de cuisine ; de la faïence et de la vaisselle ; quinze barriques, deux barils et un cable pour les descendre à la cave ; une pendule avec sa caisse qui coûta cent francs ; des livres et des cartes géographiques, une cloche du poids de 41 livres, avec son battant. (1)

On acheta pour la chapelle quatre ornements : toutes couleurs, rouge, vert, violet qui coûtèrent 380 fr ; une aube, 40 fr. ; un surplis, 16 fr. ; un missel romain, 16 fr. ; un graduel et un vespéral, 70 fr. « C'est, écrit

(1) En avril 1823 fut construit le petit clocher, (Arch. personnelles). En 1828 on acheta « une cloche, en échange de l'autre fêlée, et en outre 125 francs ». *(Ib.)*

M. Laurence à la suite de ces détails que
nous empruntons à son premier compte, tout
ce qui compose notre chapelle. Nous avons
un calice d'emprunt ». (1)

On sent à lire ces deux dernières lignes
si poignantes dans leur apparente froideur,
jusqu'à quel point le restaurateur de Saint-
Pé s'était interdit les dépenses inutiles. Et
cependant les sommes qu'il avait reçues
étaient largement dépassées. (2) La rentrée
des élèves lui faisait sans doute espérer des
recettes qui lui permettraient d'attendre le
secours promis par le Conseil général. Mais
quand viendrait ce secours? « Nous ne
recevrons peut-être rien du département,
lui écrira l'évêque de Bayonne, le 6 décembre 1822, jusqu'à ce que l'autorisation pour
accepter Saint-Pé soit arrivée ». (3)

(1) Le 8 novembre 1823, on acheta « chez M. Adour, à
Tarbes, deux calices pour la chapelle du Petit-Séminaire,
ci : 140 francs... Le 7 décembre, chez MM. Lousteau
frères à Bordeaux, trois chasubles, 190 francs. » Ce fut
seulement en 1826 qu'on monta à peu près la chapelle en
achetant pour 1022 francs, à MM. Lousteau, une chasuble,
deux dalmatiques, une étole pastorale, une écharpe, un
pluvial, une aube et un surplis ». (Arch. personnelles).

(2) Le 30 novembre 1822, M. Laurence écrivait à
M. Thibaut, secrétaire de l'Evêché : « Notre maison
naissante est à la besace. Les dépenses jusqu'à ce
moment dépassent huit mille francs. Je n'ai cependant
touché d'autre argent que vos mille écus. M. Lassalle a
fait des avances pour 1.500 fr.; il s'est tout à fait
retranché dans cet état de choses. Outre les huit mille
francs dont j'ai déjà parlé, j'ai contracté des obligations
pour environ deux mille francs, le tout pour des objets
de première nécessité, tels que lits, batterie de cuisine,
etc. » (Arch. personnelles. Cf. dans l'ANNUAIRE de 1899,
p. 277, la lettre de Mgr de Neirac à M. Laurence au
sujet de ses embarras financiers).

(3) Arch. personnelles,

CHAPITRE V

Acquisition définitive et ouverture du Petit-Séminaire

Cette malheureuse autorisation demandée depuis le mois d'août avait subi, dès les premiers jours, un fâcheux contre-temps qui avait ralenti encore la marche d'une procédure déjà bien lente par elle-même.

Une lettre du ministre de l'intérieur, en date du 4 septembre 1822, faisait connaître à l'évêque de Bayonne que l'autorisation d'accepter la donation de M. Lassalle ne pouvait être accordée parce que, première- ment, l'Evêché de Tarbes auquel elle était faite n'était pas encore rétabli et, seconde- ment, parce que dans l'acte il était question d'élèves externes.

La lettre ministérielle soulevait encore une autre question : « Il y a déjà, écrivait- il, dans le département des Hautes-Pyrénées, un séminaire situé à Bétharram ; ce sémi- naire n'est-il pas considéré comme l'école secondaire ecclésiastique accordée de droit par l'ordonnance du 5 octobre 1814 ? S'il en était ainsi, le Séminaire de Saint-Pé ne pourrait être établi sans une autorisation spéciale, après que l'Université aurait été entendue ». (1)

Cette lettre n'arriva pas tout de suite à

(1) Arch. des H.-P., V. 624.

Bayonne : c'est ce qui explique les retards subis par le règlement définitif d'une question aussi nette. Mgr d'Astros ne manqua pas certainement d'éprouver quelque surprise à la lecture de la lettre. Mais il importait d'agir rapidement ; il écrivit donc à M. Lassalle et le pria de vouloir bien passer, et cette fois en faveur de l'Evêché de Bayonne, un nouvel acte de donation dans lequel il ne serait plus fait mention des élèves externes.

L'abbé Lassalle se prêta sans doute de bonne grâce à ce qu'on demandait de lui et, le 18 octobre, il se présentait en l'étude de Mᵉ Pomès-Cazalos qui rédigea le nouvel acte d'après celui de Mᵉ Peyrounat, en y faisant les modifications requises. (1)

Puis un mois presque entier s'écoule sans que l'on paraisse s'occuper de la donation. Enfin, le 14 novembre, Mgr d'Astros, qui a constitué un nouveau dossier, écrit au ministre de l'intérieur pour le lui présenter et lui fournir les explications que son Excellence réclamait dans sa missive du 4 septembre.

L'évêque lui marque d'abord son étonnement : « Je n'aurais pas cru que cet énoncé de l'acte de donation pût faire une difficulté par la raison que, si l'évêché de Tarbes n'était pas rétabli en fait, il était au moins érigé en droit ».

Il traite ensuite la question immédiatement relative au Petit-Séminaire. « Permettez que je fasse observer à V. E. :1° que le Séminaire de Bétharram est un Grand-Séminaire où s'enseigne la théologie, et non une école secondaire ecclésiastique ; 2° que ce Sémi-

____

(1) ANNUAIRE de Saint-Pé 1893, p. 343.

naire est situé dans le département des Basses-Pyrénées, tandis que le couvent de Saint-Pé se trouve dans les Hautes-Pyrénées. »

Deux jours après, l'évêque expédiait le tout au Préfet des Hautes-Pyrénées, en y joignant une lettre, dans laquelle il expliquait ce qui venait de se passer : le refus du ministre, les motifs de ce refus, le nouvel acte « où il n'est plus fait mention d'élèves externes et où l'on énonce que l'objet est donné au diocèse de Bayonne. »

Mgr d'Astros ajoute : « Cette dernière clause, d'après ce que m'écrit expressément le ministre, n'empêchera pas que, dès que le rétablissement de l'Evêché de Tarbes aura été effectué, le Petit-Séminaire de Saint-Pé n'appartienne à cet évêché.

» Je vous prie, M. le Préfet, de vouloir bien joindre encore ici votre avis favorable et provoquer de nouveau l'ordonnance d'autorisation afin que je puisse accepter définitivement cette donation et lui donner la destination voulue par le donateur ». (1)

Dès le 18 novembre, M. de Jahan émet de nouveau son avis en faveur de l'acceptation et envoie le dossier au ministre de l'Intérieur. (2)

***

Pendant que toutes ces formalités s'accomplissaient et sans attendre qu'elles fussent terminées, l'abbé Laurence avait ouvert, le 13 novembre, les portes du Séminaire. Les élèves arrivèrent nombreux Quinze jours après la rentrée, le Supérieu

(1) Arch. des H.-P., V. 629.
(2) **Arch. des H.-P., V. 629.**

pouvait écrire à Bayonne « Nous touchons à
la centaine. (1) La ruche, depuis si longtemps
silencieuse, se remplissait de nouveau d'un
bourdonnement studieux. Elle n'était cependant pas encore livrée tout entière aux
nouveaux habitants.

Les anciens propriétaires continuaient
d'occuper leurs appartements par eux-mêmes
ou par leurs meubles et ils refusaient de les
quitter avant que M. Procope Lassalle se fût
complètement acquitté de ses obligations à
leur égard. Je ne sais comment le supérieur
de Bétharram s'était laissé persuader qu'il
y avait danger pour lui à payer purement et
simplement ce qu'il devait à Lucien Soulé et
à sa femme. Il ne refusait pas de verser les
9.000 francs qu'il devait encore, mais il
voulait que, de la moitié au moins de la
somme totale de 15.000 francs, il fût fait un
remploi en immeubles parce que la moitié
de la maison Bénédictine formait l'apport
dotal de Bertrande Maumus.

Les vendeurs de leur côté se refusaient
à ce remploi et se maintenaient dans la
possession de l'immeuble vendu jusques à
parfait paiement.

Lassalle, à la date du 20 novembre, cita
Soulé par devant le tribunal de première
instance, à Lourdes, pour se voir condamner
par toutes les voies légales au déguerpissement des appartements qu'il occupait
encore dans le monastère vendu. Le 4 décembre, l'affaire fut appelée devant le tribunal
qui ordonna que Lucien Soulé et sa femme
déguerpiraient du couvent sur l'heure du
commandement qui leur serait fait, à la

(1) Ils furent 100 exactement tant pensionnaires (56)
qu'externes (44). (Arch. personnelles.)

charge toutefois que Lassalle leur paierait la somme de 9.000 francs avec les intérêts échus. Et en même temps, les juges déclaraient Lassalle non fondé dans sa demande de remploi de la somme réservée à la dame Soulé, et le condamnaient aux dépens.

A la suite de ce jugement, le 14 décembre, M⁰ Gabriel Bordenave, avocat et notaire de Lourdes, arriva dans la maison des cidevant Bénédictins. Lucien Soulé et sa femme Bertrande Maumus se présentèrent devant lui, et aussi M. Bertrand-Sévère Laurence, supérieur du Petit Séminaire, agissant pour M. Procope Lassalle, supérieur de Bétharram.

Le notaire rappela l'acte de vente passé devant M⁰ Pomès Cazalot, la quittance des 6.000 francs versés, l'obligation de verser les 9.000 restants, avant le 1ᵉʳ novembre 1822, et le jugement du tribunal de Lourdes du 4 décembre. M. Laurence offrit la somme de 9.000 francs, les intérêts de cette somme depuis le 1ᵉʳ novembre jusqu'à ce jour, soit 50 fr. 25 c. et la somme de 39 fr. 41 c. pour les dépens du jugement.

Ces sommes furent retirées et emboursées, à la vue du notaire et des témoins appelés, par le sieur Soulé.

Dès ce moment la maison appartenait tout entière et sans contestation à M. Lassalle.

La donation du 18 octobre tarda encore quelque temps à sortir son plein effet. Mais enfin, par une ordonnance donnée en son château des Tuileries, le 29 janvier 1823 et *de son règne le* 28⁰, le roi Louis XVIII « autorisa l'évêque de Bayonne à accepter au nom du diocèse de Tarbes la donation faite par l'abbé Lassalle des bâtiments dits de l'ancien couvent de Saint Pé. »

C'est le 17 février suivant, que les Bureaux
du ministère de l'Intérieur expédièrent
l'ordonnance à Mgr d'Astros qui accepta la
donation. (1) Et, le 28 mars 1823, en possession sans doute de l'acceptation, le Préfet
des Hautes-Pyrénées « avait la satisfaction
d'adresser à M. Laurence les mandats et
pièces justificatives à l'appui, nécessaires
pour qu'il pût toucher la somme de 2.933 fr.
33 c. », montant de la première annuité
votée par le Conseil général au commencement de septembre 1822. (2)

Tout était enfin terminé. Après un sommeil
de trente années, pendant lesquelles les
Bénédictins de Saint-Maur avaient disparu
à jamais, victimes de la tourmente révolutionnaire et de la perte de leur e-prit
religieux, la vieille abbaye ressuscitait
transformée en Petit-Séminaire. Et d'elle
plus encore qu'autrefois allaient couler,
pendant de longues années, des flots de vie
chrétienne et sacerdotale. Dom Estarac et
Pierre Lassalle avaient préparé l'œuvre,
mais les grands artisans en furent Mgr
d'Astros, M. Procope Lassalle et l'abbé
Laurence.

M. Lassalle vécut assez longtemps pour
voir la maison, qu'il avait fondée et dotée,
se développer et prendre les proportions
extraordinaires qu'il avait entrevues quand,
le 18 septembre 1810, il disait à Mgr Loison

(1) Arch. personnelles.
(2) Annuaire de 1899, p. 222.

que plus de trois cents élèves pourraient
y être reçus. (1)

Un moment, lorsqu'il se disposait à faire
cession de l'abbaye qu'il venait d'acheter,
M. Lassalle songea à prendre un repos qu'il
avait sans doute bien gagné. Il en fit la
demande à Mgr d'Astros, le 17 juin 1822, en
ces termes vraiment touchants :

« Pour prix de cette cession et de mon
dévouement à votre personne, que voulez-
vous m'accorder? Je n'ai pas une longue
carrière à parcourir. Si vous me permettez
de vous exprimer mon vœu, je voudrais
finir mes jours dans une cellule au pied du
Calvaire : *fiat* sera ma consolation et toute
ma joie. » (2)

L'évêque de Bayonne ne voulut point se
priver des services de cet homme de Dieu.
Et M. Procope Lassalle resta supérieur du
séminaire de Bétharram jusqu'à sa mort.
On peut dire que cette messagère de Dieu le
trouva sur la brèche.

Le 28 juin 1831, il avait dit la sainte
messe; dans la nuit du 28 au 29, il fut frappé
d'une attaque de paralysie et perdit immédiatement la parole. A raison de son âge, il
avait 80 ans, on lui donna aussitôt les sacre-
ments qu'il reçut avec les marques d'une
véritable piété. Sa maladie dura seulement
huit jours : le 5 juillet 1831, Pierre-Procope
Lassalle mourait à trois heures et demie du
matin.

Le désir qu'on n'avait pas satisfait durant
sa vie, de reposer dans une cellule du

(1) Il y eut un chiffre moyen de 185 élèves en 1822-24 ;
ils étaient 250 en 1825 et 1826 ; 285 en 1827-1828.

(2) Arch. personnelles.

Calvaire de Bétharram, on le remplit après
sa mort, en déposant sa dépouille dans la
chapelle de l'Ascension au sommet du
Calvaire. « Il est bien là à sa place, dit son
biographe de 1876, en vue de Lestelle,
d'Igon et presque de Saint-Pé, où tant de
personnes jouissent de ses bienfaits. » (1)

(1) ANNUAIRE de 1876, p. 100.

CHAPITRE VI

L'ancien enclos bénédictin reconstitué

Le grand restaurateur de maisons religieuses, que fut toute sa vie Mgr Laurence, ne pouvait manquer, après le rétablissement du monastère de Saint-Pé, de s'intéresser aux parties du vieil enclos bénédictin qui demeuraient séparées des bâtiments et appartenances du Petit-Séminaire. C'étaient l'ancienne Abbatiale, devenue la maison commune de Saint-Pé ; les dépendances de la maison de l'abbé : la grande grange, transformée en abattoir ; l'avenue qui menait de la grande rue à l'Abbatiale et la grande cour qui s'étendait jadis entre l'avenue et le monastère. Cette cour, par la destruction du mur qui la fermait à l'orient, avait été réunie au cimetière « de derrière l'église » et convertie en champ des morts.

Une première ouverture faite, en 1828, par M. Laurence à la municipalité n'obtint pas de résultat. (1) Mais le supérieur du Petit-Séminaire revint à la charge en juillet 1829. Il demanda qu'on lui vendît la maison commune, la cour, le jardin et la petite grange de l'Abbatiale. Il voulait encore, en vue de bâtir une chapelle, acheter un morceau de cimetière, mais il bornait sa demande à une longueur de 17 mètres de

(1) Reg. des délib. de Saint-Pé, 5 février 1834. Arch. des H.-P. O. Saint-Pé, aliénations.

terrain et à une largeur de 15, à prendre le
long du mur occidental de clôture du Petit-
Séminaire, dans un endroit où il ne paraissait pas qu'on fît des sépultures.

Le 17 juillet, les conseillers municipaux,
jugeant qu'ils avaient là une occasion bien
favorable de se défaire de vieilles masures
qui pourraient, un jour qui n'était pas
éloigné, les ensevelir sous leurs ruines
(tout annonçait en effet un écroulement
général et prochain), se montrèrent disposés
à accueillir la proposition.

Elle leur fournissait les moyens de construire une autre maison commune ; quant
à la partie du cimetière que l'on perdait, on
pouvait la compenser sur l'avenue et sur
l'abattoir public, une autre ruine à démolir. (1)

L'affaire traîna en longueur ; en mai 1830
cependant, la municipalité qui, « pour
prévenir des accidents fâcheux avait été
obligée de transporter les archives publiques,
de l'abbatiale dans une chambre louée »,
avait repris les pourparlers avec M. Laurence.
Le 9 de ce mois, le conseil ayant délibéré
d'accueillir la demande du supérieur du
Séminaire, il nomma son expert en vue de
l'estimation à faire des immeubles. L'estimation portée à 3.500 francs, fut approuvée
par le conseil municipal, le 1er août suivant. (2)

Il semblait que ce fût terminé. Il s'en
faut. L'affaire fit, nous ne savons pour quelle
raison, un somme de deux ans : elle se
réveilla en 1832.

(1) Reg. des délib. de Saint-Pé, 17 juillet 1829.
(2) Reg. des délib. de Saint-Pé, aux dates.

Le conseil municipal fit venir, un jour qu'il nous est impossible de préciser, (1) M. Laurence et l'admit à une de ses séances. On lui demanda s'il persistait dans son intention d'acheter l'Abbatiale et, sur sa réponse affirmative, on lui fit, à l'unanimité, une proposition nouvelle. La Commune s'offrait à lui vendre l'Abbatiale, la grange servant de tuerie ou d'abattoir et tout le cimetière, lequel se trouvait fort mal placé, contigu qu'il était au Petit-Séminaire, à la charge, par lui, de fournir à la distance convenable et légale deux journaux de terrain pour y établir un nouveau cimetière, et de payer le prix de l'acquisition d'une nouvelle maison commune.

Cette proposition parut à M. Laurence parfaitement concilier les intérêts de la ville et du Séminaire, avec ceux de la salubrité publique. Il l'accepta volontiers et demanda un mois pour se procurer le terrain propice au nouveau cimetière.

Quinze jours après, il apprenait que ses vendeurs avaient changé d'avis et qu'ils ne voulaient plus vendre ni Abbatiale, ni grange, ni se donner un cimetière hors ville. De nouveau l'affaire en resta là. (2)

Elle fut reprise, au bout de deux ans, mais sur des proportions moindres. Le supérieur, au commencement de 1834, proposa à la ville de lui consentir la vente de l'Abbatiale : « Le Petit-Séminaire, écrivait-il, avait quelque droit à ce local comme ayant été démembré de l'ancien couvent des Bénédictins

____

(1) Nous n'avons pas trouvé, en 1832, de délibération se rapportant à cet objet. Cf. Délib. du 5 février 1834.

(2) Reg. des délib. de Saint-Pé, 5 février 1831. — Arch. des H.-P. O Saint-Pé, aliénations.

qui formait en ce moment le Petit-Séminaire. »

Le 5 février 1834, les conseillers municipaux, « qui avaient peut-être été empêchés de donner suite à l'ancien projet, par les inconvénients qui se présentaient à traiter sur la partie relative au cimetière, voyant qu'il ne devait plus en être question, ni pour le tout ni pour même une partie, se déclaraient prêts à vendre. Le 9 mars 1834, on eut en mains le procès-verbal d'expertise qui fixait à 3.000 fr. la valeur de l'Abbatiale et de ses dépendances. (1)

M. Laurence accepta ce prix et le conseil municipal chargea le maire de procurer l'autorisation royale. Celle-ci fut accordée par ordonnance du 25 novembre 1834. Les bureaux du ministère la notifièrent, le 29 février suivant et. le 18 mars 1835, un acte passé devant Mᵉ Vignalou, notaire à Saint-Pé, transféra au Petit-Séminaire la propriété de l'Abbatiale et de ses dépendances avec l'usage de l'avenue, c'est à dire du chemin de trois mètres et demi de large qui, passant entre le cimetière et l'abattoir, aboutissait à la grande rue de la ville. (2)

Quand cette première affaire fut terminée, M. Laurence n'était plus supérieur de Saint-Pé. Mgr Double l'avait appelé près de lui, en qualité de son vicaire général et de supérieur de son Grand-Séminaire. Mais il n'oublia pas la maison qu'il avait fondée et l'enclos des vieux Bénédictins.

(1) Reg. des délib. de Saint-Pé. — Arch. des H.-P. O Saint-Pé, aliénations.
(2) Reg. des délib. de Saint-Pé. — Arch. des H.-P. O Saint-Pé, aliénations.

Sous son inspiration, sans aucun doute, (1) M. Vergez d'Areit fut envoyé en 1836, à Saint-Pé, en qualité de commissaire, pour qu'il s'assurât si le cimetière était à la distance légale des habitations et déterminer, s'il y avait lieu, un endroit hors ville où il pût être transféré.

Dans son rapport, en date du 26 août 1836, M. Vergez déclara que le cimetière était trop exigu pour une population de trois mille âmes ; qu'il était dans le centre de la ville ; qu'entouré d'habitations, sa position pouvait gravement compromettre la salubrité publique. Il désigna un terrain hors ville pour y transférer le cimetière. (2)

Ce rapport dormit dans les cartons de la Préfecture ou de la Sous-Préfecture. En juin et septembre 1839, le Préfet essaya, vainement, sur la demande de M. Laurence, d'obtenir du conseil de Saint-Pé, la translation du cimetière.

Une lettre du Préfet, en date du 19 mai 1840, rappela au maire de Saint-Pé le rapport de M. Vergez d'Areit et le pria de réunir son conseil afin de délibérer sur cet important objet. « Je ne doute pas que cette assemblée, composée d'hommes sages et éclairés, ne s'empresse, dans l'intérêt des habitants, de prévenir, par la translation prochaine du cimetière dans le lieu désigné, les fâcheux effets que pouvaient occasionner les miasmes mobrifiques qui s'en exhalaient continuellement. » (3)

(1) Arch. des H.-P. O Saint-Pé, aliénations. Lettre du 19 mai 1840. Le texte en fut écrit par M. Laurence.

(2) Arch. des H.-P. O Saint-Pé. Lettre du 19 mai 1840.

(3) Arch. des H.-P. O Saint-Pé, aliénations.

La municipalité ne s'émut pas autrement et ne se réunit sans doute même pas pour délibérer. (1)

Le 15 mars 1842 enfin, une lettre du Préfet demandait au sous-préfet d'Argelès d'autoriser le conseil municipal de Saint-Pé, à s'assembler pour délibérer sur la translation du cimetière. (2)

Réunis le 10 avril, les conseillers répondirent que le cimetière était heureusement situé quoiqu'il ne fût pas à la distance légale ; qu'il n'y avait rien à craindre pour la salubrité publique : bien que le cimetière fût au centre de la ville, il n'y avait pas eu à Saint-Pé d'épidémie depuis deux cents ans ; que la commune ne pouvait d'ailleurs établir le cimetière hors de l'enceinte de la ville qu'au préalable elle n'eût vendu son cimetière actuel ; que des offres de vente ont été faites au supérieur du Petit-Séminaire, que celui-ci ne les a pas acceptées et qu'en conséquence le cimetière devait rester là où il était. (3)

Sur cette réponse, plus de dix mois passèrent : enfin le 1er mars 1843, M. Laurence écrivit au Préfet pour insister en faveur de la translation du cimetière de Saint-Pé « dont la proximité du Petit Séminaire pouvait être nuisible à cet établissement. » Le Préfet répondit en donnant communication de la délibération du 10 avril 1842.

Dans une nouvelle lettre datée du 9 avril

(1) Nous n'avons pas trouvé trace de délibérations.
(2) Arch. des H.-P., *loc. cit.*
(3) Reg. des délib. de Saint-Pé. — Arch. des H.-P. O Saint-Pé, aliénations. Arch. personnelles. (Lettre du 9 avril 1843.)

1843, M. Laurence exprima d'abord **son** étonnement : « Quand un cimetière, écrivit-il, est entouré d'habitations contiguës, quand il n'est séparé, du levant et du nord, que par un mur des bâtiments du Petit-Séminaire ; lorsqu'il y a des maisons habitées adossées au cimetière et dont le sol est deux mètres plus bas que le sol du cimetière, on se demande si c'est sérieusement qu'un conseil municipal affirme que jamais terrain n'a été plus heureusement choisi pour un cimetière.

» Que si le conseil municipal a besoin de vendre préalablement le cimetière actuel, pour des deniers en provenant, établir le cimetière nouveau, je prends l'engagement au nom de l'Administration des séminaires du diocèse, de faire cette acquisition, à des conditions justes et raisonnables, mais non à celles qu'il plairait au conseil d'imposer.

» Pour arriver donc promptement à une solution, je propose de prendre le terrain à céder, sur l'estimation de deux experts commis, l'un par le conseil municipal, l'autre par nous. » (1)

« Dans tous les cas, terminait M. Laurence, le cimetière actuel de Saint-Pé ne peut rester longtemps encore dans le même local, en présence des dangers auxquels est notamment exposé le Petit-Séminaire du diocèse, qui renferme plus de deux cents élèves. Ces derniers sont témoins de toutes les inhumations qui se font dans une ville de 3.000 âmes ; ce spectacle seul, répété si souvent, peut agir d'une manière défavorable sur des imaginations ardentes et produire de très fâcheux résultats. (2)

---

(1) Archives personnelles.
(2) Archives personnelles.

Les conseillers municipaux répliquèrent,
le 10 mai suivant : « Le terrain, dirent-ils,
est depuis longtemps convoité par l'Administration diocésaine qui voudrait y construire
la chapelle du Petit-Séminaire. »

Ils consentaient cependant à aliéner le
cimetière et l'abattoir. Le Petit-Séminaire
pouvait faire l'achat, sans bourse délier, en
cédant : 1°, pour en faire un cimetière, un
terrain de 36 ares dont il était propriétaire,
et 2° une maison qui lui avait coûté 3.000 fr.
et dont la ville ferait sa maison commune. (1)
Etaient-ce là les conditions refusées par
M. Fourcade?

La délibération transmise, le 18 mai, à la
Préfecture par le sous-préfet d'Argelès, fut
renvoyée le 24 à l'Evêché, avec prière de
vouloir bien faire connaître au préfet si les
propositions de la commune de Saint-Pé
étaient acceptées.

Par une lettre du 4 juillet, l'abbé Laurence
déclara que l'Evêché acceptait les conditions. (2) Une délibération nouvelle du conseil municipal manqua de tout remettre en
question. Le 13 août, cette assemblée,
prenant acte de l'acquiescement de l'Administration diocésaine, autorisa le maire à
conclure l'arrangement par lequel l'Evêché
s'engageait à céder la maison Bayou et à
fournir pour le cimetière un terrain, *enclos
de murs à chaux et à sable.*

Il n'avait pas été jusque là question de
murs et M. Laurence le signifia à la préfecture par une lettre du 1er septembre.

(1) Reg. des délib.
(2) Arch. des H.-P. O Saint-Pé, aliénations. — Arch.
personnelles,

« La délibération du 13 août, dit-il, contient une condition nouvelle que ne mentionne pas la délibération du 10 mai. L'évêché n'a pu consentir à cette condition *de clore le nouveau cimetière d'un mur à chaux et à sable*, puisqu'il ne la connaissait pas, et qu'elle n'avait point été posée.

» Je vous avoue, Monsieur le Préfet, que j'ai été étonné de cette manière de procéder. »

Il terminait en déclarant accepter toutes les conditions de la délibération du 13 août, la condition dernière et nouvel e exceptée. (1)

L'administration préfectorale s'entremit ; elle affirma que l'intention du conseil municipal avait toujours été de demander un cimetière fermé. (2) M. Laurence se laissa convaincre, et le 7 octobre 1843, il consentit à tout ce que voulait la municipalité. (3) Aussitôt celle-ci, par une délibération du 5 novembre 1843, déclara être prête à faire « la cession en faveur de l'administration diocésaine, du cimetière, de l'abattoir et dépendances, à condition qu'elle donnerait en échange à la ville : 1° la maison de Bayou, son jardin et ses dépendances ; 2° un terrain de 37 ares 52 centiares clos par un mur à chaux et à sable. » Elle assignait par la même délibération le quartier de l'Artigue pour y acheter le terrain destiné au nouveau cimetière. (4)

Lorsque le Préfet eut transmis la délibé-

(1) Arch. personnelles.
(2) Arch. des H.-P. O Saint-Pé. 23 et 26 septembre 1843.
(3) *Id.*, à la date.
(4) Arch. personnelles. Reg. des délib. de Saint-Pé. — Arch. des H.-P. O Saint-Pé.

ration, l'abbé Laurence décida de présenter, au nom de l'évêque, des observations au maire de Saint-Pé. Et, par une lettre du 29 novembre, il lui exprimera le désir qu'on plaçât ailleurs le cimetière. En effet, « ce cimetière serait exposé au midi et situé bien près de l'enclos du Petit-Séminaire qui servait de lieu ordinaire des récréations des élèves ; toutes les fenêtres du Nord donneraient sur le cimetière, circonstance qui rendrait très souvent les élèves témoins des inhumations ; le cortège des sépultures passerait toujours devant la porte du Petit-Séminaire et le long du jardin, en sorte que les gens des cortèges seraient souvent mêlés aux élèves et que les chants funèbres seraient toujours entendus même en classe et aux études ; enfin le jardin du Petit-Séminaire, étant sur la même pente que le nouveau cimetière, il serait bien à craindre que les fontaines qui jaillissent audit jardin, ne fussent infestées par les cadavres qui seraient déposés quelques centaines de mètres au-dessus. Ces inconvénients étaient de nature à agir sur les études, l'imagination et la santé des élèves et pourraient par suite porter au Petit-Séminaire un notable préjudice. »

M. Laurence demandait au maire de soumettre ces observations au conseil qui ne pouvait manquer de les trouver justes et qui ferait choix d'un autre terrain. Dès qu'on lui aurait répondu, il ferait acheter sans délai le terrain désigné. (1)

Et en effet le conseil municipal fit droit à ces raisons et, par une délibération du 27 décembre, il pria le préfet d'envoyer

____

(1) Arch. personnelles. — Arch. des H.-P. O Saint-Pé.

de Tarbes un commissaire qui, de concert avec les délégués du conseil municipal, choisirait le terrain le plus **propre à** être transformé en cimetière. Le commissaire envoyé fut M. Dimbarre, docteur-médecin de Tarbes.

Le terrain fut choisi, mais de nouvelles difficultés surgirent, qui retardèrent la transformation pendant plusieurs années et obligèrent les contractants à modifier quelque peu leurs plans.

La ville se vit contrainte d'acheter elle-même directement le terrain pour le nouveau cimetière : elle fut autorisée à faire cette opération par ordonnance du 30 mai 1846 (1)

L'achat eut lieu le 12 avril 1847, en vertu d'une délibération du conseil, en date du 15 février précédent.

La même délibération autorisait M. Nicolau à acheter la maison Bayou, et, de plus, quand le nouveau cimetière serait établi, à vendre au Petit-Séminaire l'abattoir et l'ancien cimetière.

Des experts nommés déposèrent leur rapport dès le 15 mars. « L'état des constructions de l'abattoir était tel, disaient-ils, qu'il était loin de ne rien laisser à désirer ; les murs étaient solides, mais la toiture en était très mauvaise. » Ils estimèrent que les emplacements et la construction valaient 6.000 francs.

Le conseil municipal, par une délibération du 1er mai, « s'appuyant sur ce que les terrains ne pouvaient convenir qu'à l'École ecclésiastique, demanda l'autorisation de les aliéner au prix de l'estimation. (2)

(1) Arch. des H.-P. O Saint-Pé.
(2) Arch. personnelles. — Arch. des H.-P. O Saint-Pé.
— Reg. des délib. de Saint-Pé.

Divers incidents retardèrent le décret d'autorisation. Dans l'intervalle, M. Nicolau, maire, et M. Jean-Pierre Abadie, directeur du Petit-Séminaire, passèrent, le 20 octobre 1847, provisoirement et sauf approbation, un acte sous seing-privé par lequel l'Administration diocésaine devenait propriétaire du cimetière et de l'abattoir. (1) Il y avait 56 ans, presque jour pour jour, depuis la vente nationale de 1791.

Enfin, le 9 avril 1848, Ledru-Rollin, membre du gouvernement provisoire, ministre de l'intérieur, autorisa par un décret, qui fut seulement enregistré le 2 mai suivant, la commune de Saint-Pé à vendre, et l'Administration diocésaine, à acheter, pour l'Ecole secondaire ecclésiastique, « moyennant la somme de 6.000 francs, l'emplacement de l'ancien cimetière ainsi que l'abattoir y attenant. »

Envoyé le 7 juillet 1848 seulement par les bureaux du ministère, le Décret d'autorisation fut reçu par l'évêque de Tarbes, qui était alors Mgr Laurence, le 7 août. (2)

L'acte solennel d'achat fut passé, le 31 janvier 1849, devant Mᵉ Vignalou, notaire de Saint-Pé. (3)

Nous arrêtons ici notre trop longue étude. Le but que nous nous étions proposé est rempli : après avoir raconté la vente du monastère et de l'abbatiale, nous avons voulu montrer comment la persévérante

---

(1) Arch. des H.-P. V. 269 — et *Id.* O Saint-Pé.

(2) Arch. personnelles.

(3) *Les Dépouilles* des morts, 4ᵐᵉ partie, p. 47. — Peut-être le terrain de la maison Pédibos, achetée le 30 avril 1851 *(Dépouilles* des morts, p. 48), faisait-il autrefois partie de l'enclos.

énergie de M. Lassalle et surtout de Mgr Laurence avait reconstitué le vieux domaine des moines; et comment l'Eglise, cette éternelle recommenceuse, fait germer, sur ses troncs dévastés, de nouvelles pousses, de nouvelles frondaisons, plus riches, semble-t-il. à mesure qu'on les saccage davantage. Et nous gardons dans notre cœur l'espoir indéracinable qu'il en sera toujours ainsi. « *Lignum habet spem : si præcisum fuerit, rursum virescit et rami ejus pullulant ; ad odorem aquæ germinabit et faciet comam quasi cum primum plantatum est.* (1) »

*(Extrait de l'*Annuaire *du Collège ecclésiastique de Saint-Pé, années* 1911 *et* 1912*).*

---

(1) Job XIV, 7. 9.

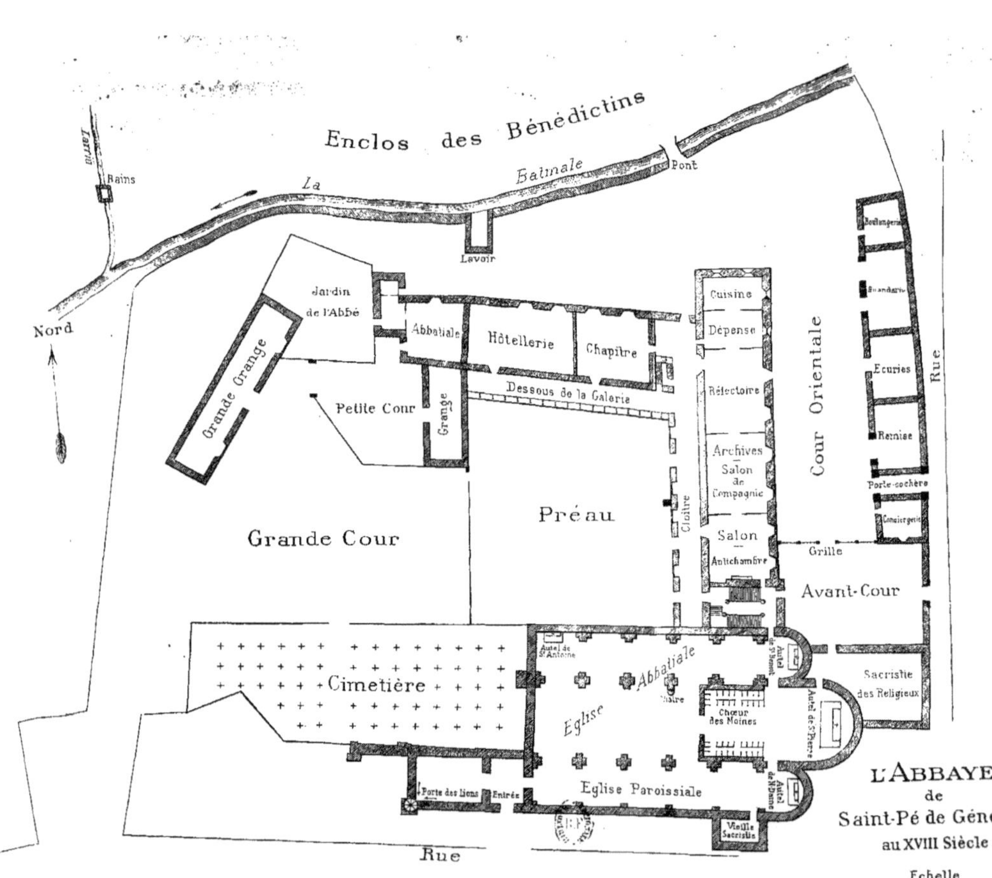

Enclos des Bénédictins
Larrit
Bains
La
Batmale
Pont
Lavoir
Nord
Jardin de l'Abbé
Grande Grange
Abbatiale
Hôtellerie
Chapître
Cuisine
Dépense
Réfectoire
Cour Orientale
Rue
Boulangerie
Buanderie
Ecuries
Remise
Porte-cochère
Conciergerie
Grange
Petite Cour
Dessous de la Galerie
Cloître
Archives
Salon de Compagnie
Grande Cour
Préau
Salon
Antichambre
Grille
Avant-Cour
Autel de St Antoine
Cimetière
Eglise
Abbatiale
Cloître
Autel de St Benoit
Chœur des Moines
Autel de St Pierre
Sacristie des Religieux
Porte des Liens
Entrée
Eglise Paroissiale
Autel de Notre Dame
Vieille Sacristie
Rue
L'ABBAYE
de
Saint-Pé de Géné
au XVIII Siècle
Echelle

TABLE DES MATIÈRES

RÉSURRECTION.
FONDATION DU PETIT-SÉMINAIRE

Bagnères-de-Bigorre, imprimerie Péré.